精品课程新形态教材

21世纪应用型人才培养系列教材

新时代创新型人才培养精品教材

移动电子商务

主　编	郑红明	王本梅	张明伟
副主编	王俊青	杜燕绥	李　莉
	马玉洪	韩　煦	廖娟娟
	曾　鹏	陆安秋	曲　杉

中国海洋大学出版社
CHINA OCEAN UNIVERSITY PRESS

·青岛·

图书在版编目（CIP）数据

移动电子商务 / 郑红明，王本梅，张明伟主编. ——
青岛: 中国海洋大学出版社，2017. 7（2024. 7重印）
ISBN 978-7-5670-1438-1

Ⅰ.①移…　Ⅱ.①郑…②王…③张…　Ⅲ.①移动电
子商务-高等学校-教材 Ⅳ.①F713. 36

中国版本图书馆 CIP 数据核字（2017）第 124836 号

出版发行	中国海洋大学出版社		
社　　址	青岛市香港东路 23 号	邮政编码	266071
出 版 人	杨立敏		
网　　址	http://pub. ouc. edu. cn		
电子信箱	258327282@ qq. com		
订购电话	010-82477073（传真）	电　　话	010-82477073
责任编辑	由元春		
印　　制	涿州汇美亿浓印刷有限公司		
版　　次	2017 年 7 月第 1 版		
印　　次	2024 年 7 月第 2 次印刷		
成品尺寸	185 mm×260 mm		
印　　张	15. 5		
字　　数	312 千		
印　　数	13000—18000		
定　　价	38. 00 元		

前　言

党的二十大报告中指出："加强基础学科、新兴学科、交叉学科建设，加快建设中国特色、世界一流的大学和优势学科。"

微博、微信等移动应用的出现，成为我国企业、商家进行移动电子商务营销的主战场，在营销的实践过程中，大家也摸索出很多适用于移动电子商务营销的模式和方法。但是由于移动电子商务在我国发展迅速，且移动电子商务的人才，特别是营销方面的人才非常匮乏，所以这种形势也直接影响到我国移动电子商务行业的发展。

本书根据移动电子商务的发展现状和我国企业的实际要求进行编写，对移动电子商务中主流的营销模式进行了详细的讲解。本书以培养移动电子商务营销型人才为目标，在梳理现有知识要点的基础上，更加注重对学生实际操作能力和营销能力的训练，更加科学化、系统化地讲授了移动电子商务实践和营销中的必备技能，让学生在情境中有目的、有问题、有思考地进行学习。

本书的特色主要表现在以下几个方面：

（1）产教结合。本书设计了基于企业移动电子商务典型岗位的项目训练，直接培养学生的移动电子商务岗位技能。

（2）内容新。本书的教学内容选取紧跟 Web 的发展，增加了 LBS、O2O、二维码营销、移动应用网页设计和移动互联网思维等内容，充分顺应了移动商务发展的现状和趋势。

（3）"教学做"一体化。本书教学过程充分体现了"师徒式"和"做中学"的理念，"教师示范、学生模仿、学生创新"的方式贯穿整个教学过程。

由于编者水平有限，书中难免有不妥和疏漏之处，恳请广大读者批评指正。

编　者

目　录

项目一　移动电子商务发展状况调查

> 　　**知识目标**：通过本项目的学习，掌握移动电子商务的概念，理解移动电子商务的特点及与传统电子商务的区别，了解移动电子商务发展的状况和未来趋势。
>
> 　　**能力目标**：根据任务要求，能够进行移动电子商务发展状况的市场调查，能够分析所调查的数据，并能够撰写调查报告。

项目导入

移动电子商务发展前景：传统电商巨头纷纷布局移动电商

　　我国移动电子商务用户市场趋于细分，移动电子商务技术手段持续发展。目前，我国移动电子商务还处于发展阶段，电商行业已逐渐向基于社会化发展。随着移动智能终端的普及，中国移动电子商务用户消费习惯逐渐形成，传统电商巨头纷纷布局移动电商，众多新型移动电商购物平台不断涌现。现对2022年移动电子商务发展前景做分析如下：

　　电子商务服务业属于电子商务生态系统中的重要组成部分，经过近十年的迅猛发展，在物流快递、在线支付和电子认证等服务业发展推动下，电子商务服务业快速发展。2019—2025年全球与中国移动电子商务市场现状及未来发展趋势指出，2021年我国电子商务服务业营收规模突破6万亿元，达到6.4万亿元，同比增长17.4%。

　　移动互联网时代的到来，尤其进入5G时代，让手机不再只是通信工具，在某种程度上手机已是帮助人们做出购买决策的智能工具，万物互联更是推动了移动电商未来发展的趋势。现从个性化、碎片化和社交化三大方面来分析移动电子商务发展前景。

一、个性化

随着大数据时代的到来，大数据与移动电商的结合将会越来越多，并将成为新的利益推动点。随着未来移动终端的高速发展，移动电子商务在电子商务中将逐渐处于主导地位，移动电子商务的优势将进一步得到巩固。大数据可以通过对网络数据的大量收集，根据用户的地理位置信息，精确掌握消费者的消费习惯，更好地把握消费者的需求，并可以针对每一个用户精准匹配供求信息，进行用户偏好预测，并对其提供个性化推荐，对用户的行为分析提供个性化、差异化的服务，从而同时促进企业的品牌推广和传播。例如家具厂商可以通过具有个性化的家具定制活动进行更有针对性的广告宣传，从而满足不同消费者的需求。移动终端利用用户的消费行为和消费习惯将是未来移动电子商务发展的一个重要趋势。

二、碎片化

智能终端的广泛普及和无线接入网络的质量提升，越来越多的人们在繁忙的工作之余，利用碎片化的时间通过移动终端进行购物，数据显示，碎片化购物在移动电子商务中所占比例已经过半，并且高速增长，未来碎片化的购物方式将成为移动电子商务发展的一个重要力量。

三、社交化

如今，在移动互联网上导入社交化的元素，并将社交场景和用户进行连接，已经成为移动电商向社交化发展的趋势。随着移动互联网、社交网络的到来，电话、短信等传统的联络方式已经逐渐落寞，商家和消费者之间的沟通方式变得多种多样，手机QQ、微信、Facebook、微博、Twitter等被用来维持彼此的互动关系。在移动社交媒体上，消费者能随时享受商家提供的服务，而商家也能随时了解消费者的需求，这样的联络方式使得商家与消费者之间的联系变得更加紧密。

我国移动电子商务市场交易不断升级，2022年移动电商升级类商品消费较为活跃。为了提高管理的科学水平，减少决策的盲目性，需要通过移动电子商务发展前景预测来把握经济发展或者未来移动电子商务市场变化的有关动态，减少未来的不确定性，降低决策可能遇到的风险，使决策目标得以顺利实现。

（来源：http://kf.cwan.com/kf/2022/1027/55249.html）

项目实施

任务一　移动电子商务发展状况调查

任务目标

通过网络查阅最新相关资料，采用间接调查法，对我国移动电子商务的发展状况进行调查，并独立完成调查报告的撰写。

相关知识

一、移动电子商务内涵及特点

(一) 移动电子商务内涵

1. 电子商务的概念

(1) Electronic Commerce。这是使用最多的电子商务术语，主要强调电子贸易。可以看成是狭义的电子商务，强调资金流、物流和信息流的有机统一。

(2) Electronic Business。这是 IBM 公司主推的概念，强调的是电子业务。根据这个概念，电子商务除了电子贸易外还包括企业业务，包括生产、设计、存储、后勤服务、财务等的电子化。

在互联网尚不普及时，人们就提出了电子商务概念，包括各项电子数据处理，在局域网或企业专用网络上实现。后来，随着互联网的普及，人们已经逐渐达成共识：电子商务就是建立在互联网基础之上的一种新型的商务活动。

2. 移动电子商务的概念

关于上述电子商务的概念，移动电子商务也有类似的说法。

(1) 狭义的移动电子商务。这一概念只涉及货币类交易的商务模式，可看作对应于 Electronic Commerce 的 Mobile Commerce。

(2) 广义的移动电子商务。指通过移动设备随时随地获得的一切服务，涉及通信、娱乐、商业广告、旅游紧急救助、农业、金融、学习等。可看作对应于 Electronic Business 的 Mobile Business。

上述两种说法中，都有两个重要的特征，即"移动"与"商务"。也正因为如此，国外常用"Mobile Commerce"来表示移动电子商务。在国内，许多人根据"Mobile Commerce"的名称将其称为"移动商务"。本书中，如无特别指出，也将"移动电子商务"与"移动商务"两个概念视为等同。

移动通信技术发展经历了 1G、2G、2.5G、3G、4G、5G 等多个阶段。尤其是 2.5G 时代以诺基亚为代表的移动通信设备商生产了大量外形小巧、功能齐全、价格不高的手机，使得手机进入千万寻常百姓家。人们除用手机进行语音通信外，短信和彩信产品也得到长足发展。人们越来越多地借助手机，实现移动通信信息查询、广告、音频图像的下载等服务。这些服务构成了早期的移动电子商务应用，并逐渐引起了人们的重视。显然，此时的移动电子商务不是只涉及货币交易的狭义移动电子贸易，而是涉及了广义的移动电子业务。仔细分析这类服务，可以发现它们又不是完全的移动电子贸易，而更像一种混合样式。直到现在，虽然上述服务已经非常普及，但学术界的很多移动电子商务研究还主要关注以移动信息服务为主的业务范畴。

截至 2023 年底，中国的 5G 移动电话用户数达到了 8.05 亿户，在移动电话用户中占比 46.6％。这一数字是全球平均水平的 2.5 倍，显示出中国在 5G 技术采纳方面的领先地位。5G 手机在智能手机市场的占有率达到了 52.85％，这表明超过一半的新手机销售为 5G 手机。在 2023 年四季度新增的 5G 手机活跃设备市占率中，iPhone 以 44.64％的比例排名第一，其次是 OPPO、vivo、华为和荣耀等品牌。中国的 5G 基站建设也在稳步推进，目前已建设开通约 234 万个 5G 基站，预计新建开通的 5G 基站将达到 60 万个，总数将超过 290 万个。这为实现更广泛的 5G 网络覆盖和用户体验提供了坚实的基础。5G 技术的应用不仅限于消费者市场，还深入到了多个行业中。例如"5G＋工业互联网"的推广，5G 全连接工厂的落地，以及在采矿、电力、港口等行业的规模化复制，都显示了 5G 技术的广泛应用前景。中国不仅在国内推动 5G 的发展，还积极参与国际合作，并全面推进 6G 的研发工作，以保持在未来通信技术领域的竞争力。

3. 移动电子商务与电子商务的区别

随着互联网的普及，人们创造了许许多多电子商务的应用形式，特别是信息的发布、搜索和商务活动的便捷，降低了信息的不对称程度，使商品的生产者与消费者有更多的机会直接接触，从而对传统商务活动带来了较强的冲击。而无线数据通信网络的发展，为电子商务往移动电子商务方向发展提供了更大的空间。由于移动通信网络和移动终端的新特性，移动电子商务又不仅仅是"无线"与"有线"的区别，而是在技术特点、商业经营、商业模式、市场规模等方面都有较大的区别。许多研究从不同的角度对此进行过分析。在不同的移动通信时代，技术不同导致的应用范围也不同，有些早期的分析会显得过时。鉴于本书关注的重点是 3G 后移动电子商务，因此，下面我们将仅考虑 5G 后移动互联网条件下移动电子商务与电子商务在若干方面的区别：

（1）网络基础设施。移动商务的通信速度受无线电频谱的限制，带宽有限。但无线通信具有地理定位功能，因此移动商务可以充分利用基于位置的服务。电子商务强调的则是无差别的服务。

（2）终端设备。电子商务使用个人计算机（简称 PC 机），显示器屏幕尺寸大、内存容量足、处理器速度快、采用标准键盘，不必考虑电池问题。移动通信设备则相反，屏幕尺寸小、内存容量不足、处理器速度慢、输入不便，电池一次不能用太久，因此移动商务的信息要简捷，不宜处理复杂应用。

（3）用户群。移动商务的潜在用户群远大于电子商务，但这个群体的分布不均、文化差异大。移动商务开发中必须更多地处理这种差异所产生的问题。

（4）移动性。与电子商务相比，移动电子商务因移动而产生更多商业机会，更能实现个性化服务。但在需要大数据量处理的场合，移动性又给商务活动的进行带来许多不便。

（5）时空约束。移动商务往往与空间、时间有关，可以实现个性化服务，尤其可以满足用户与位置有关的需求，如在陌生城市找餐馆等。许多移动商务有时间限制，如医疗救护等。而电子商务通常强调不受时间的影响与空间的影响，都能提供一样的服务。

（6）商业模式。电子商务更强调低成本和无线的网络空间，消除信息不对称，提供无线的免费信息服务。而移动商务更多地针对差异性提供差异化的个性化服务来赢利，如位置变成产生价值的来源。

当然，移动电子商务与有线电子商务相比有许多优点，主要包括以下几个方面：

（1）使商务活动的信息互动更高效、更及时。

（2）使商务活动规模更大、机会更多，而且不限于坐在电脑前才能开展商务活动，随时随地都可凭借智能手机来进行。更大的规模和更多的机会，让企业与用户双方均可得利。

（3）通信终端的私有性帮助交易双方确认对方身份，使得移动商务供应商能精准地与最有希望达成交易的用户交互，提高了交易的成功率。

（二）移动电子商务的特点

1. 方便

移动终端既是一个移动通信工具，又是一个移动 POS 机、一个移动的银行 ATM机。用户可在任何时间、任何地点进行电子商务交易和办理网上银行业务，包括网上支付。

2. 不受时空控制

移动商务是电子商务从有线通信到无线通信、从固定地点的商务形式到随时随地的商务形式的延伸，其最大优势就是移动用户可随时随地地获取所需的服务、应用、信息和娱乐。用户可以在自己方便的时候，使用智能手机或平板查找、选择及购买商品或其他服务。

3. 安全

使用手机银行业务的客户可更换为大容量的 SIM 卡，使用银行提供的可靠密钥，对信息进行加密，传输过程全部使用密文，确保安全可靠。

4. 开放性、包容性

移动电子商务因为接入方式无线化，使得任何人都更容易进入网络世界，从而使网络范围延伸更广阔、更开放；同时，使网络虚拟功能更带有现实性，因而也更具有包容性。

5. 潜在用户规模大

2015 年，我国的移动电话用户已达到 13.6 亿户，用户数为全球之最。显然，从电脑和移动电话的普及程度来看，移动电话远远超过了电脑。而从消费用户群体来看，手机用户中基本包含了消费能力强的中高端用户，而传统的电脑上网用户中以缺乏支付能力的人为主。由此可以推断，以移动电话为载体的移动电子商务无论在用户规模上，还是在用户消费能力上，都要优于传统的电子商务。

6. 易于推广使用

移动通信所具有的灵活、便捷特点，决定了移动电子商务更适合大众化的个人消费领域，比如：自动支付系统，包括自动售货机、停车场计时器等；半自动支付系统，包括商店的收银柜机、出租车计费器等；日常费用收缴系统，包括水、电、燃气等费用的收缴等；移动互联网接入支付系统，包括登录商家的 WAP 站点购物等。

7. 迅速灵活

用户可根据需要灵活选择访问和支付方法，并设置个性化的信息格式。

移动电子商务服务的选择越多，提供的服务形式越简单，移动电子商务的发展就越快。

二、移动电子商务应用类型

（一）移动电子商务的业务类型

1. "推（Push）"业务

主要用于公共信息发布。应用领域包括时事新闻、天气预报、股票行情、彩票中奖公布、交通路况信息、招聘信息和广告等。

2. "拉（Pull）"业务

主要用于信息的个人定制接收。应用领域包括服务账单、电话号码、旅游信息、航班信息、影院节目安排、列车时刻表、行业产品信息等。

3. "交互式（Interactive）"业务

包括电子购物、游戏、证券交易、在线竞拍等。

（二）移动电子商务的应用服务类型

移动电子商务主要提供以下服务：

1. 银行业务

移动电子商务使用户能随时随地在网上安全地进行个人财务管理，进一步完善因特网银行体系。用户可以使用其移动终端核查其账户、支付账单、进行转账以及接收付款通知等。

2. 交易

移动电子商务具有即时性，因此非常适用于股票等交易应用。移动设备可用于接收实时财务新闻和信息，也可确认订单并安全地在线管理股票交易。

3. 订票

通过因特网预订机票、车票、电影票或入场券已经发展成为一项主要业务，其规模还在继续扩大。因特网有助于方便核查票证的有无，并进行购票和确认。移动电子商务使用户能在票价优惠或航班取消时立即得到通知，也可支付票费或在旅行途中临时更改航班或车次。借助移动设备，用户可以浏览电影剪辑、阅读评论，然后订购邻近电影院的电影票。

4. 购物

借助移动电子商务，用户能够通过其移动通信设备进行网上购物。即兴购物会是一大增长点，如订购鲜花、礼物、食品或快餐等。传统购物也可通过移动电子商务得到改进。例如用户可以使用"无线电子钱包"等具有安全支付功能的移动设备，在商店里或自动售货机上进行购物。随着智能手机的普及，移动电子商务通过移动通信设备进行手机购物，让顾客体会到购物更随意，更方便。如今比较流行的手机购物软件大都实现了手机下单、手机支付，同时也支持货到付款，不用担心没有 PC 就会错过的限时抢购等促销活动，尽享购物便利。

5. 娱乐

移动电子商务将带来一系列娱乐服务。用户不仅可以从他们的移动设备上收听音乐，还可以订购、下载或支付特定的曲目，并且可以在网上与朋友们玩交互式游戏，还可以游戏付费，并进行快速、安全的博彩和游戏。

6. 无线医疗

医疗产业的显著特点是每一秒钟对病人都非常关键，在这一行业中十分适合移动电子商务的开展。在紧急情况下，救护车可以作为进行治疗的场所，而借助无线技术，救护车可以在移动的情况下同医疗中心和病人家属建立快速、动态、实时的数据交换，这对每一秒钟都很宝贵的紧急情况来说至关重要。在无线医疗的商业模式中，病人、医生、保险公司都可以获益，也会愿意为这项服务付费，这种服务是在时间紧迫的情形下，向专业医疗人员提供关键的医疗信息。由于医疗市场的空间非常巨大，并且提供这种服务的公司为社会创造了价值，同时，这项服务又非常容易扩展到全国乃至世界，我们相信在这整个流程中，存在着巨大的商机。

7. 移动应用服务提供商 MASP（Mobile Application Service Provider）

一些行业需要经常派遣工程师或工人到现场作业。在这些行业中，移动 MASP 将会有巨大的应用空间。MASP 结合定位服务技术、短信息服务、WAP 技术，以及 Call Center 技术，为用户提供了及时的服务，提高了用户的工作效率。

三、我国移动电子商务的发展状况

（一）近年来我国移动电子商务的发展状况

迄今为止，我国移动电子商务技术的发展经历了三个阶段：第一个阶段是以短讯为基础的技术；第二个阶段的移动电子商务采用基于 WAP 技术的方式；第三个阶段是以 2009 年发放牌照为标志、能够实现无缝漫游和移动宽带的 3G 时代。3G 背景下，无线通信产品能够为人们提供速度高达 2Mb/s 的宽带多媒体业务，支持高质量的语音分组交换数据多媒体业务和多用户速率通信。

1. 移动电子商务业务不断增长

中国互联网络信息中心发布了《第 52 次中国互联网络发展状况统计报告》，报告指出：截至 2023 年 6 月，我国网民规模达 10.79 亿人，较 2022 年 12 月增长 1109 万人，互联网普及率达 76.4％。截至 2023 年 6 月，我国域名总数为 3024 万个；IPv6 地址数量为 68055 块/32，IPv6 活跃用户数达 7.67 亿；互联网宽带接入端口数量达 11.1 亿个；光缆线路总长度达 6196 万公里。在移动网络发展方面，截至 6 月，我国移动电话基站总数达 1129 万个；移动互联网累计流量达 1423 亿 GB，同比增长 14.6％；移动互联网应用蓬勃发展，国内市场上监测到的活跃 App 数量达 260 万款，进一步覆盖网民日常学习、工作、生活。在物联网发展方面，截至 6 月，三家基础电信企业发展蜂窝物联网终端用户 21.23 亿户，较 2022 年 12 月净增 2.79 亿户，占移动网终端连接数的比重为 55.4％，万物互联基础不断夯实。截至 6 月即时通信、网络视频、短视频用户规模分别达 10.47 亿人、10.44 亿人和 10.26 亿人，用户使用率分别为 97.1％、96.8％和 95.2％；网约车、在线旅行预订、网络文学的用户规模较 2022 年 12 月分别增长 3492 万人、3091 万人、3592 万人，增长率分别为 8.0％、7.3％和 7.3％，成为用户规模增长最快的三类应用。

2. 移动电子商务激发企业转型

近年来，我国传统电子商务交易平台企业纷纷向移动电子商务转型。淘宝网、京东商城等企业推出了手机客户端和手机网站，不断优化用户体验。大量中小企业推出自身的移动 App 客户端，有效提高了营销精准度和促销力度。移动电子商务市场的产业集中度正在快速提高。

3. 移动电子商务催生了新的商业模式

首先，移动互联网具有定位功能，它实现了线下实体店和在线网络店的充分融合，出现了 O2O 模式，每家实体店或企业都可以在移动互联网上发布自己的终端应用，实体店主要提供产品展示和体验功能，解决服务客户的"最后一公里"问题，而交易则在网上完成。也就是说，互联网渠道不是和线下隔离的销售渠道，而是一个可以和线下无缝链接并能促进线下发展的渠道。O2O 模式是一个"闭环"，电商可以跟踪分析用户的交易情况和满意程度，快速调整营销策略。其次，很多领域的供求信息有高度的分散性和瞬时性，供求不匹配导致市场失灵，移动互联网为撮合供需双方达成交易提供了新的技术手段。最后，随着移动支付的普及，手机将取代银行卡等，成为综合智能终端，移动支付的应用带动了网络基金、P2P 网贷、众筹等线上金融服务的移动化转型。

（二）中国移动电子商务所面临的问题及对策

1. 理论研究欠缺

综观近年来研究移动电子商务的学术论文，虽然论文的数量呈现增长趋势，但是研究内容大都是"移动安全"和"无线移动通信系统"方面的论文，而且研究方法仅仅停留在非实证研究的层次上，研究深度不够，显示出移动电子商务新应用研究创新的不足。因此，应根据我国移动电子商务的发展，采取实证的方法，加强对移动电子商务行为、模式、安全和跨文化等方面的研究。

2. 行业标准和市场机制需要逐渐完善

作为崭新的商务活动模式，国内移动电子商务产业才刚刚起步，没有自己的国家标准和统一管理机构，而且市场机制还不够规范和完善，不可避免地出现一些经济纠纷和法律问题。我国虽然已于 2005 年颁布了《中华人民共和国电子签名法》，中国人民银行制定了《电子支付指引（第一号）》，但是尽快制定出丰富完善的法律、法规是移动电子商务发展的当务之急。

3. 安全性有待提高

移动电子商务安全面临着技术、管理和法律等几个方面的挑战，主要包括终端窃取和假冒、无线网的窃听、重传交易信息、中间人攻击、拒绝服务、交易抵赖、移动终端遗失、设备差异和设备的不安全等。解决移动电子商务安全性问题主要有端到端策略、加密技术、防火墙、严格的用户鉴权、单一登入、无线 PKI 技术、授权和安全交易流程等策略。

4. 交易成本过高

由于无线带宽不足和物流配送系统不成熟等，导致交易成本过高。因此，发展移动电子商务就要想方设法降低各种成本费用：一是努力降低生产成本；二是不断降低交易成本；三是力争关键技术革新；四是认准特有优势；五是强化企业服务模式。

四、移动电子商务发展趋势

1. 企业应用将成为热点

做互联网行业的都深有体会，面向 B 用户（企业用户）的服务和应用是可以快速赚钱的业务，但一般来说成长性不会特别大，不会呈几何级数；而面向 C 用户（个人用户）的服务和应用则正好相反，虽然不能很快赚到钱，但只要业务对路，再加上点运气，则很有可能最终做大。

同理，移动电子商务的快速发展，必须是基于企业应用的成熟。企业应用的稳定性强、消费力大，这些特点个人用户无法与之比拟。而移动电子商务的业务范畴中，有许多业务类型可以让企业用户在收入和提高工作效率上得到很大帮助。企业应用的快速发展，将会成为推动移动电子商务的最主要力量之一。

2. 获取信息成主要应用

互联网公司的通常做法是在主营业务的周围，会有一系列的辅助应用，为了获取更多的流量，或者为主营业务带去更多的机会。

在移动电子商务中，虽然主要目的是交易，但是实际上在业务使用过程当中，信息的获取对于带动交易的发生或是间接引起交易是有非常大的作用的，比如，用户可以利用手机，通过信息、邮件、标签读取等方式，获取股票行情、天气、旅行路线、电影、航班、音乐、游戏等等各种内容业务的信息，而在这些信息的引导下，有助于使客户进行电子商务的业务交易活动。因此，获取信息将成为各大移动电子商务服务商初期考虑的重点。

3. 安全问题仍是机会

由于移动电子商务依赖于安全性较差的无线通信网络，因此安全性是移动电子商务中需要重点考虑的因素。和基于 PC 终端的电子商务相比，移动电子商务终端运算能力和存储容量更加不足，如何保证电子交易过程的安全，成了大家最为关心的问题。

在这样的大环境下，有关安全性的标准制定和相应法律出台也将成为趋势。同时，相关的供应商和服务商也就大行其道。

4. 移动终端的机会

移动电子商务中的信息获取、交易等问题都和终端密切相关。终端的发展机会在于，不仅要带动移动电子商务上的新风尚，还对价值链上的各方合作是否顺利，对业务开展有着至关重要的影响。

随着终端技术的发展，终端的功能越来越多，而且考虑人性化设计的方面也越来越全面，比如显示屏比过去有了很大的进步，而一些网上交易涉及商品图片信息显示的，可以实现更加接近传统 PC 互联网上的界面显示。又如智能终端的逐渐普及或成为主流终端，如此一来，手机更升级成为小型 PC，虽然两者不会完全一致，也不会被替代，但是手机可以实现的功能越来越多，对于一些移动电子商务业务的进行，也更加便利而又不失随身携带的特点。以后终端产品融合趋势会愈加明显，你很难清楚界定手上这个机器是手机还是电子书还是 MP4，在你手上它就是一个有应用价值的终端，就看消费者的需求方向。

5. 与无线广告捆绑前进

移动电子商务与无线广告，在过去的发展过程中有些割裂，其实这是两条腿走路的事情，二者是相辅相成的，任何一方的发展，都离不开另外一方的发展。二者的完美结合，就是无线营销的康庄大道。

6. 终端决定购物行为

据 Group SJR 和 Liz Claiborne Inc 的调查报告显示：有 47％的智能手机和 56％的平板电脑用户计划利用他们的移动终端购买更多物品，接近一半的智能手机和平板电脑用户觉得使用移动购物是方便的，如果企业能提供一些简便易用的移动应用或者移动网站则更加有用。1/3 的智能手机用户利用手机进行购物，而只有 10％的 feature phone（功能机）用户利用他们的手机进行购物。

7. 虚拟电子钱包正流行

40％的智能手机用户曾经使用他们的手机当作虚拟钱包（调查中有很多在星巴克消费的时候都使用过），28％的智能手机用户期望能利用手机当虚拟钱包做更多的事情，1/4 的平板电脑使用者非常希望能使用一些新技术，比如说当他们在一个店铺中消费的时候，将他们的 tables 当成虚拟钱包。

8. 移动优惠券和条形码

尽管虚拟电子钱包受欢迎，但更多的智能手机和平板电脑用户希望通过手机查看更多的产品信息（55％～57％），或者使用移动优惠券（53％～54％），几乎有一半的智能手机和平板电脑用户说他们会扫描商品条形码以获得更多的产品信息，这也表明条形码的使用将在接下去几年渐成主流。

9. 用户体验急需改进

54％的智能手机用户和 61％的平板电脑用户认为企业品牌提供的移动购物应用和网站用户体验非常不友好，更别说使用它们购物了。

10. 对移动电商发展有帮助的新技术

科技的发展催生出了一些新的技术，物联网、LBS、二维码等新技术的出现将有助于移动电商的发展。

11. 靠移动图像识别技术拍照购物

想象一下：走在大街上，你看到了某位潮人穿了一双超棒的鞋子。你拍下了一张照片，接着，你的手机为你找到了一家网站，你可以给自己也买上一双了。这项技术现在还没有完全实现，但现在移动图像识别（MIR）势头渐进。

LTU 科技（LTU Technologies）的总经理史蒂芬·谢泼德（Stephen Shepherd）在接受《福布斯》采访时称，这项技术要不了多久就会实现。"亚洲和欧洲的零售商已经将移动视觉搜索技术用于目标明确的移动商务应用。三年之内，我们将会看到美国的众多零售商迅速采纳这一技术。"他预测未来这一幕将司空见惯：通过某零售商的移动商务应用程序给路人的鞋子或手包拍下照片，以便迅速找到同样或类似的商品进行选购。

LTU 科技最近自己发布了一款应用程序 LTU Mobile，以帮助各品牌将 MIR 技术嵌入自己的移动应用之中。法国家庭用品零售商 Legallais 采用了这项技术，好让消费者对 40 000 件目录商品随便拍照，并立即购买。

任务实施

1. 根据任务要求明确调查的题目。

2. 分析任务要求，列出调查提纲，确定所需材料。

3. 通过互联网进行资料收集，注意数据的发布时间，采用最新数据，并保持数据的连续性。

4. 资料的整理。

5. 资料分析。

6. 撰写调查报告。

项目拓展

中国移动互联网年度大报告

国内知名的大数据服务商 QuestMobile 发布了《2022 年中国移动互联网年度报告》。数据显示，经过多年的持续蓄力发展，中国移动互联网用户规模突破 12 亿大关，同时，用户黏性也进一步增加，月人均时长和使用次数分别突破 177.3 小时、2633 次。

从人群结构上看，标志性的关口也在持续出现：51岁以上用户占比已达26.4%，突破1/4关口；三线及以下城市用户占比达60.6%，突破六成关口。

随着政策持续向好，内需战略刺激国内消费复苏，移动互联网、智能化与传统产业持续融合，AIGC生态即将爆发、场景应用持续落地，各类平台的营销多元化、闭环化模式日渐成熟，共同推动了中国移动互联网的新增长趋势，尤其是5G与大数据、智能化结合，令移动互联网即将从"黄金十年"进入到新的"钻石十年"！

用户和应用"多元化"，新趋势奠定复苏基础

QuestMobile数据显示，短视频已经是用户时长占比最高的应用，总用户时长占比达到28.5%（2019年为15.2%），受此影响，即时通信已经下降到了20.7%（2019年为26.5%）。具体到公司层面，老牌头部互联网公司如腾讯、阿里、百度去重用户总量分别为11.76亿、11.20亿、10.75亿，仍然保持用户量优势。

不过，抖音集团、蚂蚁集团、拼多多、快手持续增长，分别达到9.97亿、8.50亿、7.01亿、5.80亿；相应的用户时长占比上，腾讯系、抖音系、快手系、百度系、阿里系分别为33.6%、24.5%、10.2%、8.0%、6.2%。

用户结构、应用层面的持续变迁，以及外部环境的变化，带来了发展模式的演进，生态协作成为行业发展重要趋势，包括内容层面、小程序、快应用层面的深度连接等，成为了各移动互联网企业间重要的合作模式。

同时，"寻找增量"成为更为紧迫的发展主题，在2022年，包括公域资源获取、生态渠道拓展、出海寻求发展等，都从此前的口号进入到了实质性进展阶段，尤其是Temu、SHEIN海外高速增长，以及手游行业的大量案例，都给了整个行业更多的信心。

在此基础上，移动互联网的发展趋势已经明晰。随着政策引导持续向好，尤其是2022年12月份中央经济工作会议明确指出："要大力发展数字经济，提升常态化监管水平，支持平台企业在引领发展、创造就业、国际竞争中大显身手。"预示着，平台经济已经进入规范化发展的新时期。

同时，伴随着直播化、数字化、智能化的持续赋能，实体经济加速拥抱移动互联网、拥抱数字技术，从产业升级、组织提效、产品智能化、营销数字化等维度，与移动互联网深度结合，形成了"数实融合"形态。

此外，扩大内需政策、多元化营销模式，提振的效果明显。2022年末至2023年1月，旅游服务、航班服务、电影演出等App用户活跃度规模均出现大幅攀升，春节期间，携程旅行、航旅纵横、淘票票的周活跃用户数分别突破4000万、500万、700万；受此影响"代言人＋高曝光＋多元内容"的营销模式也进一步活跃，互联网投放持续增加。

5G、智能多技术结合，助推移动互联网迈进"新十年"

自2018年以来，中国"移动互联网"进入"存量时代"，用户增长进入慢速时代，新的技术和应用突破接近停滞，出现了存量争夺、资本和平台无序化发展的情形，也带来了用户的反感。随着监管指引的持续清晰，经过长达5年时间的盘整和酝酿、深蹲，中国移动互联网即将迎来与智能化相结合的新时代。

5G保持高速发展，5G网络活跃用户占比达到12.7%，同比增长了5.2个百分点；iOS和安卓终端占比趋于稳定，分别为21.7%、78.3%；华为、苹果、OPPO、vivo、小米、荣耀等品牌占比分别为24.3%、21.7%、20%、14.5%、10.2%、3.8%。不过，2000元以上机型占比同比提升了2.6%，多端互联、多屏协同等跨终端，成了芯片、屏幕之外，必备的新卖点。

同时，以ChatGPT为代表的AIGC应用，引发了全球关注，将持续带动基础大模型的热潮，并推动AIGC赋能更多应用场景，如娱乐、资讯、电商等领域，将会进一步促进生产效率提升，创造新的消费和需求。

事实上，在场景应用上，"智能""互联"从手机向汽车终端、穿戴设备的延伸，并且，"高速互联""智能"，已经成了这些领域设备的"新卖点"，如智能汽车App中，比亚迪汽车、上汽大众、吉利汽车、日产智联、MyBMW月活用户规模分别达到432.6万、382.7万、313.9万、289.5万、268.2万。

这些变化，在过去一年里，已经带动了品牌借势、内容营销等朝这个方向持续迭代，如小众运动、美妆护理在内容营销平台上的持续爆发增长，露营、飞盘、骑行等等，相应品牌和装备的持续爆发进而短路径的闭环变现形成。这些都预示着，以移动互联网结合大数据、智能化的"新时代"即将到来。

资料来源：《大众网》

项目总结

通过本项目的学习，掌握移动电子商务的概念、特点与应用范围，理解移动电子商务与电子商务的区别，了解移动电子商务在我国的发展状况，并能够通过该状况的分析展望移动电子商务未来发展的趋势。通过任务的练习能够学会如何进行数据分析，从而撰写调查报告。

做一做练一练

1. 什么是电子商务，什么是移动电子商务？

2. 移动电子商务有哪些特点？

3. 移动电子商务与传统电子商务有什么区别？

4. 简述移动电子商务的应用模式有哪些。

5. 简述我国目前移动电子商务遇到的问题，并提出对策。

6. 根据市场情况分析移动电子商务未来如何发展。

项目二　移动电子商务技术应用

知识目标：通过本项目的学习，掌握移动通信技术、无线互联网技术、手机操作系统、移动通信终端、条形码及二维码技术、RFID技术、位置服务技术、云服务技术和物联网技术等，了解指纹识别与面部识别技术等生物识别技术，了解各个技术的应用状况与领域。

能力目标：根据给定任务能够独立或者团队完成。同时学会如何组建无线局域网络，使用无线终端，能够把学到的移动电子商务技术在实际过程中进行运用。

项目导入

移动电子商务插上信息化的双翼

江苏宇航广告公司董事长汤闯松从媒体上得知江苏联通推出了专门为企业信息化服务的移动电子商务业务后，急切地希望尽快进行业务洽谈。经江苏联通客户经理上门介绍业务后，汤董事长一口气签定了使用移动电子商务业务中的旗舰协同办公、网络传真、旗舰网络硬盘豪华版、企信通、移动组网等7项产品的合同。

宇航广告公司是一家集广告策划、设计、制作、发布的综合性广告公司，公司总部设在江苏，在余杭设有办事处。近年来，随着公司业务的不断拓展，业务范围不断扩大，一系列管理、经营上的问题开始显露出来：客户传真件如雪花般地飞来，公司每天也要向全国各地的客户发许许多多的传真，耗费了大量的人力、物力且工作效率不高；公司领导需经常出差，一出差就无法实时批复公文；公司领导每次出差前都要拷贝许多文件，才能在外处理公务，深感不便；公司如何加强对余杭办事处的管理，余杭办事处如何共享公司总部的信息资源。公司允许员工上网查阅资料、通过QQ与客户进行沟通，但电脑上却染上了不少病毒……公司管理层越来越感觉到：传统的企业管理、经营办法已不能适应现代企业，必须借助信息化的手段，才能使企业健康、持续地发展。

联通公司客户经理根据宇航公司的实际需要，推荐了移动电子商务的系列产品：

——旗舰协同办公系统。该系统集成了公文流转、资产管理、会议管理、车辆管理、人事管理等众多功能。个人办公模块还具有内部邮件、日程安排、通信录、备忘录等功能。该系统中各个模块的数据完全共享，能彻底消除公司内部的信息"孤岛"，盘活企业的信息资源。该系统还能让员工在线交流，参加在线会议和在线学习。所以说，旗舰协同办公既能强化宇航公司总部的管理和对余杭办事处的管理，还能解决公司内部信息资源共享等难题。

——网络传真是一种基于互联网为基础的联通增值业务，它能将各种电子文档通过电脑方式方便、快速、廉价地发送到世界各地的传真机上。它所具有的群发、智能重发、定时发送、流动办公、电子签章、个性化提醒等功能，特别适合像宇航广告这样传真量大的单位使用，能让公司彻底摆脱日常手工收发传真耗费大量人力物力的烦恼。

——使用了网络硬盘后，宇航公司领导出差前再也不用拷贝文件、携带 U 盘了。网络硬盘能将公司电脑硬盘上的资料存储到联通公司的旗舰网络硬盘里，出差在外，只要有上网的接口，就能随时随地上传、下载、阅读公司文件，而无需担心企业数据的安全。

——蓝剑、蓝盾系统内置了国际领先技术的防病毒引擎，不仅具有强有力的查杀病毒功能，而且可以监控、检测互联网上收到的各种数据文件，并清除其中的病毒，还具有出色的文件修复功能。使用了蓝剑、蓝盾系统后，真可谓是"一夫当关，万夫莫开"。

使用了移动电子商务业务后，短短的几个月时间，宇航公司就收到了立竿见影的效果。

首先，员工的工作效率大大提高。使用旗舰协同办公系统后，员工每天上班后的第一件事就是进入系统，当天要做的事一目了然。过去是"人找事"，现在是"事找人"，协同办公系统的"事件驱动"机制大大提高了员工的工作效率。其次，诸多管理上的问题一一得到解决。协同办公系统的资产管理、会议管理、办公用品管理、车辆管理、人事管理等功能，使公司的管理走上了规范化、科学化的道路。再次，公司领导无论身在何处，只要在能上网的地方，就能实现对公司的远程办公和管理。最后，通过使用移动电子商务和在线学习，全体员工的信息化意识和水平得到整体提升。

为什么宇航广告公司这么青睐移动电子商务？

启示：移动电子商务不仅仅是网上购物，还包括利用无线网络、移动互联网和移动终端进行各种数据处理、分享、交易等。因此，实现移动电子商务活动，离不开各种技术的支持。越是看似功能简便、使用方便的移动电子商务业务，我们就越不能忽视其中隐藏着的各种技术。没有这些技术的支撑，移动电子商务活动的实现就无从谈起。

项目实施

任务一　移动通信技术应用

任务目标

1. 掌握移动通信技术的概念和分类。
2. 了解移动通信技术的发展状况和未来趋势。

相关知识

一、移动通信概念与特点

（一）移动通信的基本概念

在现在的信息时代，随着手机、平板等移动通信终端的发展，人们对通信的要求日益迫切，人们越来越希望在任何时候、任何地点与任何人都能够及时可靠地交换任何信息。显然，想要实现这种愿望，在大力发展固定通信的同时，更需要积极地发展移动通信。

移动通信是指通信双方至少有一方在移动中（或者临时停留在某一非预定的位置

上）进行信息交换的通信方式。例如移动体（车辆、船舶、飞机）与固定点之间的通信，活动的人与固定点、人与人或人与移动体之间的通信等。

移动通信有多种方式，可以双向工作，如集群移动通信、无绳电话和蜂窝移动电话通信，但部分移动通信系统的工作是单向的，如无线寻呼系统。移动通信的类型很多，可按不同方法进行分类。

（1）按使用环境分：陆地通信、海上通信和空中通信。

（2）按使用对象分：民用设备和军用设备。

（3）按多址方式分：频分多址（FDMA）、时分多址（TDMA）和码分多址（CDMA）。

（4）按接入方式分：频分双工（FDD）和时分双工（TDD）。

（5）按工作方式分：同频单工、异频单工、异频双工和半双工。

（6）按业务类型分：电话网、数据网和综合业务网。

（7）按覆盖范围分：广域网和局域网。

（8）按服务范围分：专用网和公用网。

（9）按信号形式分：模拟网和数字网。

（二）移动通信的特点

1. 移动通信必须利用无线电波进行信息传输。移动通信中基站至用户之间必须靠无线电波来传送消息。在固定通信中，传输信道可以是导线，也可以是无线电波。但是在移动通信中，至少有一方是运动着的，必须使用无线电波传输。

2. 移动通信工作在复杂的干扰环境下。在移动通信系统中，使用无线电波传输信息，在传播过程中必不可少地会受到一些噪声和干扰的影响。除了一些外部干扰（如工业噪声和人为噪声等）外，自身还会产生各种干扰。主要的干扰有互调干扰、邻频干扰、同频干扰及多址干扰等。因此，在系统设计中，可以使用抗干扰、抗衰落技术来减少这些干扰问题的影响。

3. 移动通信可利用的频谱资源有限。移动通信可以利用的频谱资源非常有限，国际电信联盟（ITU）和各国都规定了用于移动通信的频段。为满足移动通信业务量增加的需要，只能开辟和启用新的频段，或者在有限的已有频段中采用有效利用频率措施，如采用压缩频带、频道重复利用等方法来解决。

4. 移动通信的移动性强。由于移动用户需要在任何时间、任何地点准确接收到可靠的信息，移动台在通信区域内需要随时运动。移动通信必须具备很强的管理功能，进行频率和功率的控制。

5. 对移动终端（主要是移动台）的要求高。移动台长期处于不固定位置，所以要求移动台具有很强的适应能力。此外，还要求移动台体积小、重量轻、携带方便和操作方便。而且，移动终端必须适应新业务、新技术的发展，以满足不同人群的使用。

二、移动通信技术的发展

（一）第一阶段从 20 世纪 20 年代至 40 年代，为早期发展阶段

在这期间，首先在短波几个频段上开发出专用移动通信系统，其代表是美国底特律市警察使用的车载无线电系统。该系统工作频率为 2MHz，到 20 世纪 40 年代提高到 30～40MHz，可以认为这个阶段是现代移动通信的起步阶段，其特点是专用系统开发，工作频率较低。

（二）第二阶段从 20 世纪 40 年代中期至 60 年代初期，为初步发展阶段

在此期间内，公用移动通信业务开始问世。1946 年，根据美国联邦通信委员会（FCC）的计划，贝尔系统在圣路易斯城建立了世界上第一个公用汽车电话网，称为"城市系统"。当时使用三个频道，间隔为 120kHz，通信方式为单工，随后，西德（1950 年）、法国（1956 年）、英国（1959 年）等相继研制了公用移动电话系统，美国贝尔实验室完成了人工交换系统的接续问题。这一阶段的特点是从专用移动网向公用移动网过渡，接续方式为人工，网的容量较小。

（三）第三阶段从 20 世纪 60 年代中期至 70 年代中期，为改进完善阶段

在此期间，美国推出了改进型移动电话系统（IMTS），使用 150MHz 和 450MHz 频段，采用大区制、中小容量，实现了无线频道自动选择并能够自动接续到公用电话网，德国也推出了具有相同技术水准的 B 网。可以说，这一阶段是移动通信系统改进与完善的阶段，其特点是采用大区制、中小容量，使用 450MHz 频段，实现了自动选频与自动接续。

（四）第四阶段从 20 世纪 70 年代中期至 80 年代中期，这是移动通信蓬勃发展时期

1978 年底，美国贝尔试验室研制成功先进的移动电话系统（AMPS），建成了蜂窝状移动通信网，大大提高了系统容量。该阶段称为 1G（第一代移动通信技术），主要采用的是模拟技术和频分多址（FDMA）技术。Nordic 移动电话（NMT）就是这样一

种标准，应用于 Nordic 国家、东欧以及俄罗斯。其他还包括美国的高级移动电话系统（AMPS），英国的总访问通信系统（TACS）以及日本的 JTAGS，西德的 C-Netz，法国的 Radiocom 2000 和意大利的 RTMI。

这一阶段的特点是蜂窝状移动通信网成为实用系统，并在世界各地迅速发展。移动通信大发展的原因，除了用户要求迅猛增加这一主要推动力之外，还有几方面的技术进展所提供的条件。首先，微电子技术在这一时期得到长足发展，这使得通信设备的小型化、微型化有了可能性，各种轻便电台被不断地推出。其次，提出并形成了移动通信新体制。随着用户数量增加，大区制所能提供的容量很快饱和，这就必须要探索新体制。在这方面最重要的突破是贝尔试验室在 20 世纪 70 年代提出的蜂窝网的概念，解决了公用移动通信系统要求容量大与频率资源有限的矛盾。第三方面进展是随着大规模集成电路的发展而出现的微处理器技术日趋成熟以及计算机技术的迅猛发展，从而为大型通信网的管理与控制提供了技术手段。以 AMPS 和 TACS 为代表的第一代移动通信模拟蜂窝网虽然取得了很大成功，但也暴露了一些问题，比如容量有限、制式太多、互不兼容、话音质量不高、不能提供数据业务、不能提供自动漫游、频谱利用率低、移动设备复杂、费用较贵以及通话易被窃听等，最主要的问题是其容量已不能满足日益增长的移动用户需求。

（五）第五阶段从 20 世纪 80 年代中期开始，这是数码移动通信系统发展和成熟时期

该阶段可以再分为 2G、2.5G、3G、4G、5G 等。5G 即第五代通信技术，互联网的快速发展，对网络速度产生了更高的要求，这无疑成为推动 5G 网络发展的重要因素，5G 技术相比 4G 技术，其峰值速率将增长数十倍，从 100Mbps 提高到数十 Gbps。

三、移动通信技术

1. 1G 技术

1982 年，美国推出了 Advanced Mobile Phone System（AMPS），又称国际标准 IS-88。这个标准的推出受到了用户们的普遍欢迎，用户量大增，现在所指的 1G 就是 AMPS。第一代移动通信系统最重要的特点体现在移动性上，主要采用的是模拟技术和频分多址技术。由于受到传输带宽的限制，不能进行移动通信的长途漫游，只能是一种区域性的移动通信系统。第一代移动通信有很多不足之处，如容量有限、制式太多、

互不兼容、保密性差、通话质量不高、不能提供数据业务和不能提供自动漫游等。

2. 2G 技术

为了满足人们对传输质量、系统容量和覆盖面的需求，第二代移动通信也随之产生。第二代移动通信系统主要有欧洲的 GSM、数字高级移动电话系统 DAMPS 或 TDMA、码分多址 CDMA 技术等，目前我国广泛应用的是 GSM 系统。1G 主要使用了模拟技术，而 2G 则使用了数字技术，其主要特性是为移动用户提供数字化的语音业务以及高质低价服务。第二代移动通信具有保密性强、频谱利用率高、能提供丰富的业务、标准化程度高等特点，使移动通信得到了空前的发展。

（1）GSM 移动通信系统。GMS 数字移动通信系统是由欧洲主要电信运营者和制造厂家组成的标准化委员会设计出来的，在蜂窝系统的基础上发展而成。GMS 系统主要由移动台（MS）、基站分系统（BSS）、网络子系统（MSS）和操作与维护分系统（OSS）组成。GMS 结构图如图 2-1 所示。

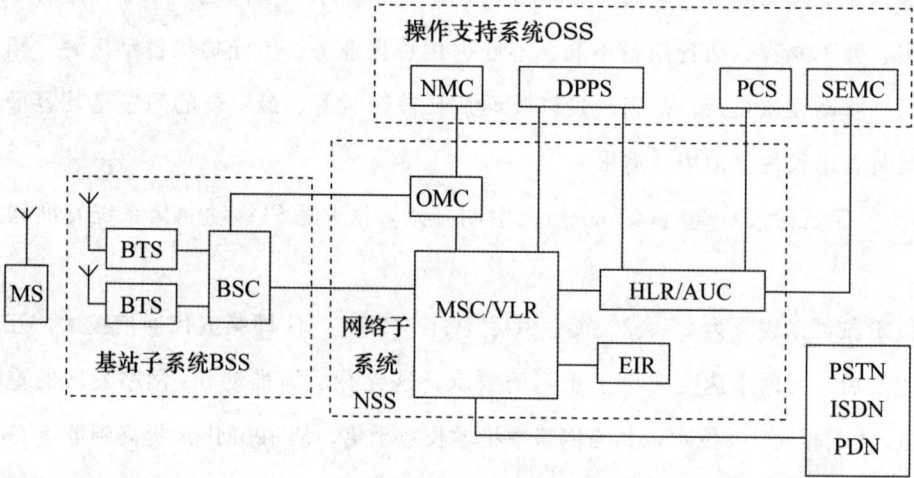

图 2-1　GSM 系统结构图

①移动台（MS）。移动台是公用移动通信网中用户使用的设备，也是整个移动通信系统中用户能够直接接触的唯一设备。它是 GSM 系统的移动客户设备部分，由移动终端和用户识别卡（Subscriber Identity Module，SIM）组成。SIM 卡中存有用户身份认证所需的信息，并能执行一些与安全保密有关的信息。移动设备只有在插入 SIM 卡后才能进网使用。

②基站分系统（BSS）。BSS 包含 GSM 数字移动通信系统中无线通信部分的所有地

面基础设施，它的一端通过无线接口直接与移动台实现通信连接，另一端又连接到网络端的交换机，为移动台和交换子系统提供传输通路。BSS 由基站控制器（BSC-Base Station Controller）和基站收发信台（BTS-Base Transcelver Station）两部分组成。

③网络子系统（NSS）。包括以下几个部分：移动交换中心（MSC），归属位置寄存器（H IR），拜访位置寄存器（VLR），认证（鉴权）中心（AUC），设备标志寄存器（EIR）。移动变换中心是 GSM 网络系统的核心，是 GSM 移动通信系统与其他通信网之间互联的接口。HLR 既是一个静态数据库，用来存储本地用户的数据信息，又是一个定位数据库，用来存储用户访问位置寄存器的数据信息。VLR 是存储本地区动态用户数据的数据库，通常为一个 MSC 控制区服务。AUC 为每个用户设置了一个密钥，用于认证移动用户身份及产生相应认证参数的功能实体。EIR 实现对移动设备的识别、监视、闭锁等功能，确保移动设备的唯一性和安全性。

④操作与维护分系统（OSS）。操作与维护分系统是操作人员与设备之间的中介，其中的主要网元是操作维护中心（OMC），它实现了对移动通信系统的 BSS 和 NSS 的集中操作与维护，它的一侧与网络设备相连，另一侧则是作为人机接口的工作站。

（2）IS-95 CDMA 数字蜂窝通信系统。1993 年 7 月，美国电信工业协会（TIA）将 CDMA 定为美国数字蜂窝的临时标准 IS-95。由于 CDMA 系统具有抗干扰性强、保密性好、容量高等优点，许多国家都觉得 CDMA 有很大的应用前景，纷纷引进了这个技术。现在，CDMA 已经在很多国家广泛使用。

CDMA 由移动交换中心（MSC）、基站系统（BBS）、移动台（MS）、管理维护中心（OMC）以及公共市话网（PSTN）和综合业务数字网（ISDN）等组成。

3.2.5G 技术

第 2.5 代移动通信技术——GPRS 技术。GPRS 是通用分组无线业务（General Packet Radio Service）的英文简称，是在现有的 GSM 网络基础上增加 GPRS 业务支持节点以及 GPRS 网点支持节点形成的一个新的网络实体，提供端到端的、广域无线 IP 连接，目的是为 GSM 用户提供分组形式的数据业务。

GPRS 是一种新的移动数据通信业务，在移动用户和数据网络之间提供一种连接，为移动用户提供高速无线 IP 服务。GPRS 网络分为两个部分：无线接入和核心网。GPRS 提供了一种高效、低成本的无线分组数据业务，特别适用于间断的、突发性的和频繁的、少量的数据传输，可以应用于数据传输、远程监控等方面，也适用于偶尔的大多数据量传输。GPRS 网络结构如图 2-2 所示。

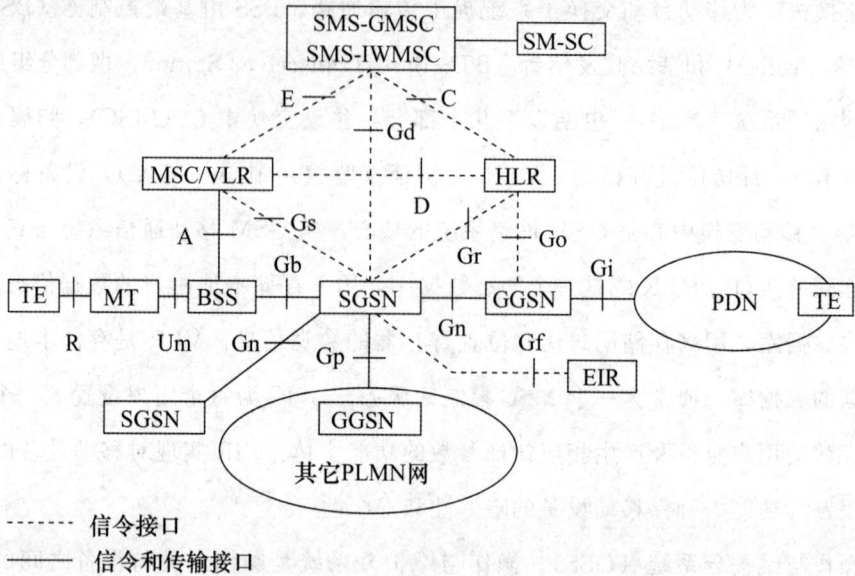

图 2-2　GPRS 网络结构图

GPRS 系统的基本网络结构：

①移动台（MS）是用户使用的设备，由移动终端（MT）和终端单元（TE）构成。

②服务 GPRS 支持节点（SGSN）主要负责记录移动台的当前位置的信息，有执行移动性管理和路由选择等功能。

③网关 GPRS 支持节点（GGSN）负责 GPRS 网络与外部分组数据网的连接，并提供必要的传输通路。

④计费网关（CG）通过 Ga 接口实现 GPRS 系统的计费，收集各 GSM 系统发送的计费数据记录，然后将这些记录发送给计费系统。

⑤域名服务器（DNS）负责提供 GPRS 网内部 SGSN、GGSN 等网络节点域名解析以及 APN 的解析。

4. 3G 技术

3G 是第三代移动通信技术，是指支持高速数据传输的蜂窝移动通信技术。3G 服务能够同时传送声音及数据信息，速率一般在几百 kbps 以上。3G 是指将无线通信与国际互联网等多媒体通信结合的新一代移动通信系统，目前 3G 存在 3 种标准：

CDMA2000、WCDMA、TD-SCDMA。

3G下行速度峰值理论可达 3.6Mbit/s（一般 2.8Mbit/s），上行速度峰值也可达
384kbit/s，不可能像网上说的每秒 2G，当然，下载一部电影也不可能瞬间完成。中国
国内支持国际电联确定三个无线接口标准，分别是中国电信的 CDMA2000、中国联通
的 WCDMA、中国移动的 TD-SCDMA。GSM 设备采用的是时分多址，而 CDMA 则使
用码分扩频技术，先进的功率和话音激活至少可提供大于 3 倍 GSM 的网络容量，业界
将 CDMA 技术作为 3G 的主流技术，国际电联确定了三个无线接口标准，分别是美国
CDMA2000、欧洲 WCDMA、中国 TD-SCDMA。原中国联通的 CDMA 卖给中国电信，
中国电信已经将 CDMA 升级到 3G 网络，3G 的主要特征是可提供移动宽带多媒体
业务。

（1）WCDMA

WCDMA 是通用移动通信系统（UMTS）的空中接口技术，接入方式为 IMT-DS，核心网
络基于 GSM/GPRS，所以许多 WCDMA 的高层协议和 GSM/GPRS 基本相同或相似。

（2）CDMA 2000

CDMA 2000 是在 IS-95 基础上的进一步发展，它对 IS-95 系统有向后兼容性，为
了支持分组数据业务，核心网络在 ANSI-41 网络的基础上又增加了支持分组交换的部
分，并逐步向全 IP 的核心网过渡。截至 2011 年 6 月，全球 CDMA 2000 用户数量超过
6.14 亿，亚洲是对用户总量增长做出主要贡献的地区，其次是北美、欧洲和中东。目
前，全球共有 336 家商用 CDMA 2000 运营商，它们分布在 123 个国家和地区。

（3）TD-SCDMA

时分同步的码分多址技术（Time Division-Synchronous Code Division Multiple Access，
TD-SCDMA）作为中国提出的 3G 标准，自 1998 年正式向 ITU（国际电联）提交以来，完
成了标准的专家评估、ITU 认可和发布。TD-SCDMA 标准是我国第一个具有完全自主知识
产权的国际通信标准，而且在国际上被广泛接受和认可，是我国通信史上重要的里程碑，也
是我国通信史上的重大突破，标志着中国在移动通信领域进入了世界领先之列。

据《2013－2017 年中国 3G 行业市场研究与投资预测分析报告》统计，中国正处
于 3G 技术商业应用的高速发展阶段，3G 网络的巨大投资以及网络运营维护外包化趋
势的形成给网络优化行业带来了广阔的市场空间。截至 2011 年 5 月底，中国 3G 基站
总数达到 71.4 万个，其中中国移动、中国电信和中国联通的 3G 基站分别达到 21.4

万、22.6万和27.4万个。3G的迅速发展将对通信设备制造业、终端产业和信息服务业等上下游行业形成有力拉动。

中国已经成为全球最大的移动通信消费国，2008年中国移动通信用户已经超过6亿，手机新闻、手机博客、手机收发邮件等一系列移动互联网的新发展得到普及，然而这一切都仅仅被应用于个人。移动商务的应用需求也越来越迫切，让企业通过移动互联网实现企业与用户之间的信息互动，并由此开展深层次、全方位应用是现今企业的最大需求。

5.4G 技术

虽然3G传输率快，但还是存在着很多不尽如人意的地方。第四代移动通信技术（4G）能提供更大的频宽，满足3G尚不能达到的在覆盖、质量、造价上支持的高速数据和高分辨率多媒体服务的需要。该技术能进一步提高数据传输速度，集3G与WLAN于一体并能够满足几乎所有用户对于无线服务的要求。

4G是3G技术的进一步演化，是在传统通信网络和技术的基础上不断地提高无线通信的网络效率和功能。通俗一点理解，最能概括4G技术的就是两句话：一是4G能够提供高速移动网络宽带服务；二是4G基于全球移动通信LTE（Long Term Evolution）标准之上。4G系统的网络结构如图2-3所示。

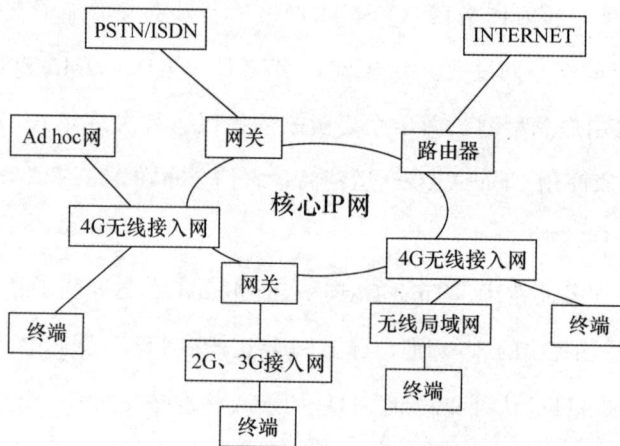

图2-3 4G系统的网络结构

全IP网络比较恰当地描述了4G网络的特点。在这个网络中，无线网络（包括WLAN，2G、3G移动通信网络和其他网络）将成为Internet子网的自然延伸，移动终端是可激活的IP客户端。而且，全网络的信息传输速率更快、带宽更宽、容量更大、智能性更高、兼容性更强、多媒体质量更高。

4G 通信技术将会推动关键技术的过渡，逐渐发展出一种以 OFDM 技术为主导，又吸收了 CDMA 技术的双核技术。为了满足 4G 系统的要求，我们必须对 3G 软件进行升级，使 3G 运行的精确度、速率、平稳性更高。我们需要不断完善技术，既要保证 3G 资源的完整，又可以促使 3G 成为 4G 的一部分，实现从三代到四代的过渡。

6.5G 技术

第五代移动电话通信标准，也称第五代移动通信技术（5G）。也是 4G 之后的延伸，正在研究中，网速可达 5M/s～6M/S。

2015 年 3 月 1 日，英国《每日邮报》报道，英国已成功研制 5G 网络，并进行 100 米内的传送数据测试，每秒数据传输高达 125GB，是 4G 网络的 6.5 万倍，理论上 1 秒钟可下载 30 部电影，并称于 2018 年投入公众测试，2020 年正式投入商用。

2015 年 3 月 3 日，欧盟数字经济和社会委员古泽·奥廷格正式公布了欧盟的 5G 公司合作愿景，力求确保欧洲在下一代移动技术全球标准中的话语权。奥廷格表示，5G 公私合作愿景不仅涉及光纤、无线甚至卫星通信网络相互整合，还将利用软件定义网络（SDN）、网络功能虚拟化（NFV）、移动边缘计算（MEC）和雾计算（Fog Computing）等技术。在频谱领域，欧盟的 5G 公私合作愿景还将划定数百兆赫用于提升网络性能，60GHz 及更高频率的频段也将被纳入考虑。

欧盟的 5G 网络将在 2020—2025 年之间投入运营。

2015 年 9 月 7 日，美国移动运营商 Verizon 无线公司宣布，将从 2016 年开始试用 5G 网络，2017 年在美国部分城市全面商用。

我国 5G 技术研发试验将在 2016—2018 年进行，分为 5G 关键技术试验、5G 技术方案验证和 5G 系统验证三个阶段实施。

2016 年 3 月，工信部副部长陈肇雄表示：5G 是新一代移动通信技术发展的主要方向，是未来新一代信息基础设施的重要组成部分。与 4G 相比，不仅将进一步提升用户的网络体验，同时还将满足未来万物互联的应用需求。

从用户体验看，5G 具有更高的速率、更宽的带宽，预计 5G 网速将比 4G 提高 10 倍左右，只需要几秒即可下载一部高清电影，能够满足消费者对虚拟现实、超高清视频等更高的网络体验需求。

从行业应用看，5G 具有更高的可靠性，更低的时延，能够满足智能制造、自动驾驶等行业应用的特定需求，拓宽融合产业的发展空间，支撑经济社会创新发展。

　　截至 2023 年 6 月底,我国 5G 基站累计达到 293.7 万个,覆盖所有地级市城区、县城城区,5G 移动电话用户达 6.76 亿户,比上年末净增 1.15 亿户。

图 2-4　5G 网络畅想

任务实施

　1. 根据所学知识,查阅相关资料比较 1G、2G、2.5G、3G、4G 通信技术的异同。

　2. 分析移动通信技术的未来发展趋势。

任务二 无线互联网技术应用

任务目标

1. 掌握无线网络的概念和特点。

2. 了解常见的无线通信技术（Wi-Fi技术、蓝牙技术、IrDA红外连接技术、NFC技术、ZigBee技术、UWB技术等）的特点与应用。

3. 掌握移动IP技术的应用。

4. 了解无线互联网的分类，学会无线网络的应用，并能够进行基本的组网。

相关知识

一、无线网络的概念和特点

所谓无线网络，既包括允许用户建立远距离无线连接的全球语音和数据网络，也包括为近距离无线连接进行优化的红外线技术及射频技术。当无线用户之间由于距离或其他原因，不能直接进行信息传输而必须通过中继方式进行时，称为无线网络通信方式。网络可以有多种形式，最经典的是星状网络。位于网络中央的中继器可以是移动网络中的基站，它是由发射机和接收机组成的，可以将来自一个无线设备的信号中继到另一个无线设备，保证网络内的用户通信。图2-5表示的是无线网络的架构。

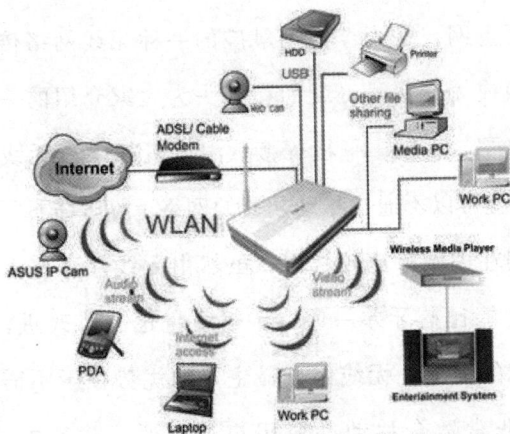

图2-5 无线网络架构

二、无线通信技术

无线通信是利用电波信号可以在自由空间中传播的特性进行信息交换的一种通信方式，近些年信息通信领域中，发展最快、应用最广的就是无线通信技术。在移动中实现的无线通信又通称为移动通信，人们把二者合称为无线移动通信。

（一）Wi-Fi技术

1. Wi-Fi概念

Wi-Fi（wireless fidelity，无线高保真）是IEEE定义的一个无线网络通信的工业标准（IEEE802.11），在无线局域网的范畴是指"无线相容性认证"，同时也是一种无线联网的技术，通过无线电来连接网络。图2-6所示为Wi-Fi图标。Wi-Fi是一种可以将个人电脑、手持设备（如PDA、手机）等终端以无线方式互相连接的技术。

图2-6　Wi-Fi标志

2. 主要功能

无线网络上网可以简单地理解为无线上网，几乎所有智能手机、平板电脑和笔记本电脑都支持无线保真上网，是当今使用最广的一种无线网络传输技术。其实际上就是把有线网络信号转换成无线信号，就如在开头为大家介绍的一样，使用无线路由器供支持其技术的相关电脑、手机、平板等接收。手机如果有无线保真功能的话，在有Wi-Fi无线信号的时候就可以不通过移动联通的网络上网，省掉了流量费。

无线网络无线上网在大城市比较常用，虽然由无线保真技术传输的无线通信质量不是很好，数据安全性能比蓝牙差一些，传输质量也有待改进，但传输速度非常快，符合个人和社会信息化的需求。无线保真最主要的优势在于不需要布线，可以不受布线条件的限制，因此非常适合移动办公用户的需要。并且由于发射信号功率低于100mW，低于手机发射功率，所以无线保真上网相对也是最安全健康的。

　　但是无线保真信号也是由有线网提供的，比如家里的 ADSL、小区宽带等，只要接一个无线路由器，就可以把有线信号转换成无线保真信号。国外很多发达国家城市里到处覆盖着由政府或大公司提供的无线保真信号供居民使用，我国也有许多地方实施"无线城市"工程，使这项技术能够得到推广。

　　3. 组成结构

　　一般架设无线网络的基本配备就是无线网卡及一台 AP，如此便能以无线的模式，配合既有的有线架构来分享网络资源，其架设费用和复杂程度远远低于传统的有线网络。如果只是几台电脑的对等网，也可不要 AP，只需要每台电脑配备无线网卡。AP 为 Access Point 的简称，一般翻译为"无线访问接入点"。它主要在媒体存取控制层 MAC 中扮演无线工作站及有线局域网络的桥梁。有了 AP，就像一般有线网络的 Hub 一般，无线工作站可以快速且轻易地与网络相连。特别是对于宽带的使用，无线保真更显优势，在有线宽带网络（ADSL、小区 LAN 等）到户后，连接到一个 AP，然后在电脑中安装一块无线网卡即可。普通的家庭有一个 AP 已经足够，甚至用户的邻里得到授权后，则无须增加端口，也能以共享的方式上网。

　　2014 年 11 月，微信开放 Wi-Fi 接口，预示商业 Wi-Fi 的喧嚣与暗流，这也说明——其实线上加线下是一个相对完整的生态。Wi-Fi 生态建设的从开始到结束的整个闭环，贯穿了用户的整个全过程，由此形成多重生态组合，包括：一是陌生场景如何获取免费流量入口（地推、流量）；二是得到好的体验（技术平台）；三是通过基于 Wi-Fi 得到基于位置服务（Location Based Service，LBS）属性和个人即时需求属性；四是最后针对性产品开发进行资源整合商业模式。

（二）蓝牙技术

　　蓝牙（图 2-7）是由爱立信、国际商用机器、英特尔、诺基亚和东芝等五家公司于 1998 年 5 月共同提出开发的一种全球通用的无线技术标准。蓝牙是一种替代线缆的短距离无线传输技术，使特定的移动电话、笔记本电脑以及各种便携式通信设备能够相互在 10m 左右的距离内共享资源。图 2-8 所示是蓝牙通过手机或电脑和其他支持蓝牙的移动设备连接。

图 2-7　蓝牙标志

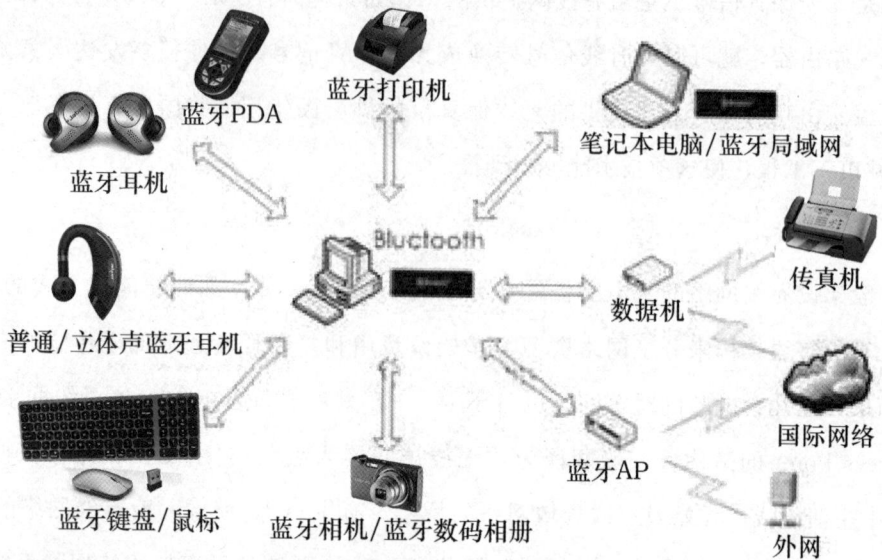

图 2-8　支持蓝牙的设备数据传输

　　蓝牙有很多优点：蓝牙的成本比较低，保证了蓝牙的广泛实施；任一蓝牙设备在传输信息时都要有密码，保证了通信的安全性；蓝牙的通信距离为 10 米，可以在办公室内任意传输；蓝牙具备自动发现能力，使用户能够通过很简便的操作界面访问设备；跳频技术使蓝牙系统具有足够高的抗干扰能力。

　　蓝牙 4.2 发布于 2014 年 12 月 2 日。它为 IOT 推出了一些关键性能，是一次硬件更新。但是一些旧有蓝牙硬件也能够获得蓝牙 4.2 的一些功能，如通过固件实现隐私保护更新。主要改进之处如下：

　　（1）低功耗数据包长度延展。

　　（2）低功耗安全连接。

　　（3）链路层隐私权限。

　　（4）链路层延展的扫描过滤策略。

　　（5）Bluetooth Smart 设备可通过网络协议支持配置文件（Internet Protocol Support Profile，简称 IPSP）实现 IP 连接。

　　（6）IPSP 为 Bluetooth Smart 添加了一个 IPv6 连接选项，是互联家庭和物联网应用的理想选择。

　　（7）蓝牙 4.2 通过提高 Bluetooth Smart 的封包容量，让数据传输更快速。

（8）业界领先的隐私设置让 Bluetooth Smart 更智能，不仅降低了功耗，窃听者也将难以通过蓝牙联机追踪设备。

（9）消费者可以更放心不会被 Beacon 和其他设备追踪。

这一核心版本的优势如下：

（1）实现物联网：支持灵活的互联网连接选项（IPv6/6LoWPAN 或 Bluetooth Smart 网关）。

（2）让 Bluetooth Smart 更智能：业界领先的隐私权限、节能效益和堪称业界标准的安全性能。

（3）让 Bluetooth Smart 更快速：吞吐量速度和封包容量提升。

（三）IrDA 红外连接技术

红外线是指波长超过红色可见光的电磁波，红外通信（IrDA）顾名思义就是通过红外线进行数据传输的无线技术，利用红外线技术在电脑或其他相关设备间可以进行无线数据交换。目前使用的红外线已发展到了 16Mb/s 的速率。

为了建立一个统一的红外数据通信标准，1993 年，由 HP、COMPAQ、INTEL 等二十多家公司发起成立了红外数据协会（Infrared Data Association，简称 IrDA），1993 年 6 月 28 日，来自 50 多家企业的 120 多位代表出席了红外数据协会的首次会议，并就建立统一的红外通信标准问题达成了一致。一年以后，第一个 IrDA 的红外数据通信标准发布，即 IrDA1.0。1996 年，IrDA 发布了 IrDA1.1 标准，即 Fast InfraRed，简称为 FIR。

IrDA 数据协议由物理层、链路接入层和链路管理层三个基本层协议组成，另外，为满足各层上的应用的需要，IrDA 栈支持 IrLAP、IrLMP、IrIAS、IrIAP、IrLPT、IrCOMM、IrOBEX 和 IrLAN 等。

（1）IrDA 红外串行物理层协议

IrPHY 定义了 4Mb/s 以下速率的半双工连接标准。在 IrDA 物理层中，将数据通信按发送速率分为三类：SIR、MIR 和 FIR。串行红外（SIR）的速率覆盖了 RS-232 端口通常支持的速率（9600bps～115.2kbps）。MIR 可支持 0.576Mbps 和 1.152Mbps 的速率；高速红外（FIR）通常用于 4Mbps 的速率，有时也可用于高于 SIR 的所有速率。4Mb/s 连接使用 4PPM 编码，1.152Mb/s 连接使用归零 OOK 编码，编码脉冲的占空比为 0.25。

115.2kb/s 以及以下速率的连接使用占空比为 0.1875 的归零 OOK 编码。

（2）IrLAP 红外链路接入协议

IrLAP 定义了链路初始化、设备地址发现、建立连接（其中包括比特率的统一）、数据交换、切断连接、链路关闭以及地址冲突解决等操作过程，它是从异步数据通信标准高级数据链路控制（HDLC）协议演化而来的。IrLAP 使用了 HDLC 中定义的标准帧类型，可用于点对点和点对多的应用。IrLAP 的最大特点是，由一种协商机制来确定一个设备为主设备，其他设备为从设备。主设备探测它的可视范围，寻找从设备，然后从那些相应它的设备中选择一个并试图建立连接。在建立连接的过程中，两个设备彼此协调，按照它们共同的最高通信能力确定最后的通信速率。以上所说的寻找和协调过程都是在 9.6kbps 的波特率下进行的。

（3）IrLMP 红外链路管理协议

IrLMP 是 IrLAP 之上的一层链路管理协议，主要用于管理 IrLAP 所提供的链路连接中的链路功能和应用程序以及评估设备上的服务，并管理如数据速率、BOF 的数量（帧的开始）及连接转换向时间等参数的协调、数据的纠错传输等。

目前，无线电波和微波已被广泛地应用在长距离的无线通信中，但由于红外线的波长较短，对障碍物的衍射能力差，所以更适合应用在需要短距离无线通信的场合，进行点对点的直线数据传输。随着移动计算和移动通信设备的日益普及，红外数据通信已经进入了一个发展的黄金时期。目前，红外通信在小型的移动设备中获得了广泛的应用，包括笔记本电脑、掌上电脑、游戏机、移动电话、仪器仪表、数码相机以及打印机之类的计算机外围设备等。

（四）NFC 技术

1. NFC 技术概述

近场通信（Near Field Communication，NFC）是一种短距高频的无线电技术，在 13.56MHz 频率运行于 20cm 距离内，其传输速度有 106kbps、212kbps 或者 424kbps/s 三种。目前，近场通信已通过成为 ISO/IEC IS 18092 国际标准、ECMA-340 标准与 ETSI TS 102 190 标准。NFC 采用主动和被动两种读取模式。

NFC 近场通信技术是由非接触式射频识别（RFID）及互联互通技术整合演变而来，在单一芯片上结合感应式读卡器、感应式卡片和点对点的功能，能在短距离内与兼容设备进行识别和数据交换。其工作频率为 13.56MHz，但是使用这种手机支付方案的用户必须更换特制的手机，目前这项技术在日韩被广泛应用。手机用户凭着配置了支付功能的手机就可以行遍全国：他们的手机可以用作机场登机验证、大厦的门禁钥匙、交通一卡通、信用卡、支付卡等。

2. NFC 工作模式

（1）卡模式（Card emulation）：这个模式其实就是相当于一张采用 RFID 技术的 IC 卡，可以替代大量的 IC 卡（包括信用卡）场合，如商场刷卡、公交卡、门禁管制、车票、门票等。此种方式下，有一个极大的优点，那就是卡片通过非接触读卡器的 RF 域来供电，即便是寄主设备（如手机）没电也可以工作。

（2）点对点模式（P2P mode）：这个模式和红外线差不多，可用于数据交换，只是传输距离较短，传输创建速度较快，传输速度也快些，功耗低（蓝牙也类似）。将两个具备 NFC 功能的设备链接，能实现数据点对点传输，如下载音乐、交换图片或者同步设备地址簿。因此通过 NFC，多个设备如数码相机、PDA、计算机和手机之间都可以交换资料或者服务。

3. NFC 应用

NFC 设备被很多手机厂商应用，NFC 技术在手机上应用主要有以下五类：

（1）接触通过（Touch and Go）。如门禁管理、车票和门票等，用户将储存车票证或门控密码的设备靠近读卡器即可，也可用于物流管理。

（2）接触支付（Touch and Pay）。如接触式移动支付，用户将设备靠近嵌有 NFC 模块的 POS 机可进行支付，并确认交易。

（3）接触连接（Touch and Connect）。如把两个 NFC 设备相连接，进行点对点（Peer-to-Peer）数据传输，例如下载音乐、图片互传和交换通信录等。

（4）接触浏览（Touch and Explore）。用户可将 NFC 手机接靠近街头有 NFC 功能的智能公用电话或海报，来浏览交通信息等。

（5）下载接触（Load and Touch）。用户可通过 GPRS 网络接收或下载信息，用于支付或门禁等功能，如前所述，用户可发送特定格式的短信至家政服务员的手机来控制家政服务员进出住宅的权限。

最新推出的诺基亚 Lumia920/820 中对 NFC 技术的应用比较成熟，不仅有传统的

NFC 技术应用，还开发了基于 NFC 技术的外部设备，如 NFC 无线耳机。

除了手机上的 NFC 应用，越来越多的音频设备开始加入 NFC 功能，意在为便捷地同手机和平板等多媒体设备进行快速连接，这一技术的应用，彻底解决了蓝牙连接配对烦琐、时间长的缺点，也进一步加速了蓝牙技术在耳机和音箱上面的应用和普及。自 2013 年起，捷波朗、诺基亚、缤特力、WOOWI 等蓝牙设备厂家都相继推出了支持 NFC 功能的音频设备。

（五）ZigBee 技术

蜜蜂在发现花丛后会通过一种特殊的肢体语言来告知同伴新发现的食物源位置等信息，这种肢体语言就是 ZigZag 行舞蹈，是蜜蜂之间的一种简单传达信息的方式。借此意义，Zigbee 作为新一代无线通信技术的命名。在此之前 ZigBee 也被称为"HomeRF Lite""RF-EasyLink"或"fireFly"无线电技术，统称为 ZigBee。ZigBee 技术是一种近距离、低复杂度、低功耗、低速率、低成本的双向无线通信技术。主要用于距离短、功耗低且传输速率不高的各种电子设备之间进行数据传输以及典型的有周期性数据、间歇性数据和低反应时间数据传输的应用。

简单地说，ZigBee 是一种高级可靠的无线数传网络，类似于 CDMA 和 GSM 网络。ZigBee 数传模块类似于移动网络基站，通讯距离从标准的 75m 到几百米、几千米，并且支持无限扩展。ZigBee 是一个由可多到 65000 个无线数传模块组成的无线数传网络平台，在整个网络范围内，每一个 ZigBee 网络数传模块之间可以相互通信，每个网络节点间的距离可以从标准的 75m 无限扩展。与移动通信的 CDMA 网或 GSM 网不同的是，ZigBee 网络主要是为工业现场自动化控制数据传输而建立，因而，它必须具有简单、使用方便、工作可靠、价格低的特点。而移动通信网主要是为语音通信而建立，每个基站价值一般都在百万元以上，而每个 ZigBee "基站" 却不到 1000 元。每个 ZigBee 网络节点不仅本身可以作为监控对象，例如其所连接的传感器可直接进行数据采集和监控，还可以自动中转别的网络节点传过来的数据资料。除此之外，每一个 ZigBee 网络节点（FFD）还可在自己信号覆盖的范围内，和多个不承担网络信息中转任务的孤立的子节点（RFD）无线连接。ZigBee 的组网模式如图 2-9 所示。

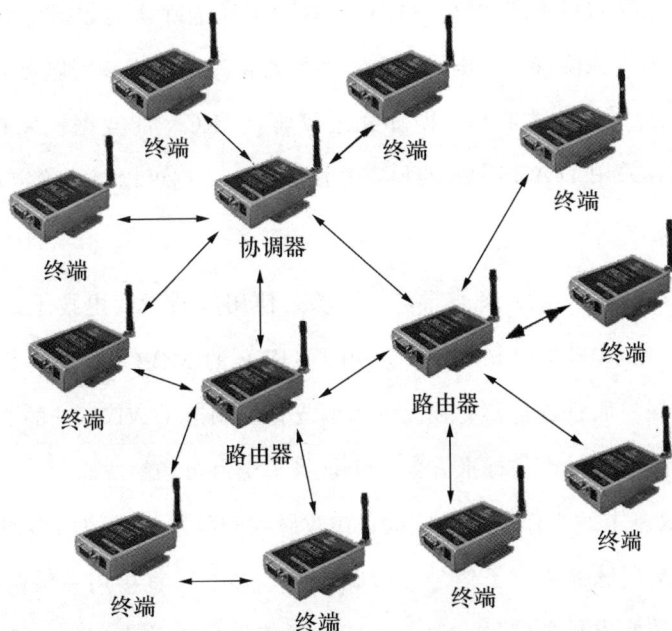

图 2-9　**ZigBee 组网模式**

ZigBee 是一种无线连接，可工作在 2.4GHz（全球流行）、868MHz（欧洲流行）和 915MHz（美国流行）3 个频段上，分别具有最高 250kbit/s、20kbit/s 和 40kbit/s 的传输速率，它的传输距离在 10～75m 的范围内，但可以继续增加。作为一种无线通信技术，ZigBee 具有如下特点：

（1）低功耗：由于 ZigBee 的传输速率低，发射功率仅为 1mW，而且采用了休眠模式，功耗低，因此 ZigBee 设备非常省电。据估算，ZigBee 设备仅靠两节 5 号电池就可以维持长达 6 个月到 2 年左右的使用时间，这是其他无线设备望尘莫及的。

（2）成本低：ZigBee 模块的初始成本在 6 美元左右，估计很快就能降到 1.5～2.5 美元，并且 ZigBee 协议是免专利费的。低成本对于 ZigBee 也是一个关键的因素。

（3）时延短：通信时延和从休眠状态激活的时延都非常短，典型的搜索设备时延 30ms，休眠激活的时延是 15ms，活动设备信道接入的时延为 15ms。因此 ZigBee 技术适用于对时延要求苛刻的无线控制（如工业控制场合等）应用。

（4）网络容量大：一个星型结构的 Zigbee 网络最多可以容纳 254 个从设备和一个主设备，一个区域内可以同时存在最多 100 个 ZigBee 网络，而且网络组成灵活。

（5）可靠：采取了碰撞避免策略，同时为需要固定带宽的通信业务预留了专用时隙，避开了发送数据的竞争和冲突。MAC 层采用了完全确认的数据传输模式，每个发送的数据包都必须等待接收方的确认信息，如果传输过程中出现问题可以进行重发。

（6）安全：ZigBee 提供了基于循环冗余校验（CRC）的数据包完整性检查功能，支持鉴权和认证，采用了 AES-128 的加密算法，各个应用可以灵活确定其安全属性。

（六）UWB

UWB（Ultra-Wideband）超宽带，一开始是使用脉冲无线电技术，此技术可追溯至 19 世纪。后来由 Intel 等公司提出了应用了 UWB 的 MB-OFDM 技术方案，由于两种方案的截然不同，而且各自都有强大的阵营支持，制定 UWB 标准的 802.15.3a 工作组没能在两者中决定出最终的标准方案，于是将其交由市场解决。

UWB 技术最基本的工作原理是发送和接收脉冲间隔严格受控的高斯单周期超短时脉冲，超短时单周期脉冲决定了信号的带宽很宽，接收机直接用一级前端交叉相关器就能把脉冲序列转换成基带信号，省去了传统通信设备中的中频级，极大地降低了设备复杂性。

UWB 技术采用脉冲位置调制 PPM 单周期脉冲来携带信息和信道编码，一般工作脉宽为 $0.1 \sim 1.5$ns（1ns$=10^{-9}$s），重复周期在 $25 \sim 1000$ns。调制前脉冲的平均周期和调制量 δ 的数值都极小。因此调制后在接收端需要用匹配滤波技术才能正确接收，即用交叉相关器在达到零相位差的时候就可以检测到这些调制信息，哪怕信号电平低于周围噪声电平。其图还可见调制后降低了频谱的尖峰幅度，之所以仍不够十分平滑是因为时间位置偏移量不够大，也不够杂乱。为了进一步平滑信号频谱，可以让重复时间的位置偏移量 δ 大小不一，变化随机，同时也为了在共同的信道比如空中取得自己专用的信道，即实现通信系统的多址，可以对一个相对长的时间帧内的脉冲串按位置调制进行编码，特别是采用伪随机序列编码。接收端只有用同样的编码序列才能正确接收和解码。频谱已经接近白噪声频谱，功率也小了许多，这就是伪随机编码产生的效果。适当地选择码组，保证组内各个码字相互正交或接近正交，就可以实现码分多址。

UWB 系统采用相关接收技术，关键部件称为相关器（correlator）。相关器用准备好的模板波形乘以接收到的射频信号，再积分就得到一个直流输出电压。相乘和积分只发生在脉冲持续时间内，间歇期则没有。处理过程一般在不到 1ns 的时间内完成。相关器实质上是改进了的延迟探测器，模板波形匹配时，相关器的输出结果量度了接收到的单周期脉冲和模板波形的相对时间位置差。

值得注意的是，虽然 UWB 信号几乎不对工作于同一频率的无线设备造成干扰，但是所有带内的无线电信号都是对 UWB 信号的干扰，UWB 可以综合运用伪随机编码和随机脉冲位置调制以及相关解调技术来解决这一问题。

三、移动 IP 技术

移动 IP 技术是移动节点（计算机/服务器/网段等）以固定的网络 IP 地址，实现越不同网段的漫游功能，并保证基于网络 IP 的网络权限在漫游过程中不发生任何改变。最简单地说，移动 IP 技术就是让计算机在互联网及局域网中不受任何限制的即时漫游，也称移动计算机技术。

移动 IP 应用于所有基于 TCP/IP 网络环境中，它为人们提供了无限广阔的网络服务。譬如，在用户离开北京总公司，出差到上海分公司时，只要简单地将移动节点如笔记本电脑、PDA 设备连接至上海分公司的网络上，用户就可以跟在北京总公司一样操作，依旧能使用北京总公司的共享打印机，或者访问北京总公司同事电脑里的文件及相关数据库资源。诸如此类的种种操作，让用户感觉不到自己身在外地，同事也感觉不到你已经出差到外地。换句话说，移动 IP 的应用让用户的网络随处可安"家"，不再忍受移动节点因"出差"带来的所有不便。

（一）基于 IPv4 的移动 IP

基于 IPv4 的移动 IP 定义三种功能实体：移动节点（mobile node）、归属代理（agent）和外埠代理（foreign agent），归属代理和外埠代理统称为移动代理。移动 IP 的基本通信流程如下：

（1）远程通信实体通过标准 IP 路由机制，向移动节点发出一个 IP 数据包。

（2）移动节点的归属代理截获该数据包，将该包的目标地址与自己移动绑定表中节点的归属地址进行比较，若与其中任一地址相同，继续下一步，否则丢弃。

（3）归属代理用封装机制将该数据包封装，采用隧道操作发给移动节点的转发地。

（4）移动节点收到数据后，用标准 IP 路由机制与远程通信实体建立连接。

在移动 IP 协议中，每个移动节点在"归属链路"上都有一个唯一的"归属地址"。移动节点通信的节点称为"通信节点"，通信节点可以是移动的，也可以是静止的。移动节点通信时，通信节点总是把数据包发送到移动节点的归属地址，而不考虑移动借点的当前位置情况。

在归属链路上，每个移动节点必须有一个"归属代理"，用于维护自己的当前位置信息。这个位置由"转交地址"确定，移动节点的归属地址与当前转交地址的联合称为"移动绑定"（简称"绑定"）。每当移动节点得到新的转交地址时，必须生成新的绑定，向归属代理注册，以使归属代理及时了解移动节点的当前位置信息，一个归属代理可同时为多个移动节点提供服务。当移动节点连接在归属链路上（即链路的网络前缀与移动节点位置地址的网络前缀相等）时，移动节点就和固定节点或路由器一样工作，而不必运用任何其他移动 IP 功能；当移动节点连接在外埠链路上时，通常使用"代理发现"协议发现一个"外埠代理"，然后将此外部代理的 IP 地址作为自己的转交地址，并通过注册规程通知归属代理；当有发往移动节点归属地址的数据包时，归属代理便截取该包，并根据注册的转交地址，通过隧道将数据包传送给移动节点；由移动节点发出的数据包可直接选路到目的节点上，无须隧道技术。

（二）基于 IPv6 的移动 IP

人们对移动通信业务的需求日益迫切，用户的入网注册、路由选择、安全防护以及对移动用户的支持，已使 IPv4 协议的局限性暴露出来，并成为 IPv6 产生和发展的必然趋势。

移动 IPv6 技术是在 IPv4 的基础上发展起来的他定义了移动节点，通信节点和归属代理三种操作实体。由于 IPv6 地址空间巨大，而且每台路由器都要求实现路由器搜索，所有不再有外埠代理的概念。四种新的 IPv6 目的地选项包括绑定更新、绑定认可、绑定请求和归属地址。为了实现"动态归属代理地址发现"机制，IPv6 定义了两种 ICMP 消息类型——归属代理地址发现请求消息和归属代理地址发现应答消息；另外还定义了两种"邻居发现"选项——宣告消息间隔和归属代理信息。

移动 IPv6 技术中在与外埠链路连接的移动节点上，可同时采用隧道和源路由技术传送数据包。移动 IPv6 的高层功能包括代理搜索、注册和选路。移动 IPv6 通过 ICMPv6 路由器进行搜索，确定它的转交地址，移动节点不仅将转交地址告诉归属代理，而且还告诉各通信伙伴，以使它们发出的数据包也可像在移动 IPv6 中一样路由，实现路由优化，而不全是三边路由。移动 IPv6 选路报头以及 AH，ESP 等基于 SKIP 和基于 ISAKMP/Oakley 的穿越防火墙方案，不但能够简化移动节点的路由选择，还能够保证路由优化的安全性。

四、无线网络的分类

整个无线网络可以划分为四个范畴：无线广域网（WWAN）、无线城域网（WMAN）、无线局域网（WLAN）和无线个域网（WPAN）。从范畴上来看，无线网络目前只是在 WLAN 领域和 WPAN 领域发展比较成熟，后者则是在小范围内相互连接数个装置所形成的无线网络，例如蓝牙连接耳机及掌上电脑。而 WMAN（WiMax）提出不久，还有很多问题尚未解决。

1. 无线局域网（WLAN）

无线局域网（Wireless LAN，WLAN）是指以无线电波作为传输媒介的局域网。无线局域网包括三个组件：无线工作站、无线 AP 和端口（如图 2-10 所示）。WLAN 技术可以使用户在公司、校园、大楼或机场等公共场所创建无线连接，用于不便于铺设线缆的场所。目前，无线局域网主要使用 Wi-Fi 技术。随着以太网的广泛应用，WLAN 能在一定程度上满足人们对移动设备接入网络的需求。

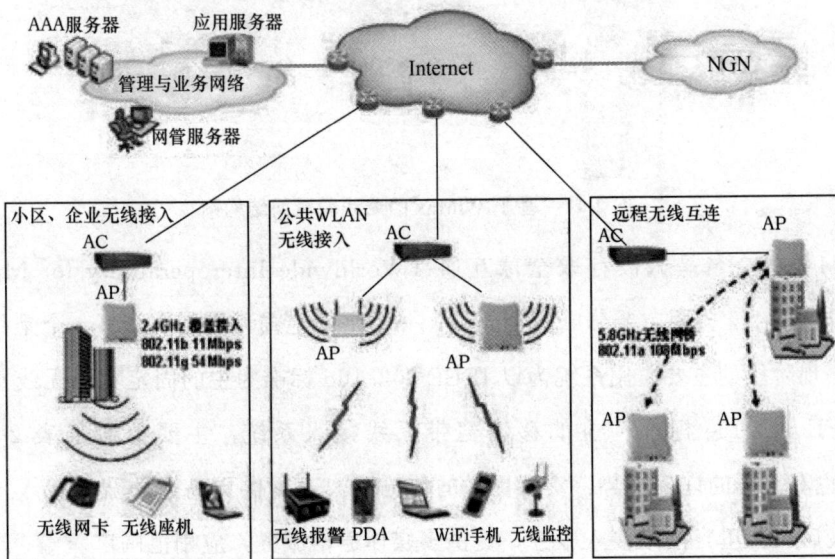

图 2-10 无线局域网拓扑结构

2. 无线个域网（WPAN）

无线个域网（Wireless Personal Area Network，WPAN）是通过无线电波连接个人邻近区域内的计算机和其他设备的通信网络。目前主要的 WPAN 技术就是蓝牙和红外通信。

3. 无线城域网（WMAN）

无线城域网（Wireless Metropolitan Area，WMAN）采用无线电波使用户在主要城市区域的多个场所之间创建无线连接，而不必花费高昂的费用铺设光缆、电缆和租赁线路，如图 2-11 所示。IEEE 为无线城域网推出了 802.16 标准，同时业界也成立了类似 Wi-Fi 联盟的 WiMax 论坛。

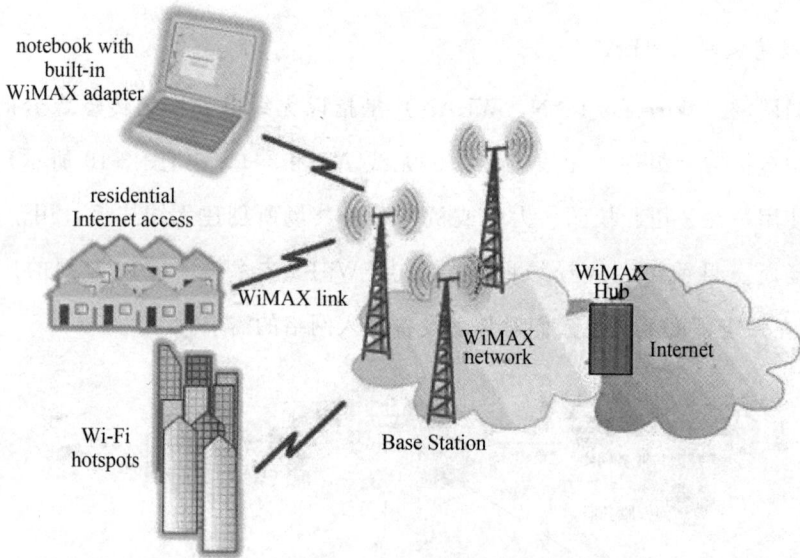

图 2-11 基于 WiMax 的无线城域网结构图

WiMax 的全名是微波存取全球互通（Worldwide Interoperability for Microwave Access），WiMax 应用主要分成两个部分：一个是固定式无线接入，另一个是移动式无线接入。现阶段的主要应用系统为以 IEEE 802.16d 标准为主的固定宽带无线接入系统和以 IEEE 802.16e 标准为主的移动宽带无线接入系统，主要参数如表 2-1 所示。WiMax 也有自身的许多优势：实现更远的传输距离，提供更高速的宽带接入，提供优良的"最后一公里"网络接入服务，提供多媒体通信服务，应用范围广。

表 2-1 WiMax 主要参数

技术参数	802.16d	802.16e
频段	2GHz—11GHz	<66GHz
带宽	1.75MHz—20MHz	1.25MHz—20MHz
子载波数	256（OFDM）2048（DFOMA）	256（OFDM）128、512、1024、2048（OFDMA）
移动性	固定或便携	中低车速
传输条件	LOS（规距）、MLOS（非规距）	
峰值速率	75Mbps（20MHz）	15Mbps（5MHz）
调制方式	QPSK、16QAM、64QAM	
接入控制	主动带宽分配、轮询、竞争接入相结合	
Qo5	支持5种Qo5等级：UGS、rtPS、etPS、nrtPS、BE	
省电模式	不支持	支持空间（Idle）、睡眠模式
储路自适应	AMC、功率控制、HARQ	
双工方式	TDD、FDD	
小区间切换	不支持	支持

4. 无线广域网（WWAN）

无线广域网（Wireless Wild Area Network，WWAN）是指覆盖全国或全球范围的无线网络，能够提供更大范围内的无线接入。图 2-12 是基于 Internet 的无线广域网结构图。IEEE 802.20 是 WWAN 的重要标准，是由 IEEE802.20 工作组于 2002 年 3 月提出的，并为此成立了专门的工作小组，这个小组 2002 年 9 月独立为 IEEE 802.20 工作组。IEEE 802.20 实现了高速移动环境下的高速率数据传输率，弥补了 IEEE 802.1x 协议族在移动性上的劣势。IEEE 802.20 技术可以有效解决移动性与传输速率相互矛盾的问题，是一种适用于高速移动环境下的宽带无线接入系统空中接口规范。

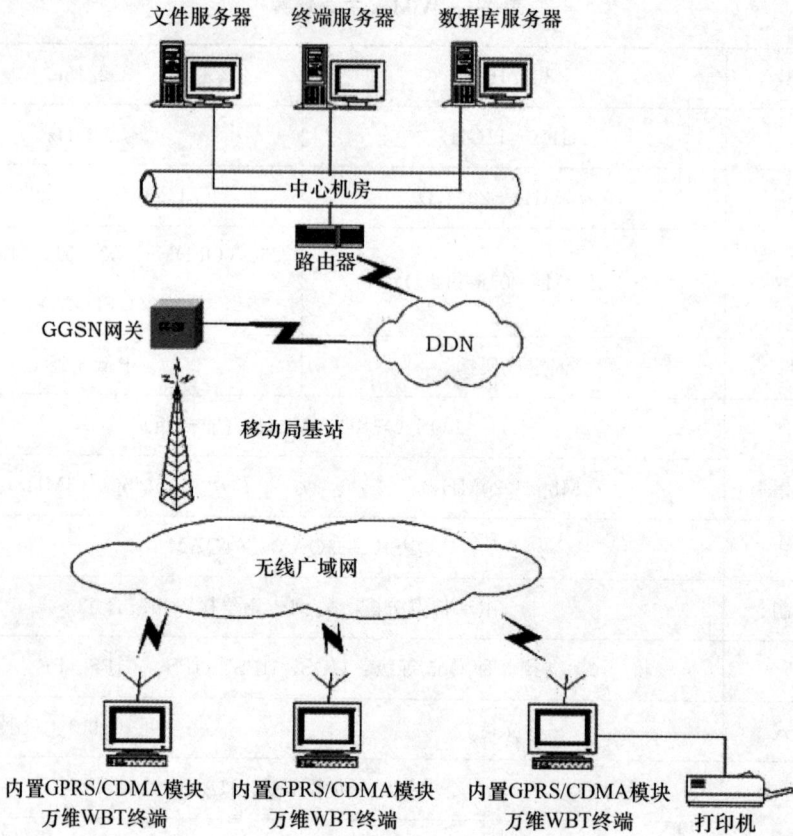

图 2-12 基于 internet 的无线广域网

任务实施

1. 根据实际情况做一个无线应用网络应用的方案，可以选择校园的应用、车载、宾馆、公共商业场所等。

2. 根据所学知识，在方案中写出所组建网络的功能以及所使用的硬件设备，并画出组网结构图。

任务三　移动终端与移动通信操作系统应用

1. 学会不同移动通信终端的使用，了解不同移动终端的特征与应用范围。

2. 了解不同移动通信操作系统的组成，能够比较不同操作系统之间的异同。

3. 学会不同操作系统的应用与操作。

相关知识

一、移动通信终端

（一）移动通讯终端概念与分类

移动通信终端就是能接受移动通信服务的机器，是移动通信系统的重要组成部分，移动用户可以通过移动通信终端接触移动通信系统，使用所有移动通信服务业务，由此可见终端的重要性。移动通信终端产品现在非常多，个人移动通信终端设备主要包括手机、掌上电脑、笔记本电脑、GPS 定位设备等。按照网络的不同，有 GSM、CD-MA、TD-CDMA 等。

（1）手机

手机通常被视为集合了个人信息管理和移动电话功能的手持设备。手机按功能分为智能手机和非智能手机，目前手机已发展至 5G 时代。

（2）笔记本电脑

笔记本电脑是台式 PC 的微缩与延伸产品，也是用户对电脑产品更高需求的必然产物。其发展趋势是体积越来越小，重量越来越轻，而功能却越发强大。其便携性和备用电源使移动办公成为可能，因此市场容量迅速扩展。

（3）GPS 定位设备

全球定位系统（Global Position System，GPS）是在全球范围内实时进行定位、导航的系统。GPS 功能必须具备 GPS 终端、传输网络和监控平台三个要素，缺一不可。GPS 定位设备功能包括全球卫星定位、电子导航、语音提示、偏航纠正等，GPS 导航系统现在已经被广泛使用。

（二）移动终端设备的技术特征

移动终端设备不同于传统的固定办公设备，它有许多特殊的技术特征。典型的移动终端设备一般包括：输入工具、一个以上的显示屏幕、一定的计算和存储能力以及独立的电源。移动设备的主要特性如下：

（1）移动设备的显示屏幕小，而大多数设备使用多义键盘，通过按键来确定具体语义，操作起来比较麻烦，可操作性差。

（2）移动设备都是依靠电池来维持的，而电池的续航时间很短。电池技术尽管一直在不停地发展，但是容量还是个限制因素。

（3）移动设备内存、磁盘的容量比传统的固定设备要小很多。

（4）移动设备安全性较差。

移动通信终端正逐渐向智能化方向发展，终端不仅是通信的工具，更是技术发展、市场策略和用户需求的体现，因此，受到移动互联网和物联网等大的战略发展方向的影响，移动通信终端向通信终端融合化和各类物品通信化发展。

二、移动通信操作系统

操作系统是对计算机系统内各种硬件和软件资源进行控制和管理、有效地组织多道程序运行的系统软件，是用户与计算机之间的接口。以前广泛认为操作系统就是计算机所拥有的，现在手机也应用了操作系统。手机上采用的操作系统有：Symbian（这个系统在 2013 年停止服务）、Windows Mobile、Android、iOS 等。下面主要分别介绍 Android 和 iOS 这两个操作系统。

（一）Symbian 操作系统

（二）Android 操作系统

Android 是 Google 于 2007 年 11 月 5 日宣布的基于 Linux 平台的开源手机操作系统，该平台由操作系统、中间件、用户界面和应用软件组成。Android 系统架构由五部分组成，分别是：Linux Kernel、Android Runtime、Libraries、Application Framework、Applications。

1. Linux Kernel（Linux 内核）。Android 的核心系统服务依赖于 Linux2.6 内核，如安全性、内存管理、进程管理和驱动模型。Linux 内核也同时作为硬件和软件栈之间的抽象层。除了标准的 Linux 内核外，Android 还增加了内核的驱动程序：Binder（IPC）驱动、显示驱动、输入设备驱动、音频系统驱动、摄像头驱动、Wi-Fi 驱动、蓝牙驱动、电源管理。

2. Android Runtime（Android 运行库）。Android 的核心内库提供 Java 编程语言核心库的大部分功能，每个 Android 应用都运行在自己的进程上，享有 Dalvik 虚拟机为它分配的专有实例。Dalvik 虚拟机依赖于 Linux 内核的一些功能。

3. Libraries（程序库）。Android 包含一套 C／C++库，Android 系统的各式组件都在使用这些库。这些功能通过 Android 应用框架为开发人员提供服务。

4. Application Framework（应用框架）。在 Android 系统中，开发人员也可以完全访问核心应用程序所使用的 API 框架。其中包括：视图（Views）、内容提供器（Content Provider）、资源管理器（Resource Manager）、通知管理器（Notification Manager）和活动管理器（Activity Manager）等。

5. Applications（应用程序）。Android 会和一系列核心应用程序包一起发布，该应用程序包包括：E-mail 客户端、SMS 短消息程序、日历、地图、浏览器、联系人管理程序等。所有的应用程序都是使用 Java 语言编写的。

除苹果外的手机厂商大都使用 Android 操作系统，而且手机 Android 系统是开放的，服务是免费的，使用 Android 手机的人也就越来越多，Android 在中国的前景十分广阔。

（三）iOS 操作系统

iOS 是由苹果公司为 iPhone 开发的操作系统，它主要是给 iPhone 和 iPod touch 使用。原来这个系统名为 iPhone OS，直到 2010 年 6 月 7 日 WWDC 大会上宣布改名为 iOS。

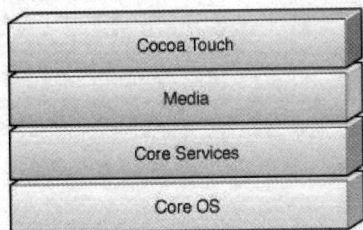

图 2-13　iOS 构架

iOS 的系统架构分为四个层次：核心操作系统层（the Core OS layer）、核心服务层（the Core Services layer）、媒体层（the Media layer）、可接触层（the Cocoa Touch layer）（如图 2-13 所示）。

（1）Core OS：提供了整个 iPhone OS 的一些基础功能。

（2）Core Services：为所有应用提供基础系统服务，提供了日历和时间管理等功能。

（3）Media：提供了图像、音频、视频等多媒体功能。

（4）Cocoa Touch：开发 iPhone 应用的关键框架，呈现应用程序界面上的各种组件。

从最初的 iPhone OS，演变至最新的 iOS 系统，横跨 iPod touch、iPad、iPhone，成为苹果最强大的操作系统，能给用户带来极佳的使用体验。

任务实施

1．比较手机、平板电脑、GPS 定位仪等的功能与技术指标。

2．体验 Android、iOS 等系统，比较它们的异同。

任务四　位置服务应用

任务目标

1．了解地理信息系统和定位系统的结构。

2．学会手机地图的应用。

相关知识

一、位置服务概念

位置服务（LBS，Location Based Services）又称定位服务，是由移动通信网络和卫星定位系统结合在一起提供的一种增值业务，通过一组定位技术获得移动终端的位置信息（如经纬度坐标数据），提供给移动用户本人或他人以及通信系统，实现各种与位置相关的业务。实质上，这是一种概念较为宽泛的与空间位置有关的新型服务业务。

关于位置服务的定义有很多。1994年，美国学者Schilit首先提出了位置服务的三大目标：你在哪里（空间信息）、你和谁在一起（社会信息）、附近有什么资源（信息查询）。这也成了LBS最基础的内容。2004年，Reichenbacher将用户使用LBS的服务归纳为五类：定位（个人位置定位）、导航（路径导航）、查询（查询某个人或某个对象）、识别（识别某个人或对象）、事件检查（当出现特殊情况下向相关机构发送带求救或查询的个人位置信息）。

二、位置服务发展状况

(一) 位置服务在国外发展状况

美国Sprint PCS和Verizon分别在2001年10月和2001年12月推出了基于GPSONE技术的定位业务，并且通过该技术来满足FCC对E911第二阶段的要求。2001年12月，日本的KDDI推出第一个商业化位置服务。在KDDI服务推出之前，日本知名的保安公司SECOM在2001年4月成功推出了第一个具备GPSONE技术，能实现追踪功能的设备，该设备也运行在KDDI的网络中，这一高精度安全和保卫服务能在任何情况下准确定位呼叫个人、物体或车辆的位置。在韩国，KTF于2002年2月利用GPSONE技术成为韩国首家在全国范围内通过移动通信网络向用户提供商用移动定位业务的公司。

加拿大的Bell移动公司可谓LBS业务的市场领袖，率先推出了基于位置的娱乐、信息、求助等服务。2003年12月，Bell移动的MyFinder业务已占尽市场先机。Bell移动还不断推陈出新，2004年9月，Bell移动发布全球首款基于GPS的移动游戏Swordfish，利用移动定位技术，把地球微缩成了一个可测量的鱼塘。

相比之下，美国移动运营商对LBS商用业务的关注就有些逊色，他们为了满足E911的要求而焦头烂额，因此起初在LBS的商业化上并没有投入太多经历。但是随着市场的逐渐扩展，在E911方面处于领先地位的SprintPCS推出LBS商用服务，这项针对企业用户的服务选用了微软的地图定位服务器。Nextel则努力将LBS业务融入其数据服务中，并将A-GPS技术应用于其网络，但大部分用户仍然需要使用支持该技术的终端来享受LBS提供的便利。

在北美地区，加拿大的Bell移动公司为LBS业务的市场领袖，并于2004年9月发布了全球首款基于 GPS 的移动游戏 Swordfish。据调查，大约 2/3 的美国用户愿意每月支付费用来获得引导驾驶的方向和位置信息。在市场的驱动下，在 E911 方面处于领先地位的 SprintPCS 在 2004 年 9 月推出了 LBS 商用服务。

在欧洲，运营商应用 LBS 的技术已经相当丰富，服务主要是定位与导航业务，但市场表现平平。一方面，欧洲运营商的业务内容比较单调，缺乏变化；另一方面，欧洲用户对 3G 数据业务的冷淡也抑制了 LBS 业务的发展。

在日本，NTTDoCoMo 在 i-mode 套餐中提供了 i-Area 业务，但仅限于日常信息服务。KDDI 则采用 gpsOne 技术提供高精度的定位服务，基于高通 MS-GPS 系统开发的 EZNaviWalk 步行导航应用在日本市场大获成功，成为 KDDI 与 NTTDoCoMo 竞争的杀手级应用。除此之外，日本也有 Secom 等虚拟运营商来提供高精度的移动定位服务。

在 LBS 业务创新方面，走在世界最前端的是韩国移动运营商。2004 年 7 月，韩国最大的移动运营商 SK 电讯率先推出全球首项保障儿童安全的网络定位服务——i-Kids，用来确认孩子当前的位置和活动路径，一旦孩子的活动超出设置的范围，就会自动发出报警短信。2022 年上半年，中国境内申请入网的智能手机中，128 款支持北斗定位，出货量超 1.3 亿部，占上半年总出货量的 98％以上。手机地图导航中，北斗定位服务日均使用量已突破 1000 亿次。

（二）位置服务在国内发展状况

中国移动在 2002 年 11 月首次开通位置服务，如移动梦网品牌下面的业务"我在哪里""你在哪里""找朋友"等；2003 年，中国联通在其 CDMA 网上推出"定位之星"业务，用户可以在较快的速度下体验下载地图和导航类的复杂服务；而中国电信和中国网通似乎也看到了位置服务诱人前景，启动在 PHS（小灵通）平台上的位置服务业务。

但是由于当时移动通信的带宽很窄、GPS 的普及率比较低，最重要的是市场需求并不旺盛，所以，几家大的运营商虽然热情很高，但是整个市场并没有像预期的那样顺利启动，在一个很长的时间内，都是无人问津。

LBS 虽然在消费市场没有得到承认，但是随着大家对交通安全认识的提高，位置服务却在一些专业领域逐渐得到了承认。从 2004 年开始，交通安全管理与应急联动领域逐渐引入了 GPS 与移动通信结合的 LBS 服务，各地方有的是民营资本，有的是交通管理部门参与其中，在公共运营车辆，包括公交、出租、货运、长途客运、危险品运输、内陆航运等交通运输工具中开发相关的运输监控管理系统，其中用到的基础技术就是 LBS。自北斗三号全球系统建成并开通服务以来，进入了持续稳定运行、规模应用发展的新阶段。当前，北斗系统对经济社会发展的辐射带动作用显著增强，应用深度广度持续拓展。2012－2021 年，我国卫星导航与位置服务产业总产值从 810 亿元上升至 4 690 亿元，年均复合增长率达到了 21.55％。2021 年国内卫星导航定位终端产品总销量超 5.1 亿台，其中具有卫星导航定位功能的智能手机出货量达到 3.43 亿台，汽车导航后装市场终端销量达到 477 万台，汽车导航前装市场终端销量达到 681 万台，各类监控终端销量达到 317 万台。在交通领域，目前全国超过 780 万道路营运车辆、4 万多辆邮政快递干线车辆、47 000 多艘船舶应用北斗系统；长江干线北斗增强系统基准站和水上助导航设施数量超过 13 106 座；近 500 架通用航空器应用北斗系统。

"十四五"期间，国家将进一步促进北斗标配化和泛在化发展，充分发挥北斗作为自主时间空间基准，提供泛在精准时空信息服务的作用，大力推动北斗在能源、通信、金融、民航、铁路、水运、卫生与健康等重点行业的广泛应用和深度融合，促进北斗在大众领域及互联网位置服务中的应用拓展，从而真正实现北斗应用服务的规模化、市场化发展。仅 2022 年 4－5 月，湖南、云南、北京、浙江、陕西等省市就发布了多份关于北斗卫星运用的政策文件，内容涉及电子政务、农业、交通、环保等多个领域，在政策加持下，未来卫星导航与位置服务市场潜力巨大。

三、位置服务系统

（一）地理信息系统

地理信息系统（Geographic Information System 或 Geo-Information system，GIS）是一种特定的十分重要的空间信息系统。它是在计算机硬、软件系统支持下，对整个或部分地球表层（包括大气层）空间中的有关地理分布数据进行采集、储存、管理、运算、分析、显示和描述的技术系统。

位置与地理信息既是 LBS 的核心，也是 LBS 的基础。一个单纯的经纬度坐标只有置于特定的地理信息中，代表为某个地点、标志、方位后，才会被用户认识和理解。用户在通过相关技术获取到位置信息之后，还需要了解其所处的地理环境，查询和分析环境信息，从而为用户活动提供信息支持与服务。

地理信息系统由于其以图形方式处理信息，各种地理要素的分布态势及彼此之间的拓扑关系一目了然，往往"一幅图胜过千言万语"，使人能从客观上迅速把握全局。因此，具备直观形象的地理环境显示和空间分析功能的地理信息系统，成为 LBS 最为基础的技术支持和支撑平台。

GIS 可以分为以下五部分：

1. 人员，是 GIS 中最重要的组成部分。开发人员必须定义 GIS 中被执行的各种任务，开发处理程序。熟练的操作人员通常可以克服 GIS 软件功能的不足，但是相反的情况就不成立。最好的软件也无法弥补操作人员对 GIS 的一无所知所带来的副作用。

2. 数据。精确的可用的数据可以影响到查询和分析的结果。

3. 硬件。硬件的性能影响到软件对数据的处理速度、使用是否方便及可能的输出方式。

4. 软件。不仅包含 GIS 软件，还包括各种数据库、绘图、统计、影像处理及其他程序。

5. 过程。GIS 要求明确定义一致的方法来生成正确的可验证的结果。

GIS 属于信息系统的一类，不同在于它能运作和处理地理参照数据。地理参照数据描述地球表面（包括大气层和较浅的地表下空间）空间要素的位置和属性，在 GIS 中的两种地理数据成分：空间数据，与空间要素几何特性有关；属性数据，提供空间要素的信息。

地理信息系统（GIS）与全球定位系统（GPS）、遥感系统（RS）合称 3S 系统。

地理信息系统（GIS）是一种具有信息系统空间专业形式的数据管理系统。在严格的意义上，这是一个具有集中、存储、操作、和显示地理参考信息的计算机系统。例如根据在数据库中的位置对数据进行识别，实习者通常也认为整个 GIS 系统包括操作人员以及输入系统的数据。

（二）定位系统

定位系统（以确定空间位置为目标而构成的相互关联的一个集合体或装置、部件）一般指全球定位系统（Global Positioning System）。简单地说，这是一个由覆盖全球的 24 颗卫星组成的卫星系统。这个系统可以保证在任意时刻，地球上任意一点都可以同时观测到 4 颗卫星，以保证卫星可以采集到该观测点的经纬度和高度，以便实现导航、定位、授时等功能。这项技术可以用来引导飞机、船舶、车辆以及个人，安全、准确地沿着选定的路线，准时到达目的地。除美国外，还有我国自主的北斗卫星导航系统等。

1. GPS

GPS 是英文 Global Positioning System（全球定位系统）的简称。GPS 的前身是美国军方研制的一种子午仪卫星定位系统（Transit），1958 年研制，1964 年正式投入使用。该系统用 5 到 6 颗卫星组成星网工作，每天最多绕地球 13 次，并且无法给出高度信息，在定位精度方面也不尽如人意。然而，子午仪系统使得研发部门对卫星定位取得了初步的经验，并验证了由卫星系统进行定位的可行性，为 GPS 的研制埋下了铺垫。由于卫星定位显示出在导航方面的巨大优越性及子午仪系统存在对潜艇和舰船导航方面的巨大缺陷，美国海陆空三军及民用部门都感到迫切需要一种新的卫星导航系统。

为此，美国海军研究实验室（NRL）提出了名为 Tinmation 的，用 12 到 18 颗卫星组成 10 000km 高度的全球定位网计划，并于 1967 年、1969 年和 1974 年各发射了一颗试验卫星，在这些卫星上初步试验了原子钟计时系统，这是 GPS 精确定位的基础。而美国空军则提出了 621-B 的，以每星群 4 到 5 颗卫星组成 3 至 4 个星群的计划，这些卫星中除 1 颗采用同步轨道外，其余的都使用周期为 24h 的倾斜轨道，该计划以伪随机码（PRN）为基础传播卫星测距信号，具有强大的功能，当信号密度低于环境噪声的 1‰ 时也能将其检测出来。伪随机码的成功运用是 GPS 得以取得成功的一个重要基础。海军的计划主要是用于为舰船提供低动态的 2 维定位，空军的计划是能够提供高动态服务，然而系统过于复杂。由于同时研制两个系统会造成巨大的费用而且这里两个计划都是为了提供全球定位而设计的，所以 1973 年美国国防部将二者合二为一，并由国防部牵头的卫星导航定位联合计划局（JPO）领导，还将办事机构设立在洛杉矶的空军航天处。该机构成员众多，包括美国陆军、海军、海军陆战队、交通部、国防制图局、北约和澳大利亚的代表。

最初的 GPS 计划在美国联合计划局的领导下诞生了，该方案将 24 颗卫星放置在互成 120 度的三个轨道上。每个轨道上有 8 颗卫星，地球上任何一点均能观测到 6 至 9 颗卫星。这样，粗码精度可达 100m，精码精度为 10m。由于预算压缩，GPS 计划不得不减少卫星发射数量，改为将 18 颗卫星分布在互成 60° 的 6 个轨道上，然而这一方案使得卫星可靠性得不到保障。1988 年又进行了最后一次修改：21 颗工作星和 3 颗备用星工作在互成 60° 的 6 条轨道上，这也是 GPS 卫星所使用的工作方式。

GPS 导航系统是以全球 24 颗定位人造卫星为基础，向全球各地全天候地提供三维位置、三维速度等信息的一种无线电导航定位系统。它由三部分构成：一是地面控制部分，由主控站、地面天线、监测站及通信辅助系统组成；二是空间部分，由 24 颗卫星组成，分布在 6 个轨道平面；三是用户装置部分，由 GPS 接收机和卫星天线组成。

国内首款语音彩信 GPS 定位器——昱读全资科技语音彩信 GPS 定位器，它内置全国的地图数据语音彩信 GPS 定位器，无须后台支持，结合了 GPS 全球定位系统、GSM 通信技术、嵌入式语音播报技术、GIS 技术、GIS 搜索引擎、图像处理技术和图像传输技术，直接回复终端中文地址、彩信或语音播报地理位置。

三维导航是 GPS 的首要功能，飞机、轮船、地面车辆以及步行者都可以利用 GPS 导航器进行导航。汽车导航系统是在全球定位系统 GPS 基础上发展起来的一门新型技术，由 GPS 导航、自律导航、微处理机、车速传感器、陀螺传感器、CD-ROM 驱动器、LCD 显示器组成。GPS 导航系统与电子地图、无线电通信网络、GPS 应用计算机车辆管理信息系统相结合，可以实现车辆跟踪和交通管理等许多功能。

2. GLONASS

俄罗斯全球导航卫星系统简称 GLONASS，是俄罗斯空间局管理的卫星定位系统，预计共发射 24 颗卫星。GLONASS 于 1982 年 10 月 2 日开始启动，由卫星星座、地面监测控制站、用户设备三部分组成。

GLONASS 用户端设备为用户接收机。用户通过 GLONASS 用户接收机同步、追踪 4 颗及以上卫星，将接收的信号计算出导航者位置坐标值、时间等。实际应用中一般设计为能同时接收 GLONASS、GPS 卫星信号。用户接收机可以单独使用 GLONASS 卫星信号定位，也可与 GPS 组合使用定位。结合 GPS 与 GLONASS，对提升精度或整体性改善度是一个很好的选择。相对于 GPS 设备，GLONASS 组合定位用户接收机优势如下：

（1）精度因子改善。由于结合 GPS 与 GLONASS 卫星，可视卫星数量增加与几何关系的改善，降低精度因子或提升定位精度。

（2）避免地形遮蔽的影响。对于城市峡谷或山区而言，可视卫星数量可能低于 4 颗而导致无法定位。若结合 GPS 与 GLONASS，即可克服地形遮蔽的影响。

（3）增强整体性。由于有了更多可视卫星，导航者在自主式侦测时，可以较容易地侦测与分辨异常现象，也增强了整体性。

（4）增强妥善性。结合了 GPS 与 GLONASS 后，导航者的正常动作再不会受到某颗卫星异常的影响，较容易取得持续的服务与较高的妥善率。

3. BDS

中国北斗卫星导航系统（BeiDou Navigation Satellite System，BDS）是中国自行研制的全球卫星导航系统，是继美国全球定位系统（GPS）、俄罗斯格洛纳斯卫星导航系统（GLONASS）之后第三个成熟的卫星导航系统。北斗卫星导航系统（BDS）和美国 GPS、俄罗斯 GLONASS、欧盟 GALILEO，是联合国卫星导航委员会已认定的供应商。

北斗卫星导航系统由空间段、地面段和用户段三部分组成，可在全球范围内全天候、全天时地为各类用户提供高精度、高可靠定位以及导航、授时服务，并且具备短报文通信能力，而且已经初步具备区域导航、定位和授时能力，定位精度 10m，测速精度 0.2m/s，授时精度 10ns。

第一阶段

1994 启动北斗卫星导航试验系统建设，2000 年形成区域有源服务能力，使中国成为继美，俄之后的世界上第三个拥有自主卫星导航系统的国家。

第二阶段

2004 年启动北斗卫星导航系统建设，2012 年具备覆盖亚太地区的无源导航定位和授时及短报文通信服务能力，并正式提供服务。

第三阶段

2020 年左右建成全球无源导航系统，到达 BDS 系统的建设目标，具备覆盖全球，连续不间断的服务能力。此外，北斗系统遵循"自主、开放、兼容、渐进"的建设原则，旨在为多个行业提供基础应用，如交通运输、农林渔业、水文监测等，并在 2035 年前进一步完善综合时空体系，使其更加泛在、融合和智能。

四、位置服务应用情况

位置服务伴随着技术进步不断发展。2010 年，GPS 从军用转向民用，民用 GPS 也可以达到 10m 左右的定位精度。随后交通安全管理与应急联动领域逐渐引入了 GPS 与移动通信结合的 LBS 服务，GPS 市场在国内呈现爆发性增长，特别是 2008 年汽车的快速普及，LBS 服务市场快速启动。随着移动通信和移动地理信息技术的飞速发展以及用户对位置服务的需求增长，个人定位、手机导航、物流跟踪、个人位置定位等位置服务应运而生。地图提供商在提供基础地理信息的同时，还能够提供 POI 信息、实时交通信息，将位置信息和增值业务结合在一起。Wi-Fi、Bluetooth、Zigbee、UWB 等室内定位技术的产生，突破了位置服务在室外的限制，将位置服务转向室内，促进了大型商场、机场、仓库等室内位置服务的发展。

位置服务的应用领域非常广阔。应用场景包括手机导航、社交网络、车载导航、老年人关爱、应急救援、交通路线规划、医疗定位、物流监控等，其中面向政府的主要是涉及城市规划和城市管理、涉及国家公共安全、涉及社会公共利益、应急、救灾等；面向行业的主要是以各行业、各专业部门和工业部门、某些机构的需求为主，如工业高精度定位应用、医疗定位、物流监控等。随着智能终端、移动互联网应用的迅速普及和免费地图、导航软件的广泛应用，互联网地图、消费电子导航以及基于个人位置服务的创意服务等大众服务需求将保持高速增长，面向公众的应用必将成为位置服务的主体。

基于位置的服务正从 PC 端向移动端转移。"位置"不仅是位置服务的内容，更是位置服务构成的输入性关键因素，而移动端位置信息的获取更加快速和便捷，信息量也非常巨大。据 3S 新闻周刊的统计数据看，从 2012 年 8 月到 2013 年 3 月期间，手机用户在移动端用户对地图、团购、导航等位置服务相关应用时长和 O2O 相关的应用时长都在增加，移动端和 PC 端月度使用时长对比显示出 30％至 80％的增长。可见，位置服务相关应用在移动端爆发出比 PC 互联网时代更大的吸引力。未来位置服务将与移动互联网方向快速渗透融合，而大数据的出现将用于处理海量位置信息，为宏观决策分析、商业机遇选择、国家安全防护等提供数据支撑，极大地影响政府、企业、公众的运作和生活方式。

资料拓展

2023 年 8 月 29 日，工信部公开征求对《关于推进 5G 轻量化（RedCap）技术演进和应用创新发展的通知（征求意见稿）》（以下简称《通知》）的意见。5G 轻量化（RedCap）技术是 5G 实现人、机、物互联的重要路径。5GRedCap 的技术演进和应用创新，将在新型基础设施建设、传统产业转型升级、数字经济与实体经济深度融合等方面发挥积极作用。推进 5GRedCap 技术演进、产品研发及产业化，将促进 5G 应用规模化发展。根据《通知》，到 2025 年，推动 5GRedCap 芯片、模组、终端等产业关键环节成本持续下降，终端产品超过 100 款。全国县级以上城市实现 5GRedCap 规模覆盖，5GRedCap 连接数实现千万级增长。5GRedCap 在工业、能源、物流、车联网、公共安全、智慧城市等领域的应用场景更加丰富、应用规模持续提升。遴选一批 5GRedCap 应用示范标杆，形成一批可复制、可推广的解决方案，打造 5 个以上实现百万连接的 5GRedCap 应用领域。建设面向 5GRedCap 产业发展的技术和应用创新平台、公共服务平台，培育一批创新型中小企业。

《通知》部署了七项主要任务：一是推进 5GRedCap 标准制定。制定基于 3GPPR17 版本的 5GRedCap 相关行业标准，明确相关设备的技术要求和测试方法等。支持产业各方积极参与 3GPPR18 及后续版本 5GRedCap 的国际标准制定，增强面向大连接物联场景的技术能力。

二是构建 5GRedCap 产业体系。推动产业链上下游协同联动，推进 5GRedCap 芯片、模组、终端、网络、仪表等产品研发和产业化，加快 RedCap 与网络切片、高精度定位、5GLAN（局域网）等 5G 增强功能结合，满足不同行业场景应用需求。发挥基础电信企业现网优势，推动 5GRedCap 技术测试和应用验证，通过场景适配加速商用落地。丰富终端类型和产品形态，开展 5GInside 等生态活动，提升 5GRedCap 终端产品应用兼容性和行业认可度，推动 5GRedCap 芯片、模组成本下降，加快终端商用落地和推广。

三是加快 5G 网络 RedCap 能力升级。按照适度超前的原则，分阶段分区域推进 5GRedCap 商用，加快主要城市实现 5GRedCap 连续覆盖，提升广域物联业务连续性和可靠性，支撑更多应用场景接入。推动行业虚拟专网应用 5GRedCap 技术，完善 5G 物联能力，更好适配行业特点和满足应用需求。

四是积极开展 5GRedCap 应用创新。围绕产业数字化、治理智能化、生活智慧化等方面，加快探索 5GRedCap 应用，培育新模式、新业态。推动 5GRedCap 在无线传感、设备控制等生产环节应用，打造更多面向工业、能源、物流、港口、车联网等领域的场景化解决方案，赋能行业数字化转型。推动 5GRedCap 与数据采集、视频监控等融合创新，加快公共安全、智慧城市等领域的应用拓展，促进社会治理能力不断提升。推动可穿戴、智能家居等新型终端向 5GRedCap 演进升级，助力个人应用创新不断涌现。

五是打造行业领域 5GRedCap 示范标杆。推动龙头企业、基础电信企业打造模式创新、成效显著、易复制推广的 5GRedCap 应用示范标杆。通过"绽放杯"5G 应用大赛、案例征集、工业互联网试点示范项目、5G 工厂名录发布等活动，聚集优秀案例和资源，树立先进典型。

六是构建融通发展的 5GRedCap 生态环境。鼓励基础电信企业、行业龙头企业发挥产业优势，推进 5GRedCap 技术创新，促进产业链上下游协同发展，培育一批 5GRedCap 创新型中小企业。

七是提升 5GRedCap 安全保障能力。推动 5GRedCap 安全与技术、应用同步规划、同步建设、同步运行。

（来源来源：中国经营报）

任务五　二维码与 RFID 技术应用

任务目标

1. 掌握一维条码与二维条码的组成与结构原理，理解二维条码与一维条码的区别。

2. 了解各种二维条码的作用及应用范围，学会二维条码在实际生活中的应用。

3. 掌握 RFID 技术的概念与基本组成，了解 RFID 技术的相关标准，学会如何应用 RFID 技术。

相关知识

到目前为止，常见的条形码的码制大概有 20 多种，其中广泛使用的码制包括 Code39 码、交叉 25 码、EAN 码、UPC 码、Code128 码以及 Code bar 码等。不同的码制具有不同的特点，适用于一种或若干种应用领域。

一、一维条形码

（一）一维条形码概念与工作原理

条形码（barcode）是将宽度不等的多个黑条和空白，按照一定的编码规则排列，用以表达一组信息的图形标识符，是迄今为止使用最为广泛的一种自动识别技术。常见的条形码是由反射率相差很大的黑条（简称条）和白条（简称空）排成的平行线图案。条形码可以标出物品的生产国、制造厂家、商品名称、生产日期、图书分类号、邮件起止地点、类别、日期等许多信息，因而在商品流通、图书管理、邮政管理、银行系统等许多领域都得到广泛的应用。

图 2-14　一维条形码

　　超市里商品的条码和包装袋上的条码，基本上都是一维条码（见图 2-14），是利用条码的粗细及黑白线条来代表信息，当拿扫描器来扫描一维条码时，即使将条码上下遮住一部分，所扫描出来的信息都是一样的。

　　由于不同颜色的物体，其反射的可见光的波长不同，白色物体能反射各种波长的可见光，黑色物体则吸收各种波长的可见光，所以当条码扫描器光源发出的光经光阑及凸透镜照射到黑白相间的条码上时，反射光经凸透镜聚焦后照射到光电转换器上，于是光电转换器接收到与白条和黑条相应的强弱不同的反射光信号，并转换成相应的电信号输出到放大整形电路。白条、黑条的宽度不同，相应的电信号持续时间长短也不同。但是，由光电转换器输出的与条码的条和空相应的电信号一般仅 10mV 左右，不能直接使用，因而先要将光电转换器输出的电信号送放大器放大。放大后的电信号仍然是一个模拟电信号，为了避免由条码中的疵点和污点导致错误信号，在放大电路后需加一整形电路，把模拟信号转换成数字电信号，以便计算机系统能准确判读。

　　整形电路的脉冲数字信号经译码器译成数字、字符信息，它通过识别起始、终止字符来判别出条码符号的码制及扫描方向；通过测量脉冲数字电信号 0、1 的数目来判别出条和空的数目；通过测量 0、1 信号持续的时间来判别条和空的宽度。这样，便得到了被辩读的条码符号的条和空的数目及相应的宽度和所用码制，根据码制所对应的编码规则，便可将条形符号换成相应的数字、字符信息，通过接口电路送给计算机系统进行数据处理与管理，便完成了一维条码辨读的全过程。

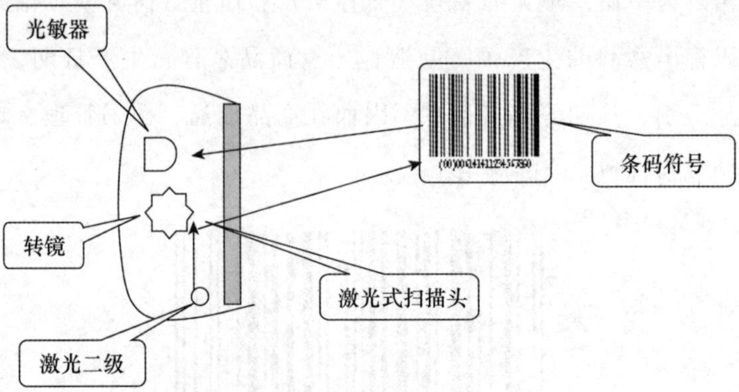

图 2-15　一维条形码工作原理

（二）一维条形码的结构

一个完整的条码的组成次序依次为：静区（前）、起始符、数据符、中间分割符（主要用于 EAN 码）、校验符、终止符、静区（后），如图 2-16。

图 2-16　一维条形码的结构

静区，指条码左右两端外侧与空的反射率相同的限定区域，它能使阅读器进入准备阅读的状态。当两个条码相距距离较近时，静区则有助于对它们加以区分，静区的宽度通常应不小于 6mm（或 10 倍模块宽度）。

起始/终止符，指位于条码开始和结束的若干条与空，标志条码的开始和结束，同时提供了码制识别信息和阅读方向的信息。

数据符，位于条码中间的条、空结构，它包含条码所表达的特定信息。

校验符，位于数据符的结尾，来校验编码的正确性。

构成条码的基本单位是模块，模块是指条码中最窄的条或空，模块的宽度通常以

mm 或 mil（千分之一英寸）为单位。构成条码的一个条或空称为一个单元，一个单元包含的模块数是由编码方式决定的，有些码制中，如 EAN 码，所有单元由一个或多个模块组成；而另一些码制，如 39 码中，所有单元只有两种宽度，即宽单元和窄单元，其中的窄单元即为一个模块。

（三）一维条码的码制

码制即指条码条和空的排列规则，常用的一维码的码制包括：EAN 码、39 码、交叉 25 码、UPC 码、128 码、93 码，ISBN 码，及 Coda bar（库德巴码）等。

1. EAN 条码

EAN 条码是国际通用的符号体系，是一种长度固定、无含意的条码，所表达的信息全部为数字，主要应用于商品标识。EAN 条码符号有两种版本，即 13 位标准码（又称 EAN-13 码）和 8 位缩短码（又称 EAN-8 码）。

（1）ENA-13 条码符号   （2）ENA-8 条码符号

图 2-17   EAN 条码

它们具有以下共同特点：

（1）条码符号由一系列相互平行的条和空组成，四周留有空白区。

（2）EAN 条码字符集包括 A 子集、B 子集和 C 子集。每个条码符号均由 2 个条和 2 个空构成。每个条和空由 1—4 模块组成，每个条码字符的总模块数为 7。条码字符集可表示 0—9 共 10 个数字字符。

（3）除了表示数字的条码符号外，还有一些辅助条码字符，用作表示起始、终止的定界符和平分条码符号的中间分隔符。

（4）供人识别字符位于条码符号下方，与条码相对应的 13 位数字，采用 OCR-B字符。

2. UPC 条码

UPC 条码是由美国统一代码委员会（UCC）制定的一种码制，有 UPC-A 和 UPC-E 条码。

（1）UPC-A 包括 12 位数字。UPC-A 条码与前置码为"0"的 EAN-13 条码兼容。

（2）UPC-E 是由 8 位数字组成的，是将系统字符为 0 的 UPC-A 代码进行消零压缩所得。只有当商品很小，无法印刷表示 UPC-A 时，才允许使用代码。

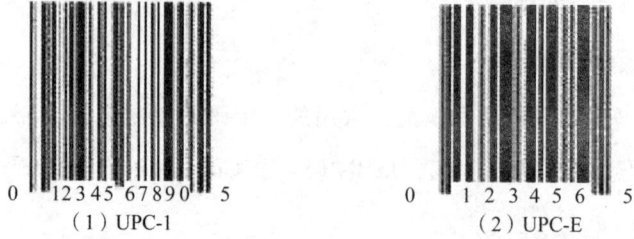

（1）UPC-1   （2）UPC-E

图 2-18　UPC 条码

3. EAN-128 条码

为进一步表示商品的有关信息，有时需要对 EAN、UPC 代码增加补充代码，补充代码采用 UCC/EAN-128 条码符号（简称 EAN-128）表示条码。EAN-128 条码是唯一能表示 EAN、UPC 标准补充码的条码符号。它是一种连续型、非定长、有含义的高密度代码。

EAN-128 条码的符号特点如下：

（1）EAN-128 时由一组平行的条和空组成的长方形图案。

（2）除终止符有 13 个模块组成，其他字符均由 11 个模块组成。

（3）在条码字符中，每 3 个条和 3 个空组成一个字符，终止符由 4 个条和 3 个空组成。条和空都有 4 宽度单位，可以从一个模块宽到 4 个模块宽。

起始符　　　数据字符　　　　　　　符号校验字符终止符

(00)3 5 0 1 2 3 4 5　1 2 3 4 5 6 7 8 9 4

空白区　　　　　　　　　　　　　　　　　　空白区

图 2-19　EAN-128 条码符号

（4）EAN-128 条码有一个由字符 START A（B 或 C）和字符 FNC1 构成的特殊双字符起始符，即 START（B 或 C）＋FNC1。

（5）符号中通常采用符号校验符。符号校验符不属于条码字符的一部分，也区别于数据代码中的任何校验码。

（6）符号可以从左、右两个方向阅读。

（7）符号的长度取决于编码字符的个数，编码字符可以从 3 位到 32 位（含应用标识符）。

（8）对于一个特色定长度的 EAN-128 条码符号，符号的尺寸可能随放大系数的变化而变化。

（9）一般情况下，条码符号的尺寸是指标准尺寸（放大系数为 1）。放大系数的取值范围可从 0.25～1.2。

4.ITF 条码符号

ITF 是英文 Interleaved Two of Five 的缩写。ITF 条码是在交叉 25 条码的基础之上，扩展形成的用于储运包装上的条码。为适应特定的印刷条件，多数情况下都在交叉 25 条码周围加了保护框。

ITF 条码是用于储运单元的条码符号，ITF 条码符号有 ITF-14，ITF-16 及 ITF-6（附加代码 add-on），他们都是定长型条码。

图 2-20　ITF-14 条码

5.25 条码

25 条码研制于 20 世纪 60 年代后期，它用于仓库的分类管理，标示胶卷包装及机票的连续号等。

图 2-21　25 条码

25 条码有两种单元宽度，它仅用条表示信息，条码字符由规则排列的 5 个条组成，其中两个是宽条，其余是窄条。25 条码的编码容量为 C（5，2）＝10，所以它的字符集为数字字符 0～9。25 条码是一种非连续型、双向可读且具有自校验功能的非定长条码。

6. 交叉 25 条码

交叉 25 条码是由美国 intermec 公司与 1972 年发明，初期应用于仓储及重工业领域，标准化后用于储运单元的识别与管理。

图 2-22　交叉 25 条码

交叉 25 条码是一种条与空均表示信息的条码，在一个交叉 25 条码符号中仅有两种单元宽度，它的每一个条码数据符由 5 个单元组成，其中两个是宽单元（用二进制"1"表示），两个是窄单元（用二进制"0"表示）。在一个交叉 25 条码符号中，所有的宽单元相等，所有的窄单元相等，条（空）比一般控制在 2.00～3.00 之间。

交叉 25 条码是一种高密度条码，最大密度为 17.70 个/（25.4mm）。在交叉 25 条码中一个印刷缺陷的存在并不至于产生替代错误，他是具有自校验功能的条码。因为从两个方向去识读条码符号都可以成功，所以它是双向刻度条码，由于它可表示不同个数字字符，所以是一种非定长条码。

7. 39 条码

39 条码是 1975 年 intermec 公司推出的一种条码，它能对数字和英文字母等 44 个字符进行编码。由于它具有误码率低、表示的字符个数多等优点，在汽车行业、经济管理、医疗卫生及邮政、储运单元等领域应用十分广泛。

图 2-23　39 条码

39 条码仅有两种单元宽度，它的每一个条码字符由 9 个单元组成，其中 3 个是宽单元，其余是窄单元。由于 39 条码 5 条夹 4 空组合而成，它存在条码条码符号间隔，所以是非连续型条码。39 条码的设计具有较强的自校验功能，所以出现替代错误的概率很小。它的最高密度为 40 个/25.4mm。

8. 库德巴条码

库德巴条码是 1972 年推出的，它广泛应用于医疗卫生及图书行业，1977 年美国输血协会将库德巴条码规定为血袋标识标准条码。

图 2-24　库德巴条码

在库德巴条码符号中，每一个字符由 7 个单元构成，其中两个或三个是宽单元，其余是窄单元。库德巴选 C（7，2）或组合，其编码容量为 C（7，2）＋C（7，3）＝46，而它的字符集中仅有 20 个字符：数字 0~9，字母 A、B、C、D，特殊字符 MYM、－、:、/、.、＋。库德巴条码具有双向可读性，在阅读库德巴条码符号时，扫描方向的判定是通过终止符和起始符来实现的。库德巴条码是一种具有强自校验功能的条码。

9. 93 条码

93 条码于 1982 年推出，是一种密度很高的条码符号。39 条码有许多优点，但其密度不是很高，这是由其编码方法决定的，所以有些应用 39 条码的场合，出现了印刷面积不足的问题的，93 条码的设计正是为了解决这一问题的。93 条码与 39 条码向兼容，主要表现在他们具有相同的数据字符集。

图 2-25　93 条码

93 条码采用模块组配法编码，93 条码的每一个条码字符共有 9 个模块组成，包括三个条和三个空，每一个条或空有 1、2、3 或 4 个模块组成。93 条码编码容量为 56，其选用了 48 种组合。它没有自校验功能，为了确保数据安全性，采用了双校验字符，其可靠性比 39 条码还要高。

10. ISBN

国际标准书号（International Standard Book Number），简称 ISBN，是专门为识别图书等文献而设计的国际编号。ISO 于 1972 年颁布了 ISBN 国际标准，并在西柏林普鲁士图书馆设立了实施该标准的管理机构——国际 ISBN 中心。现在，采用 ISBN 编码系统的出版物有：图书、小册子、缩微出版物、盲文印刷品等。2007 年 1 月 1 日前，ISBN 由 10 位数字组成，分四个部分：组号（国家、地区、语言的代号）、出版者号、书序号和检验码。2007 年 1 月 1 日起，实行新版 ISBN，新版 ISBN 由 13 位数字组成，分为 5 段，即在原来的 10 位数字前加上 3 位 EAN（欧洲商品编号）图书产品代码 "978"。在联机书目中 ISBN 可以作为一个检索字段，从而为用户增加了一种检索途径。

图 2-26　ISBN 结构

表 2-2　部分国家 ISBN 国际标准书号代码

国家	图书前缀号	语言
美国	978－0978－1	英语
英国和爱尔兰	978－0978－1	英语、威尔士语、盖尔语
澳大利亚	978－0978－1	英语
加拿大	978－0978－1978－2	英语、法语
新西兰	978－0978－1	英语
南非	978－0978－1	英语、祖鲁语、南非荷兰语

国家	图书前缀号	语言
津巴布韦	978－0978－1	英语
斯威士兰	978－0	英语、斯瓦蒂语
直布罗陀	978－0978－1	英语、西班牙语
法国	978－2979－10	法语、科西嘉语
比利时	978－2	法语、德语、荷兰语＜弗拉芒语＞
瑞士	978－2978－3	法语、德语、意大利语、罗曼语
卢森堡	978－2978－99959	法语、德语、卢森堡语
德国	978－3	德语

二、二维条码

(一) 二维条码概述

20 世纪 70 年代，在计算机自动识别领域出现了二维条形码（如图 2-27 所示）技术，它将条形码的信息空间从一维扩展到二维，具有信息容量大、可靠性高、准确性高、防伪性高、保密性强等诸多优点。

二维条码/二维码（2-dimensional bar code）是用某种特定的几何图形按一定规律在平面（二维方向上）分布的黑白相间的图形记录数据符号信息的；在代码编制上巧妙地利用构成计算机内部逻辑基础的“0”“1”比特流的概念，使用若干个与二进制相对应的几何形体来表示文字数值信息，通过图像输入设备或光电扫描设备自动识读以实现信息自动处理。它具有条码技术的一些共性：每种码制有其特定的字符集；每个字符占有一定的宽度；具有一定的校验功能等。同时，还具有对不同行的信息自动识别功能及处理图形旋转变化点等功能。

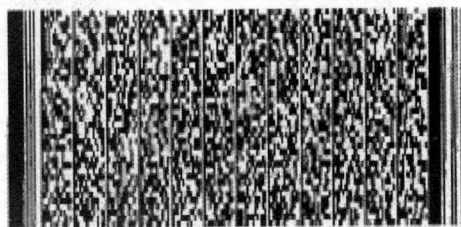

图 2-27　二位条码（PDF417 码）

（二）二维条码分类

二维条码通常分为两种类型：行排式二维条码和矩阵式二维条码。在目前几十种二维条码中，常用的码制有：PDF417、Code49、Data Matrix、Code16K、MaxiCode、QR Code、Code one 等。图 2-28 列出了几种常用的二维条码样图。

Data Matrix	Maxi Code	Aztec Code
QR Code	Vericode	Ultracode
PDF417	Code 49	Code 16K

图 2-28　常见的二维条码

（三）二维条码的特点与功能

1. 二维条码特点

（1）高密度编码。信息容量大，比普通条码信息容量约高几十倍。

（2）编码范围广。该条码可以把图片、声音、文字、签字、指纹等可以数字化的信息进行编码，用条码表示出来；可以表示多种语言文字；可表示图像数据。

（3）容错能力强。具有纠错功能，这使得二维条码因穿孔、污损等引起局部损坏时，照样可以正确得到识读，损毁面积达 50％时仍可恢复信息。

（4）译码可靠性高。它比普通条码译码错误率百万分之二要低得多，误码率不超过千万分之一。

（5）可引入加密措施。保密性、防伪性好。

（6）成本低，易制作，持久耐用。

（7）条码符号形状、尺寸大小比例可变。

（8）二维条码可以使用激光或 CCD 阅读器识读。

2. 二维条码功能

（1）信息获取（名片、地图、Wi-Fi 密码、资料）。

（2）网站跳转（跳转到微博、手机网站、网站）。

（3）广告推送（用户扫码，直接浏览商家推送的视频、音频广告）。

（4）手机电商（用户扫码、手机直接购物下单）。

（5）防伪溯源（用户扫码、即可查看生产地，同时后台可以获取最终消费地）。

（6）优惠促销（用户扫码，下载电子优惠券，抽奖）。

（7）会员管理（用户手机上获取电子会员信息、VIP 服务）。

（8）手机支付（扫描商品二维码，通过银行或第三方支付提供的手机端通道完成支付）。

一维条码和二维条码的区别如表 2-3。

表 2-3　一维条码和二维条码的区别

条码类型\项目	一维条码	二维条码
资料密度与容量	密度低，容量小	密度高，容量大
错误侦测及自我纠正能力	可以检查码进行错误侦测，但没有错误纠正能力	有错误检验及错误纠正能，并可根据实际应用设置不同的安全等级
垂直方向的资料	不储存资料，垂直方向的高度是为了识读方便，并弥补印刷缺陷或局部损坏	携带资料，因对印刷缺陷或局部损坏等可以错误纠正机制恢复资料
主要用途	主要用于对物品的标识	用于对物品的描述
资料库与网路依赖性	多数场合须依赖资料库及通讯网路的存在	可不依赖资料库及通讯网路的存在而单独应用
识读设备	可用线扫描器识读，如光笔、线型 CCD、雷射枪	对于堆叠式可用型线扫描器的多次扫描，或可用图像扫描仪识读，矩阵式则仅能用图像扫描仪识读

三、FRID 技术

（一）RFID 系统组成

RFID 是 Radio Frequency Identification 的缩写，即射频识别，俗称电子标签。RFID 是一种非接触式的自动识别技术，它通过射频信号自动识别目标对象并获取相关数据，实现对静止的或移动中的物品的识别。作为条形码的无线版本，RFID 技术具有防水、体积小、使用寿命长及存储数据容量大等优点。最基本的 RFID 系统由三部分组成：标签（Tag）、阅读器（Reader）、天线（Antenna）。

电子标签是射频识别系统的数据载体，由标签天线和标签专用芯片组成。每个标签具有唯一的电子编码，实现被识别物体信息的存储。RFID 阅读器（读写器）通过天线读取写入 RFID 电子标签上的信息，天线负责在标签与阅读器之间传输数据和信号。

（二）RFID 的技术标准

为了能够被广泛接受，任何技术都需要某种标准和规范，以提供设计、制造和使用这项技术的指南。目前 RFID 技术存在两个标准体系：ISO 标准体系、EPCglobal 标准体系。

1. ISO 标准体系

国际标准化组织（ISO）制定的 RFID 标准是用于读写器和标签通信的频率与协议标准。RFID 领域的 ISO 标准可以分为四大类：技术标准（如符号、射频识别技术、IC 卡标准等）、数据内容标准（如编码格式、语法标准等）、一致性标准（如测试规范、印刷质量等标准）和应用标准（如船运标签、产品包装标准等）。

2. EPCglobal 标准体系

EPCglobal 是由美国统一代码协会（UCC）和国际物品编码协会（EAN）共同成立的标准组织，是目前全球实力最强的 RFID 标准组织。图 2-29 所示为 EPCglobal 体系框架，它是 RFID 典型应用系统的一种抽象模型，包含三种主要活动：EPC 数据交换（提供了用户访问 EPCglobal 业务的方法）、EPC 基础设施（用来收集和记录 EPC 数据）和 EPC 物理对象交换（用户能与 EPC 编码的物理对象进行交互，并能方便地获得相应的物品信息）。

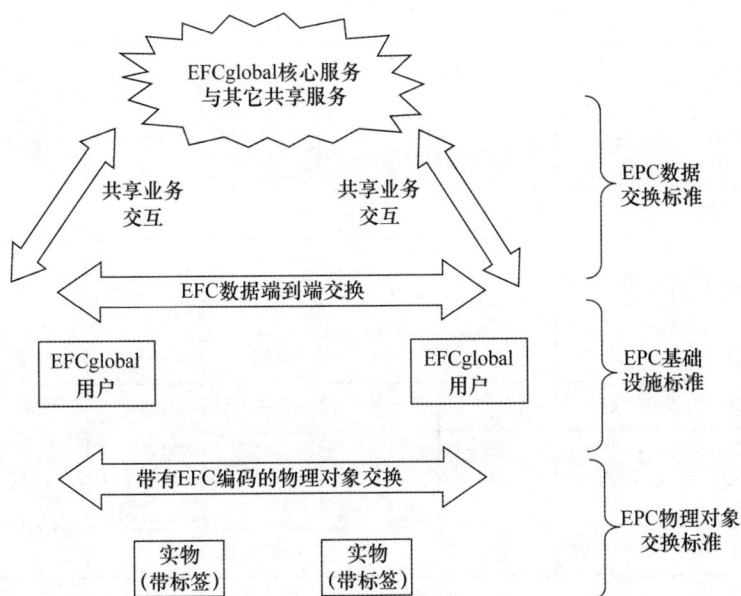

图 2-29 EPCglobal 标准体系框架

(三) 其他自动识别技术

常用的自动识别技术除了有条形码和射频识别技术外，还包括语音识别、磁卡和接触 IC 卡。表 2-4 就是对这几种常用的自动识别技术进行比较。

表 2-4 常用自动识别技术的比较

系统参数	条码	光学字符	生物识别	语音识别	图像识别	磁卡	智能卡	射频识别
信息载体	纸或物质表面	物质表面	—	—	—	磁条	EEPROM	EEPROM
信息量	小	小	大	大	大	较小	大	大
数据密度	小	小	高	高	高	很高	很高	很高
读写性能	R	R	R	R	R	R/W	R/W	R/W
读取方式	CCD 或激光束扫描	光电转换	机器识读	机器识读	机器识读	电磁转换	电擦写	无线通信
读取距离	近	很近	直接接触	很近	很近	接触	接触	远
识别速度	低	低	很低	很低	很低	低	低	很快
通信速度	低	低	较低	低	低	快	快	很快

续表

系统参数	条码	光学字符	生物识别	语音识别	图像识别	磁卡	智能卡	射频识别
方向位置影响	很小	很小	—	—	—	单向	单向	没有影响
使用寿命	一次性	较短	—	—	—	短	长	很长
人工识读性	受约束	简单	不可	不可	不可	不可	不可	不可
保密性	无	无	无	好	好	一般	好	好
智能化	无	无	—	—	—	无	有	有
环境适应性	不好	不好	—	—	不好	一般	一般	很好
光遮盖	全部失效	全部失效	可能	—	全部失效	—	—	没有影响

（四）RFID 技术的应用

自 20 世纪 90 年代以来，射频识别技术在全世界范围内得到了很快的发展。经过十几年的发展，射频识别技术在各行各业得到了广泛应用。

（1）物流业：物流仓储是 RFID 最有潜力的应用领域之一，UPS、DHL、FedEx 等国际物流巨头都在积极试验 RFID 技术，以期在将来大规模应用提升其物流能力。其可应用的过程包括：物流过程中的货物追踪、信息自动采集、仓储管理应用、港口应用、邮政包裹、快递等。

（2）零售业：由沃尔玛、麦德隆等大超市一手推动的 RFID 应用，可以为零售业带来包括降低劳动力成本、商品的可视度提高、降低因商品断货造成的损失、减少商品偷窃现象等好处。可应用的过程包括：商品的销售数据实时统计、补货、防盗等。

（3）制造业：应用于生产过程的生产数据实时监控、质量追踪、自动化生产、个性化生产等。在贵重及精密的货品生产领域应用更为迫切。

（4）服装业：可以应用于服装的自动化生产、仓储管理、品牌管理、单品管理、渠道管理等过程，随着标签价格的降低，这一领域将有很大的应用潜力。但是在应用时，必须得仔细考虑如何保护个人隐私的问题。

（5）医疗：可以应用于医院的医疗器械管理、病人身份识别、婴儿防盗等领域。医疗行业对标签的成本比较不敏感，所以该行业将是 RFID 应用的先锋之一。

（6）身份识别：RFID 技术由于天生的快速读取与难伪造性，而被广泛应用于个人的身份识别证件。如现在世界各国现在开展的电子护照项目以及我国的第二代身份证、学生证等其他各种电子证件。

（7）防伪：RFID 技术具有很难伪造的特性，但是如何应用于防伪还需要政府和企业的积极推广。可以应用的领域包括贵重物品（烟、酒、药品）的防伪、票证的防伪等。

（8）资产管理：各类资产（贵重的或数量大相似性高的或危险品等）。随着标签价格的降低，几乎可以涉及所有的物品。

（9）交通：收费站高速不停车，出租车管理，公交车枢纽管理，铁路机车识别等，已有不少较为成功的案例，如高速公路的自动缴费系统。

（10）食品：水果、蔬菜、生鲜、食品等保鲜度管理。由于食品，水果，蔬菜，生鲜上含水分多，会影响正常的标签识别，所以该领域的应用将在标签的设计及应用模式上有所创新。

（11）动物识别：训养动物、畜牧牲口、宠物等识别管理、动物的疾病追踪、畜牧牲口的个性化养殖等。在国际上已有不少较为成功的案例。

（12）图书馆：书店、图书馆、出版社等应用。可以大大减少书籍的盘点，管理时间，可以实现自动租、借、还书等功能。在美国、欧洲、新加坡等已有图书馆应用成功的案例，在国内有图书馆正在测试中。

（13）汽车：应用于汽车的自动化、个性化生产、汽车防盗、汽车定位，可以作为安全性极高的汽车钥匙。

（14）航空：可以应用于飞机的制造、飞机零部件的保养及质量追踪、旅客的机票、快速登机、旅客的包裹追踪。

（15）军事：弹药、枪支、物资、人员、卡车等识别与追踪等。美国国防部已与其上万的供应商正在对军事物资进行电子标签标识与识别。

（16）其他：门禁、考勤、电子巡更、一卡通、消费、电子停车场等。

随着技术的不断进步，RFID 产品的种类会越来越多，应用也会更加全球化。相信在未来的几年里，RFID 技术会越来越完善。

任务实施

1. 采用京城条码软件进行一维条码的制作，并用扫码枪进行扫码。

2. 采用京城条码软件给自己做一个二维码的电子名片，并用手机或者扫码器进行扫码。

3. 采用 RFID 技术进行门禁的设置、电子钱包卡的应用。

任务六 云服务技术应用

任务目标

1. 了解云计算的概念、特点，掌握云计算服务的类型。
2. 掌握云服务技术的应用范围。

相关知识

（一）云计算概念

云计算（cloud computing）是基于互联网相关服务的增加、使用和交付模式，通常涉及通过互联网来提供动态易扩展且经常是虚拟化的资源。云是网络、互联网的一种比喻说法。过去在图中往往用云来表示电信网，后来也用来表示互联网和底层基础设施的抽象。因此，云计算甚至可以让你体验每秒 10 万亿次的运算能力，拥有这么强大的计算能力可以模拟核爆炸、预测气候变化和市场发展趋势。用户通过电脑、笔记本、手机等方式接入数据中心，按自己的需求进行运算。对于到底什么是云计算，至少可以找到 100 种解释。目前广为接受的是美国国家标准与技术研究院（NIST）的定义：云计算是一种按使用量付费的模式，这种模式提供可用的、便捷的、按需的网络访问，进入可配置的计算资源共享池（资源包括网络、服务器、存储、应用软件、服务），这些资源能够被快速提供，只需投入很少的管理工作，或与服务供应商进行很少的交互。

（二）云计算的特点

1. 超大规模

"云"具有相当的规模，Google 云计算已经拥有 100 多万台服务器，Amazon、IBM、微软、Yahoo 等的"云"均拥有几十万台服务器，企业私有"云"一般拥有数百上千台服务器。"云"能赋予用户前所未有的计算能力。

2. 虚拟化

云计算支持用户在任意位置、使用各种终端获取应用服务。所请求的资源来自"云"，而不是固定的有形的实体。应用在"云"中某处运行，但实际上用户无须了解、也不用担心应用运行的具体位置。只需要一台笔记本或者一个手机，就可以通过网络服务来实现我们需要的一切，甚至包括超级计算这样的任务。

3. 高可靠性

"云"使用了数据多副本容错、计算节点同构可互换等措施来保障服务的高可靠性，使用云计算比使用本地计算机可靠。

4. 通用性

云计算不针对特定的应用，在"云"的支撑下可以构造出千变万化的应用，同一个"云"可以同时支撑不同的应用运行。

5. 高可扩展性

"云"的规模可以动态伸缩，满足应用和用户规模增长的需要。

6. 按需服务

"云"是一个庞大的资源池，可以按需购买；"云"可以像自来水、电、燃气那样计费。

7. 极其廉价

由于"云"的特殊容错措施可以采用极其廉价的节点来构成云，"云"的自动化集中式管理使大量企业无须负担日益高昂的数据中心管理成本，"云"的通用性使资源的利用率较之传统系统大幅提升，因此用户可以充分享受"云"的低成本优势，经常只要花费几百美元、几天时间就能完成以前需要数万美元、数月时间才能完成的任务。云计算可以彻底改变人们未来的生活，但同时也要重视环境问题，这样才能真正为人类进步做贡献，而不是简单的技术提升。

8. 潜在的危险性

云计算服务除了提供计算服务外，还必然提供了存储服务。但是云计算服务当前垄断在私人机构（企业）手中，而他们仅仅能够提供商业信用。政府机构、商业机构（特别像银行这样持有敏感数据的商业机构）对于选择云计算服务应保持足够的警惕。一旦商业用户大规模使用私人机构提供的云计算服务，无论其技术优势有多强，都不可避免地会让这些私人机构以"数据（信息）"的重要性挟制整个社会。对于信息社会而言，"信息"是至关重要的。云计算中的数据对于数据所有者以外的其他用户云计算用户是保密的，但是对于提供云计算的商业机构而言确实毫无秘密可言。所有这些潜在的危险，是商业机构和政府机构选择云计算服务、特别是国外机构提供的云计算服务时，不得不考虑的一个重要前提。

（三）云计算服务

云计算可以认为包括以下几个层次的服务：基础设施即服务（IaaS），平台即服务（PaaS）和软件即服务（SaaS）。

1. IaaS：基础设施即服务

IaaS（Infrastructure as a Service）：基础设施即服务。消费者通过 Internet 可以从完善的计算机基础设施获得服务。例如硬件服务器租用。

2. PaaS：平台即服务

PaaS（Platform as a Service）：平台即服务。PaaS 实际上是指将软件研发的平台作为一种服务，以 SaaS 的模式提交给用户。因此，PaaS 也是 SaaS 模式的一种应用。但是，PaaS 的出现可以加快 SaaS 的发展，尤其是加快 SaaS 应用的开发速度。例如软件的个性化定制开发。

3. SaaS：软件即服务

SaaS（Software as a Service）：软件即服务。它是一种通过 Internet 提供软件的模式，用户无须购买软件，而是向提供商租用基于 Web 的软件，来管理企业经营活动。例如阳光云服务器。

（四）云计算应用

1. 云物联

"物联网就是物物相连的互联网"。这有两层意思：第一，物联网的核心和基础仍然是互联网，是在互联网基础上的延伸和扩展的网络；第二，其用户端延伸和扩展到了任何物品与物品之间，进行信息交换和通信。

物联网的两种业务模式：

（1）MAI（M2M Application Integration），内部 MaaS；

（2）MaaS（M2M As A Service），MMO，Multi-Tenants（多租户模型）。

随着物联网业务量的增加，对数据存储和计算量的需求将带来对"云计算"能力的要求：

（1）云计算从计算中心到数据中心在物联网的初级阶段，PoP 即可满足需求；

（2）在物联网高级阶段，可能出现 MVNO/MMO 营运商（国外已存在多年），需要虚拟化云计算技术，SOA 等技术的结合实现互联网的泛在服务：TaaS（everyTHING As A Service）。

2. 云安全

云安全（Cloud Security）是一个从"云计算"演变而来的新名词。云安全的策略构想是：使用者越多，每个使用者就越安全，因为如此庞大的用户群，足以覆盖互联网的每个角落，只要某个网站被挂马或某个新木马病毒出现，就会立刻被截获。

"云安全"通过网状的大量客户端对网络中软件行为的异常监测，获取互联网中木马、恶意程序的最新信息，推送到 Server 端进行自动分析和处理，再把病毒和木马的解决方案分发到每一个客户端。

3. 云存储

云存储是在云计算（cloud computing）概念上延伸和发展出来的一个新的概念，是指通过集群应用、网格技术或分布式文件系统等功能，将网络中大量各种不同类型的存储设备通过应用软件集合起来协同工作，共同对外提供数据存储和业务访问功能的一个系统。当云计算系统运算和处理的核心是大量数据的存储和管理时，云计算系统中就需要配置大量的存储设备，那么云计算系统就转变成为一个云存储系统，所以云存储是一个以数据存储和管理为核心的云计算系统。

4. 云游戏

云游戏是以云计算为基础的游戏方式，在云游戏的运行模式下，所有游戏都在服务器端运行，并将渲染完毕后的游戏画面压缩后通过网络传送给用户。在客户端，用户的游戏设备不需要任何高端处理器和显卡，只需要基本的视频解压能力就可以了。就现今来说，云游戏还并没有成为家用机和掌机界的联网模式。但是几年后或十几年后，云计算取代这些东西成为其网络发展的终极方向的可能性非常大。如果这种构想能够成为现实，那么主机厂商将变成网络运营商，他们不需要不断投入巨额的新主机研发费用，而只需要拿这笔钱中的很小一部分去升级自己的服务器就行了，但是达到的效果却是相差无几的。对于用户来说，他们可以省下购买主机的开支，但是得到的却是顶尖的游戏画面（当然对于视频输出方面的硬件必须过硬。）。你可以想象一台掌机和一台家用机拥有同样的画面，家用机和我们今天用的机顶盒一样简单，甚至家用机可以取代电视的机顶盒而成为次时代的电视收看方式。

5. 云计算

云计算与大数据从技术上看，大数据与云计算的关系就像一枚硬币的正反面一样密不可分。大数据必然无法用单台的计算机进行处理，必须采用分布式计算架构。它的特色在于对海量数据的挖掘，但它必须依托云计算的分布式处理、分布式数据库、云存储和虚拟化技术。

任务实施

1. 根据任务要求对云服务技术的应用和发展情况进行调查并撰写调查报告。

2. 分析任务要求，列出调查提纲，确定所需材料。

3. 通过互联网进行资料收集，注意数据的发布时间，采用最新数据，并保持数据的连续性。

4. 资料的整理。

5. 资料分析。

6. 撰写调查报告。

项目拓展

生物识别技术

一、生物识别技术概念

(一) 生物识别技术的概念

所谓生物识别技术（Biometric Identification Technology）就是，通过计算机与光学、声学、生物传感器和生物统计学原理等高科技手段的密切结合，利用人体固有的生理特性，（如指纹、脸像、虹膜等）和行为特征（如笔迹、声音、步态等）来进行个人身份的鉴定。

生物识别系统对生物特征进行取样，提取其唯一的特征并转化成数字代码，并进一步将这些代码组成特征模板。由于微处理器及各种电子元器件成本不断下降，精度逐渐提高，生物识别系统逐渐应用于商业上的授权控制，如门禁、企业考勤管理系统安全认证等领域。用于生物识别的生物特征有手形、指纹、脸形、虹膜、视网膜、脉搏、耳郭等，行为特征有签字、声音、按键力度等。基于这些特征，人们已经发展了手形识别、指纹识别、面部识别、发音识别、虹膜识别、签名识别等多种生物识别技术。据前瞻产业研究院发布的《中国生物识别技术行业市场前瞻与投资战略规划分析报告》数据显示，2013 年全球生物识别市场的规模达到 98 亿美元。

（二）生物识别技术的特性

由于人体特征具有人体所固有的不可复制的唯一性，这一生物密钥无法复制，因此利用生物识别技术进行身份认定，安全、可靠、准确。而常见的口令、IC 卡、条纹码、磁卡或钥匙则存在着丢失、遗忘、复制及被盗用诸多不利因素。因此，采用生物"钥匙"，您可以不必携带大串的钥匙，也不用费心去记或更换密码，而系统管理员更不必因忘记密码而束手无策。生物识别技术产品均借助于现代计算机技术实现，很容易配合电脑和安全、监控、管理系统整合，实现自动化管理。

（三）生物识别技术与传统识别技术的比较

生物识别技术主要是通过人类生物特征进行身份认证的一种技术，人类的生物特征通常具有唯一性、可测量性或可自动识别和验证性、遗传性或终身不变等特点，因此生物识别认证技术较传统认证技术存在较大的优势。

传统的身份鉴定方法包括身份标识物品（如钥匙、证件、ATM 卡等）和身份标识知识（如用户名和密码）。但由于主要借助体外物，一旦证明身份的标识物品和标识知识被盗或遗忘，其身份就容易被他人冒充或取代。

生物识别技术比传统的身份鉴定方法更具安全、保密和方便性。生物特征识别技术具有不易遗忘、防伪性能好、不易伪造或被盗、随身"携带"和随时随地可用等优点。

二、生物识别技术的发展状况

（一）国内外发展状况

全球市场对生物识别产品的需求在 2010 年将达到 71 亿美元。在未来五年，生物识别设备的综合性年增长将率将达到 21.3％。指纹生物识别是应用最多，也是应用最早的生物识别技术，在 2007 年到 2012 年，此项识别技术将继续是生物识别技术收入的主要贡献者。

中国生物特征识别行业最早发展的是指纹识别技术，基本与国外同步，早在 20 世纪 80 年代初就开始了研究，并掌握了核心技术，产业发展相对比较成熟。而中国对于静脉识别、人脸识别、虹膜识别等生物认证技术研究的开展则在 1996 年之后。1996年，现任中国科学院副秘书长、模式识别国家重点实验室主任的谭铁牛入选中科院的"百人计划"，辞去英国雷丁大学的终身教授职务回国，开辟了基于人的生物特征的身份鉴别等国际前沿领域新的学科研究方向，开始了中国对静脉、人脸、虹膜等生物特征识别领域的研究。

（二）市场驱动因素

第一，全国各地陆续投入的"平安城市"建设，将大力推动基于指纹识别、人脸识别刑侦和监控识别技术和产品的应用。

第二，移动通信，尤其是3G、4G技术和便携式应用终端的日渐普及，以指纹、人脸、虹膜、声音识别为主要技术的个人身份认证应用将增多。

第三，国外市场对中低档次商业级应用产品的需求，将继续刺激国内产品的大量出口。

第四，国内电子政务和电子商务的继续推广，将进一步扩大使用生物识别作为认证技术的应用空间。

第五，国内企业在安全和管理上的需求将促进市场进一步发展，如物理门禁、逻辑门禁、考勤、巡更等系统；生物识别将继续成为这些应用的主流解决方案。

第六，基于对国家安全的密切关注，各国护照管理系统、出入境控制和管理系统广泛采用生物识别技术已经是大势所趋。

第七，面向个人人身及财产安全、隐私保护的家庭和个人消费产品及应用增多。

从上述市场驱动因素中可以看出，政府的角色和作用非常关键，如果政府能在技术选择、合作研发公关、新技术采用、标准制定以及法律法规等方面展现其主导作用，必将极大地推动整个生物识别产业的跨越发展，同时也将大幅度提高这些系统的科技含量、性能以及应用效果。

三、生物识别技术的类型

现今已经出现了许多生物识别技术，如指纹识别、手掌几何学识别、虹膜识别、视网膜识别、皮肤芯片、面部识别、签名识别、声音识别等，但其中一部分技术含量高的生物识别手段还处于实验阶段。我们相信随着科学技术的飞速进步，将有越来越多的生物识别技术将应用到实际生活中。

（一）指纹识别

所谓指纹，是指人体指尖表面的纹路。在指纹中，凸起的纹线为脊线，脊线与脊线之间的部分为谷线。根据脊线和谷线的结构，可以得到一些细节点，指纹识别主要就是利用这些细节点特征实现的。指纹识别主要包括指纹增强、特征提取和指纹匹配三个过程。

1. 指纹增强：在指纹采集过程中，由于各种原因，采集到的指纹图像不可避免地引入了一些噪声，如果直接用于指纹识别，往往难以达到较好的效果。我们可以通过一定的图像增强技术，改善指纹图像质量。这里会用到的技术有图像分割、直方图均衡化、滤波增强、二值化、细化等。

2. 特征提取：前面提到，细节点特征是最常用的指纹特征。细节点特征的提取，就是在指纹图像中找到脊线终点和脊线分叉两个特征。经过了指纹增强的步骤，如果指纹图像能较好地分割，细节点就很容易提取。但实际上有一些噪声很难处理，这样在增强后就会产生一些虚假特征。一般地，启发式算法可以删除虚假特征，特征提取后，我们得到了多组脊终点或分叉类型、位置坐标及方向信息等。

3. 指纹匹配：指纹匹配算法有很多种，包括点模式匹配、脊模式匹配、基于图像的匹配和基于图形的匹配等。细节点匹配可以看作是点模式匹配的问题。点模式匹配就是将提取的细节点集与数据库中的细节点集进行匹配，如果通过一些旋转、尺度变换和平移变换，点集间是匹配的，那么两幅指纹图像就是匹配的。

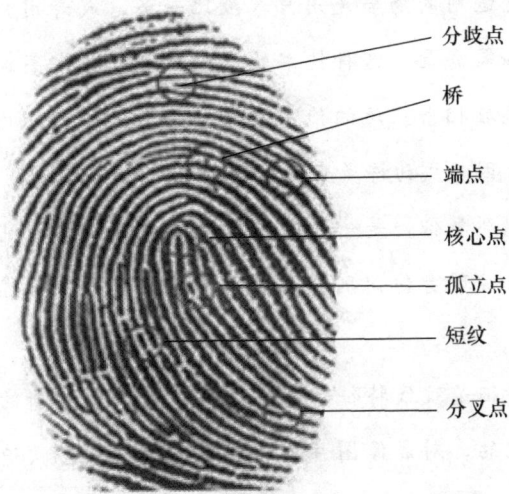

图 2-30　指纹特征

实现指纹识别有多种方法。其中有些是仿效传统的公安部门使用的方法，比较指纹的局部细节；有些直接通过全部特征进行识别；还有一些使用更独特的方法，如指纹的波纹边缘模式和超声波。有些设备能即时测量手指指纹，有些则不能。在所有生物识别技术中，指纹识别是当前应用最为广泛的一种。

未来的指纹识别产品发展方向将集中在采集技术和应用模式创新。目前采集技术主要有四种类型：超声波扫描、光学成像、温差感应式识别及半导体硅感技术。超声波技术利用皮肤与空气对于声波阻抗的差异，可区分脊线和谷线的位置，能达到很高的精度，但因成本高，且无法进行活体指纹识别，应用较少。光学成像则是利用光学传感器采集指纹图像，使用方便，价格便宜，使用最广泛。但光学成像设备也无法进行活体识别，这就产生了一些漏洞，如使用硅胶指模或断指等进行身份认证。温差感应式识别技术是基于温感原理实现的，通过感应手指与芯片映像区域间的温度差产生电信号。但由于热传导效应，时间一长，手指与芯片的温度就趋于一致了。半导体硅感技术即电容式技术，利用手指纹路与传感器之间的电容差，得到指纹图像。由于传感器发出的电子信号可直达真皮层，能获取更多可靠数据，提高识别准确率。随着传感器成本的不断下降，相信基于半导体硅感技术的指纹识别产品将应用得更为广泛。

（二）手掌几何学识别

手掌几何学识别就是通过测量使用者的手掌和手指的物理特征来进行识别，高级的产品还可以识别三维图像。作为一种已经确立的方法，手掌几何学识别不仅性能好，而且使用比较方便。它适用的场合是用户人数比较多，或者用户虽然不经常使用，但使用时很容易接受。如果需要，这种技术的准确性可以非常高，同时可以灵活地调整生物识别技术性能以适应相当广泛的使用要求。手形读取器使用的范围很广，且很容易集成到其他系统中，因此成为许多生物识别项目中的首选技术。

掌纹识别与指纹识别类似，是一种较新的生物识别技术，它通过分析手指末端到手腕部分的手掌图像来实现身份识别。掌纹的形态由遗传基因控制，具备很强的稳定性和唯一性。

掌纹中最重要的特征是纹线特征，这些纹线特征中最清晰的几条纹线基本上是伴随人的一生不发生变化的，对成像图片质量要求不高，便于快速识别。掌纹的另一个特征是点特征，主要是指手掌上所具有的和指纹类似的皮肤表面特征，如掌纹乳突纹在局部形成的奇异点及纹形。点特征需要在高分辨率和高质量的图像中获取，因此对图像的质量要求较高。掌纹还有一个纹理特征，主要是指比纹线更短、更细的一些纹线，但其在手掌上分布是毫无规律的。

掌纹的特征还包括几何特征：手掌的宽度、长度和几何形状以及手掌不同区域的分布。由于掌纹中能够提取的特征信息比指纹多，因此具备更好的身份鉴别能力，但

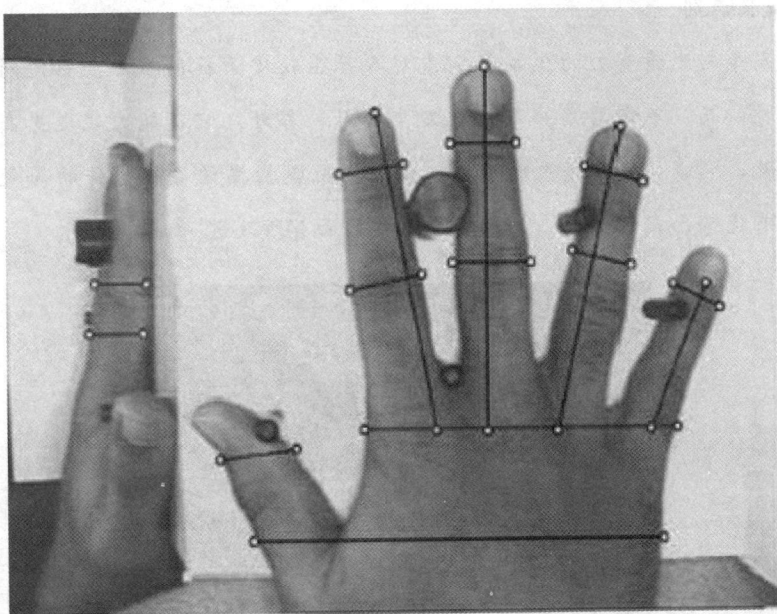

图 2-31　手掌几何学识别

其缺点在于机器维护率高，磨损后易产生误差。掌纹识别主要应用在银行、珠宝店、金库等安保等级高的区域，通过对入库人员进行掌纹扫描来确认身份。

掌纹识别作为一项新兴的生物识别技术，因具有采样简单、图像信息丰富、用户接受程度高、不易伪造、受噪声干扰小等特点受到国内外研究人员的广泛关注。但是由于掌纹识别技术起步较晚，尚处于学习和借鉴其他生物特征识别技术的阶段。

（三）声音识别

声音识别就是通过分析使用者的声音的物理特性来进行识别的技术。现今，虽然已经有一些声音识别产品进入市场，但使用起来还不太方便，这主要是因为传感器和人的声音可变性都很大。另外，比起其他的生物识别技术，它使用的步骤也比较复杂，在某些场合显得不方便。很多研究工作正在进行中，我们相信声音识别技术将取得重大进展。

（四）视网膜识别

视网膜识别使用光学设备发出的低强度光源扫描视网膜上独特的图案。有证据显示，视网膜扫描是十分精确的，但它要求使用者注视接收器并盯着一点。这对于戴眼镜的人来说很不方便，而且与接收器的距离很近，也让人不太舒服。所以尽管视网膜识别技术本身很好，但用户的接受程度很低。因此，该类产品虽在 20 世纪 90 年代经过重新设计，加强了连通性，改进了用户界面，但仍然是一种非主流的生物识别产品。

（五）虹膜识别

虹膜识别是与眼睛有关的生物识别中对人产生较少干扰的技术。它使用相当普通的照相机元件，而且不需要用户与机器发生接触。另外，它有能力实现更高的模板匹配性能，因此，它吸引了各种人的注意。以前，虹膜扫描设备在操作的简便性和系统集成方面没有优势，我们希望新产品能在这些方面有所改进。

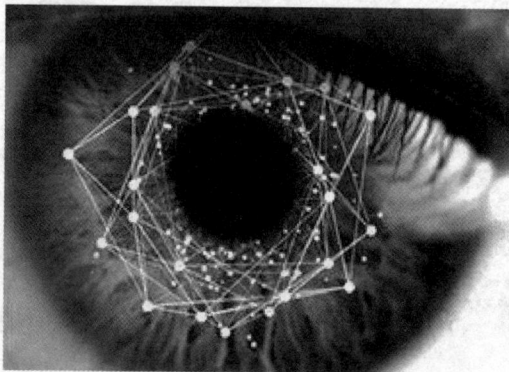

图 2-32　虹膜识别

（六）皮肤芯片

这种方法通过把红外光照进一小块皮肤并通过测定的反射光波长来确认人的身份。其理论基础是每个具有不同皮肤厚度和皮下层的人类皮肤，都有其特有的标记。由于皮肤、皮层和不同结构具有个性和专一特性，这些都会影响光的不同波长，目前 Lumidigm 公司开发了一种包含银币大小的两种电子芯片的系统：第一个芯片用光反射二极管照明皮肤的一片斑块，然后收集反射回来的射线；第二个芯片处理由照射产生的"光印"（light print）标识信号。相对于指纹（Fingerprinting）和面容（Face recognition）所采用的采集原始形象并仔细处理大量数据以从中抽提出需要特征的生物统计学方法（See "Face Recognition" /TR Nov 2001），光印不依赖于形象处理，使得设备只需较少的计算能力。

（七）签名识别

签名识别在应用中具有其他生物识别所没有的优势，人们已经习惯将签名作为一种在交易中确认身份的方法，它的进一步发展也不会让人们觉得有太大不同。实践证明，签名识别是相当准确的，因此签名很容易成为一种可以被接受的识别符。但与其他生物识别产品相比，这类产品现今数量很少。

（八）面部识别

人脸由于其易采集的特性，受到很多行业客户的关注，特别是公安、海关、商场等。人类每天都在进行人脸识别，因此也最能接受这种身份认证方式。人脸识别的研究始于 20 世纪中期，经历了数十年的努力，现在已经可以应用在我们的实际生活中，为我们提供各种便利。

人脸识别主要分为人脸检测（face detection）、特征提取（feature extraction）和人脸识别（face recognition）三个过程，如图 2-33 所示。

输入图像/视频 ➡️ 人脸检测 ➡️ 特征提取 ➡️ 人脸识别 ➡️ 辨认/确认

图 2-33　人脸识别过程

1. 人脸检测

人脸检测是指从输入图像中检测并提取人脸图像，通常采用 haar 特征和 Adaboost 算法。训练级联分类器对图像中的每一块进行分类，如果某一矩形区域通过了级联分类器，则被判别为人脸图像。

2. 特征提取

特征提取是指通过一些数字来表征人脸信息，这些数字就是我们要提取的特征。常见的人脸特征分为两类：一类是几何特征，另一类是表征特征。几何特征是指眼睛、鼻子和嘴等面部特征之间的几何关系，如距离、面积和角度等。由于算法利用了一些直观的特征，计算量较小。不过，由于其所需的特征点不能精确选择，限制了它的应用范围。另外，当光照变化、人脸有外物遮挡、面部表情变化时，特征变化较大。所以说，这类算法只适合于人脸图像的粗略识别，无法在实际中应用。

表征特征利用人脸图像的灰度信息，通过一些算法提取全局或局部特征，其中比较常用的特征提取算法是 LBP 算法。LBP 方法首先将图像分成若干区域，在每个区域的像素 3×3 邻域中用中心值作阈值化，将结果看成是二进制数。图 2-34 显示了一个 LBP 算子。LBP 算子的特点是对单调灰度变化保持不变。每个区域通过这样的运算得到一组直方图，然后将所有的直方图连起来组成一个大的直方图并进行直方图匹配计算进行分类。

3. 人脸识别

这里提到的人脸识别是狭义的人脸识别，即将待识别人脸所提取的特征与数据库中人脸的特征进行对比，根据相似度判别分类。而人脸识别又可以分为两个大类：一类是确认，这是人脸图像与数据库中已存的该人图像比对的过程，回答你是不是你的问题；另一类是辨认，这是人脸图像与数据库中已存的所有图像匹配的过程，回答你是谁的问题。显然，人脸辨认要比人脸确认困难，因为辨认需要进行海量数据的匹配。常用的分类器有最近邻分类器、支持向量机等。

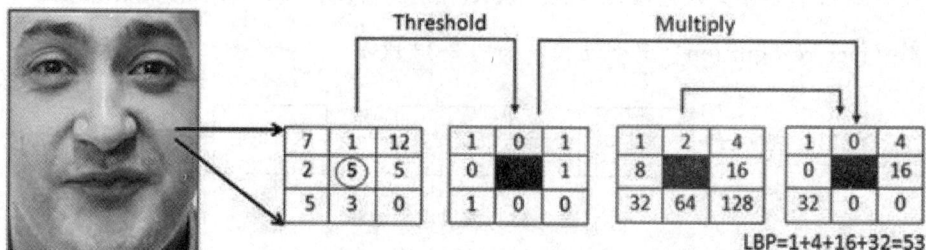

图 2-34　人脸识别

与指纹应用方式类似，人脸识别技术目前比较成熟的也是考勤机。因为在考勤系统中，用户是主动配合的，可以在特定的环境下获取符合要求的人脸。这就为人脸识别提供了良好的输入源，往往可以得到满意的结果。但是在一些公共场所安装的视频监控探头，由于光线、角度等问题，得到的人脸图像很难比对成功。这也是未来人脸识别技术发展必须要解决的难题之一。

现在已有一些机构、高校在进行人脸识别新领域、新技术的研究。如远距离人脸识别技术、3D人脸识别技术等。远距离人脸识别系统面临两个主要困难：一是如何从远距离获取人脸图像；二是在得到的数据并不理想的情况下如何识别身份。从某种意义上来看，远距离人脸识别并不是一个特定的关键技术或基础研究问题，它可看成是一个应用和系统设计问题。通常有两类解决方法用于获取人脸图片：一种是高清的固定式摄像机，另一种是使用PTZ控制系统多摄像机系统。后者更适合于一般情况，不过其结构更为复杂，造价也更贵，而且需要考虑如何协调多台摄像机的同步操作。一般地，系统由低分辨率广角摄像机和高分辨率长焦摄像机组成。前者用于检测和追踪目标，后者用于人脸图像采集和识别。目前远距离人脸识别技术还处于实验室阶段，未来如果能够解决上述问题，对人员布控这样的应用有着重要意义。

3D人脸识别能够很好地克服2D人脸识别遇到的姿态、光照、表情等问题，主要原因是2D图像无法很好地表示深度信息。通常，3D人脸识别方法使用3D扫描技术获取 3D 人脸，然后建立 3D 人脸模型并用于识别。不过，3D 人脸识别技术的缺点也是很明显的：首先，它需要额外的 3D 采集设备或双目立体视觉技术，其次，建模过程需要的计算量较大。相信随着未来芯片技术的发展，当计算能力不再受到制约、采集设备成本大幅下降的时候，3D 人脸识别将会成为热门技术之一。

这是一种相当引人注意的技术，它的性能也经常被误解。关于面部识别，经常有一些夸张的言论，但实际是很难实现的。比较两个静态图是一回事，在人群中发现和确认某个人的身份而不引起别人的注意，就是完全不同的另一回事了。有些系统宣称能做到后一点，但它们实际上做的是前一种事，这实际并不是生物识别。从用户的角度很容易理解面部识别的吸引力，但人们对这种技术的期望应该比较现实。面部识别在实际应用中还很少成功，但一旦克服了技术障碍，它将成为一种重要的生物识别方法。

面部识别技术应用在很多领域：

(1) 企业、住宅安全和管理。如人脸识别门禁考勤系统、人脸识别防盗门等。

(2) 电子护照及身份证。

(3) 公安、司法和刑侦。

(4) 自助服务。

(5) 信息安全。如计算机登录、电子政务和电子商务。

(九) 基因识别

随着人类基因组计划的开展，人们对基因的结构和功能的认识在不断深化，并将其应用到个人身份识别中。因为在全世界 60 亿人中，与你同时出生或姓名一致、长相酷似、声音相同的人都可能存在，指纹也有可能消失，但只有基因才是代表你本人遗传特性的、独一无二、永不改变的指征。

制作这种基因身份证，首先是取得有关的基因，并进行化验，选取特征位点（DNA 指纹），然后载入中心的电脑储存库内，这样，基因身份证就制作出来了。如果人们喜欢加上个人病历并进行基因化验的话，也是可以的。发出基因身份证后，医生及有关的医疗机构等，可利用智能卡阅读器，阅读有关人的病历。

基因识别是一种高级的生物识别技术，但由于技术上的原因，还不能做到实时取样和迅速鉴定，这在某种程度上限制了它的广泛应用。

（十）静脉识别

静脉识别，是使用近红外线读取静脉模式，与存储的静脉模式进行比较，进行本人识别的识别技术。其工作原理，是依据人类手指中流动的血液可吸收特定波长的光线，而使用特定波长光线对手指进行照射，从而得到手指静脉的清晰图像。利用这一固有的科学特征，将实现对获取的影像进行分析、处理，从而得到手指静脉的生物特征，再将得到的手指静脉特征信息与事先注册的手指静脉特征进行比对，从而确认登录者的身份。

静脉识别系统就是首先通过静脉识别仪取得个人静脉分布图，从静脉分布图依据专用比对算法提取特征值，通过红外线 CCD 摄像头获取手指、手掌、手背静脉的图像，将静脉的数字图像存贮在计算机系统中，将特征值存储。静脉比对时，实时采取静脉图，提取特征值，运用先进的滤波、图像二值化、细化手段对数字图像提取特征，同存储在主机中的静脉特征值比对，采用复杂的匹配算法对静脉特征进行匹配，从而对个人进行身份鉴定，确认身份。

在巨大的市场发展形势面前，将静脉识别产品嵌入到门禁控制系统中的新一代门禁控制产品正随着前些年的铺垫而日趋成熟。为了谋求门禁系统的智能化发展和赶上门禁市场飞速发展的列车，国内拥有静脉识别技术的企业整装待发，谋求爆破式发展。在此基础上开发适合中国市场的系列产品，并成功应用到监狱、计划生育、煤矿、信息安全、金融、教育、社保等行业或部门。而与此同时，众多门禁企业也正以引入"静脉"为门禁市场开辟蓝海。

（十一）步态识别

所谓步态，是一个人行走时的姿势，其更一般的定义包括了人行走运动的动力学特征，这是一种很复杂的行为特征。虽然四肢健全的人走路的姿态十分相似，但是各人的步态有很大的不同，有的人低头小步，有的人昂首阔步，有的左摇右摆，有的挺胸直腰。早期的医学研究表明：人的步态中有 24 种不同的成分，如果把 24 种成分都考虑到，则步态是为个体所特有的，而且具有相对稳定性，在一定的时间范围和相同的步行环境下不容易改变，人们据此可揭示出行走人的身份。

步态识别，使用摄像头采集人体行走过程的图像序列，进行处理后同存储的数据进行比较，来达到身份识别的目的。中科院自动化所已经进行了一定研究，步态识别作为一种生物识别技术，具有其他生物识别技术所不具有的独特优势，即在远距离或

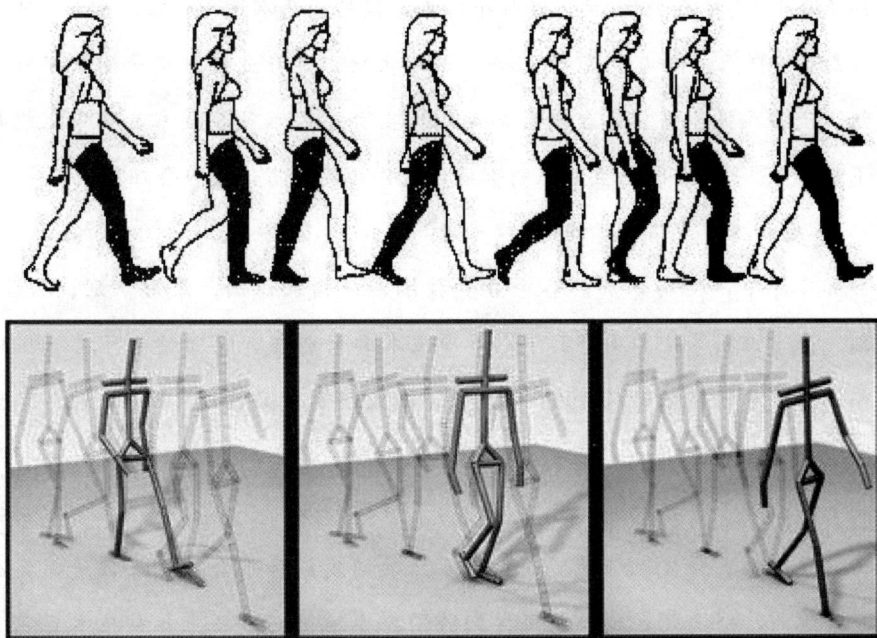

图 2-35　步态识别过程

低视频质量情况下的识别潜力，且步态难以隐藏或伪装等。步态识别主要是针对含有人的运动图像序列进行分析处理，通常包括运动检测、特征提取与处理和识别分类三个阶段。

但是制约其发展还存在很多问题，比如拍摄角度发生改变，被识别人的衣着不同，携带有不同的东西，所拍摄的图像进行轮廓提取的时候会发生改变影响识别效果。但是该识别技术却可以实现远距离的身份识别在主动防御上有突出的性能。如果能突破现有的制约因素，在实际应用中必定有用武之地。

（十二）其他识别

除了上面提到的生物识别技术以外，还有通过气味、耳垂和其他特征进行识别的技术。但它们现今还不能走进日常生活。

四、生物识别技术的发展趋势

众所周知，生物识别技术最早的研发、应用和产业化都是在西方发达国家，因此，观察和分析发达国家生物识别产业的发展历史和趋势，将对我们梳理国内生物识别产业的演化有极大的帮助和借鉴。

（一）产业集中度将不断提高

从国际市场看，生物识别市场厂商、经销集成商以及元器件供应商数量等最多的时候大约是在1999年至2001年，在那个时期，国外厂商有近400家，主要集中在北美和欧洲（约占80%）。但从2002年迄今，国外生物识别产业经过竞争淘汰以及大量的并购重组，产品及服务供应商数量大幅度降低至目前的不足130家，其中上规模的重要企业不超过15家。在国内生物识别市场，这样的优胜劣汰或将会在未来几年出现。

（二）发展和推广应用逐步均衡

在国际市场中，生物识别的各个分支技术，如指纹识别、掌形识别、人脸识别、虹膜识别、声音识别等技术及产品中，多项技术都分别占有或曾经占有过10%以上的市场份额。而在中国市场，从1995年至今，指纹识别产品在2010年之前，都始终占有超过90%的份额。但是，据近一两年的数据显示，这种情况开始改变，即指纹识别一统天下的局面终于被打破，其市场占有额下降到80%以下。每一项生物识别技术都有其独特的应用特点和应用场景，多种技术的共同发展和融合会相互促进，具有共同推动市场演化的特别功效，我们也同样期待国内生物识别市场上各种技术百花齐放的局面早日到来。

（三）多种技术融合

随着生物识别技术应用的逐渐普及，应用系统已经从较简单的商业应用级产品（如门禁、考勤等）和消费类产品（如指纹门锁、指纹U盘等）逐渐深化，扩展到涉及公共安全、国家安全及公共利益等中大型系统，如警用指纹与人脸自动比对系统、生物特征护照系统、社会保险系统、出入境管理系统、智能监控、黑名单追逃系统等等。根据2007年的数据显示，全球生物识别市场份额中，接近90%的营业额是由这些中大型系统贡献的，而中国企业比较重要的小型商业应用和消费类生物识别产品，在全球生物识别市场总份额中所占的比例不到15%。中大型应用系统，既是技术整合融合（它们一般都会采用两种或以上的生物识别技术，例如指纹加人脸识别、指纹加人脸再加虹膜识别等）并创新的平台，更是生物识别应用深度和广度的展现，它们所体现的正是生物识别技术研发的初衷和原旨。这些中大型应用系统才能真正使生物识别技术融入我们社会生活的方方面面中，从而创造出更大的社会效益和经济效益。

项目总结

通过本项目的学习，掌握移动通信技术、无线互联网技术、手机操作系统、移动通信终端、条形码及二维码技术、RFID技术、位置服务技术、云服务技术和物联网技术等。了解指纹识别与面部识别技术等生物识别技术，了解各个技术的应用状况与领域。

做一做练一练

1、什么是电子商务，什么是移动电子商务？

2、移动电子商务有哪些特点？

3、移动电子商务与传统电子商务有什么区别？

4、简述移动电子商务的应用模式有哪些。

5、简述我国目前移动电子商务遇到的问题，并提出对策。

6、根据市场情况分析移动电子商务未来如何发展。

项目三　移动电子商务安全

项目目标

知识目标：通过本项目的学习能够熟悉移动电子商务的安全威胁来自哪里，掌握手机安全的设置，掌握移动电子商务中的一些安全认证技术，了解手机病毒的危害，学会手机病毒的查杀。

能力目标：通过本项目的学习能够灵活使用手机安全软件，能够学会在手机上进行交易时避免损失，能够处理日常的手机安全问题。

资料拓展

2019年12月30日，中国网信网公布了关于印发《App违法违规收集使用个人信息行为认定方法》（简称：《方法》）的通知。

该次正式发布的《App违法违规收集使用个人信息行为认定方法》有六个要点，分别详细介绍了可被认定为"未公开收集使用规则"的行为，可被认定为"未明示收集使用个人信息的目的、方式和范围"的行为，可被认定为"未经用户同意收集使用个人信息"的行为，可被认定为"违反必要原则，收集与其提供的服务无关的个人信息"的行为，可被认定为"未经同意向他人提供个人信息"的行为，以及可被认定为"未按法律规定提供删除或更正个人信息功能"或"未公布投诉、举报方式等信息"的行为。《App违法违规收集使用个人信息行为认定方法》系《网络安全法》框架下针对广泛应用的App的个人信息保护配套性规章，违规者将面临《网络安全法》项下的法律责任。《方法》在通知介绍，称是为了"落实《网络安全法》等法律法规"，其列举的六个条款也分别对应《网络安全法》第41条、第42条、第43条和第49条的相关规定。因此，违反《方法》的App运营者可能面临《网络安全法》项下的责令改正、警告、没收违法所得、罚款、责令暂停相关业务、停业整顿、关闭网站、吊销相关业务许可证或者吊销营业执照等法律责任。《方法》列举了主要违法违规行为，可以为 App 运营者提供合规指引。《方法》的内容分为六个部分，基本覆盖了 App 运营者收集、使用用户个人信息的所有场景，包括隐私政策的发布、用户同意的获取、必要性原则的把握、数据共享的界限、用户权利的保障及投诉举报机制等。

一直以来，金融类 App、小程序都是不规范使用用户隐私信息的"重灾区"。2023 年 9 月 19 日，《北京商报》记者梳理发现，开年至今，已有重庆银行、山西银行、晋商银行、兰州银行、珠海农商行、广东揭阳农商行在内的多家银行旗下 App 或小程序因违规收集个人信息被通报。分析人士指出，金融类 App 应当从数据采集、存储、加工、传输、披露等环节规范用户个人信息管理，遵循"用户授权、最小够用、专事专用、全程防护"原则，建立健全个人信息保护的全流程防控机制。易观分析金融行业高级咨询顾问苏筱芮在接受《北京商报》记者采访时表示，移动端 App、小程序成为侵害隐私的"重灾区"，主要是因为移动端能够收集的用户信息丰富，能够为机构开展各类营销跟精准推送打下基础。个人信息保护是近年来 App 整改监管重点方向之一，同时也是移动 App 合规所存在的薄弱之处。不少 App 存在过度收集金融消费者个人信息的情形，将不利于金融消费者的权益保护，同时也加剧了个人信息被泄露和违规使用的风险。

原银保监会于 2022 年 8 月下发《关于开展银行保险机构侵害个人信息权益乱象专项整治工作的通知》（以下简称《通知》），要求全面梳理和排查银行业保险业在个人信息保护方面的问题和漏洞，深入整治侵害消费者信息权益乱象。

对于整改发现的问题，《通知》指出，各银行保险机构要逐一建档，确保整改到位、问责到位。对违反银行业保险业规章制度的问题，要依规处理；对不当操作行为，要立即叫停或纠正，出现泄露个人信息等严重侵害消费者信息安全问题的，要问责到人；对涉及违法犯罪的问题，要移送司法机关惩处。

你是如何看待个人信息被违法违规收集和使用的？对于手机 App 过度索取权限又应该如何应对呢？

（资料来源：根据网络资料整理）

项目实施

任务一　移动电子商务安全分析

任务目标

1. 了解移动电子商务安全的现状，掌握移动电子商务的安全需求，熟悉移动电子商务安全体系的建设，理解电子商务安全中的角色构成。

2. 提高对移动电子商务平台安全进行分析和判断的能力，能对自己所遇到的移动电子商务安全问题进行解决。

相关知识

2023年8月28日，中国互联网络信息中心（CNNIC）在京发布第52次《中国互联网络发展状况统计报告》（以下简称《报告》）。《报告》显示，截至2023年6月，我国网民规模达10.79亿人，较2022年12月增长1109万人，互联网普及率达76.4%。在网络基础资源方面，截至2023年6月，我国域名总数为3024万个；IPv6地址数量为68 055块/32，IPv6活跃用户数达7.67亿；互联网宽带接入端口数量达11.1亿个。移动互联网应用蓬勃发展，国内市场上监测到的活跃App数量达260万款，进一步覆盖网民日常学习、工作、生活。截至2023年6月，网约车、在线旅行预订、网络文学的用户规模较2022年12月分别增长3492万人、3091万人、3592万人，增长率分别为8.0%、7.3%和7.3%，成为用户规模增长最快的三类应用。截至2023年6月，我国网络直播用户规模达7.65亿人，较2022年12月增长1474万人，占网民整体的71.0%。其中，电商直播用户规模为5.26亿人，较2022年12月增长1194万人，占网民整体的48.8%。

一、移动电子商务主要存在的安全问题

移动电子商务的发展基石是安全问题，相对于传统的电子商务模式，移动电子商务的安全性更加薄弱。有线网络的安全技术不能直接应用于无线网络设备，无线设备

的内存和计算能力有限而不能承载大部分的病毒扫描和入侵检测的程序，且无线网络本身的开放性降低了安全性等原因导致移动电子商务应用过程中存在诸多安全威胁。移动电子商务主要存在的安全性问题有：

（一）无线网络自身的安全问题

无线通信网络由于自身的限制，给无线用户带来通信自由和灵活性的同时也带来了诸多不安全因素。在移动通信网络中，移动设备与固定网络信息中心之间的所有通信都是通过无线接口来传输的。而无线接口是开放的，任何具有适当无线设备的人，均可以通过窃听无线信道而获得其中传输的消息，甚至可以修改、插入、删除或重传无线接口中传输的消息，以达到假冒移动用户身份欺骗网络信息中心的目的。同时，在有些移动通信网络中，各基站与移动服务交换中心之间的通信媒质就不尽相同，相互之间的信息转换也有可能导致移动用户身份、位置及身份确认信息的泄露。

（二）移动设备的不安全因素

移动设备的安全威胁比较复杂。由于移动设备的移动性，其很容易被破坏或者丢失，势必造成安全影响，甚至安全威胁。移动设备的不安全因素主要表现在：用户身份、账户信息和认证密钥丢失、移动设备被攻击和数据破坏、SIM 卡被复制；RFID 被解密等。例如不法分子取得用户的移动设备，并从中读出移动用户的资料信息、账户密码等，就可以假冒用户身份来进行一些非法活动。

（三）软件病毒造成的安全威胁

自从 2004 年第一个手机软件病毒"Cabir"蠕虫病毒出现，移动设备就已经面临了严峻的安全威胁：用户信息、网络账号、银行账号和密码等被窃；传播非法信息；破坏手机软硬件，导致手机无法正常工作；造成通信网络瘫痪。而移动设备相关清除病毒软件才刚刚开始，不能保证所有移动设备不受病毒的侵害。同时由于移动设备自身硬件性能不高，不能承载现今成熟的病毒扫描和入侵检测的程序。

（四）移动商务平台运营管理漏洞造成的安全威胁

随着移动商务的发展，移动商务平台林立。目前，我国大量的移动运营平台在设计和建设中都缺少相关的安全技术保障与可控性的经验，因此需要我们在实际应用过程中进行不断整合与完善，尤其是对于消费者在交易过程中呈现的安全警示问题，在移动商务平台设计和建设中做出的一些技术控制和程序控制缺少安全经验，这就需要在运营实践中对移动电子商务安全内容进行修正和完善。电子商务网站缺乏明确有效的安全运营机制来进行防御与指导，使得部分恶意软件、入侵的病毒难以被及时发现与制止，这就使移动电子商务的威胁性明显增大，另一方面，针对我国移动电子商务的交易过程也缺乏相应的法律法规来限制，这就使得不法分子利用法律漏洞获得不义财富，使人们生命财产安全受到威胁。

（五）移动终端恶意软件所造成的安全问题

移动互联网的普及性、开放性和互联性的特点，使得移动终端正在面临传统的互联网安全问题，如安全漏洞、恶意代码、钓鱼欺诈和垃圾信息等，同时，由于移动终端更多地涉及个人信息，其隐私性更强，也面临诸多新的问题，移动终端恶意软件是一种破坏性程序，和计算机恶意软件一样具有传染性、破坏性，可能导致移动终端死机、关机、资料被删、账户被窃取等问题，其主要类型有蠕虫（Worm）、木马（Trojan）、感染型恶意软件（Virus）、恶意程序（Malware）等，移动终端恶意软件的传播途径主要包括彩信（MMS）传播、蓝牙传播、红外传播、USB 传播、闪存卡传播、网络下载传播等。目前，移动终端安全防护手段主要围绕着隐私保护、杀毒、反骚扰、防扣费等功能展开。

二、移动电子商务安全性要求

移动电子商务是电子商务的新型模式，同样有对安全性的要求，移动电子商务的安全性要求主要表现在以下四个方面：

（一）信息保密性

交易中的商务信息均有保密的要求。如电子支付的账号和密码等不能被他人知悉，因此在信息传播中一般均有加密的要求。

（二）交易者身份的确定性

网上交易的双方很可能素昧平生，相隔千里。要使交易成功，首先要能确认对方的身份，因此能方便而可靠地确认对方身份是交易的前提。

（三）不可否认性

由于商情的千变万化，交易一旦达成是不能被否认的。否则必然会损害一方的利益。因此电子交易通信过程的各个环节都必须是不可否认的。

（四）不可修改性

交易的内容是不可被修改的，否则也必然会损害一方的商业利益。因此电子交易文件也要能做到不可修改，以保障商务交易的严肃和公正。

三、移动电子商务安全策略

移动安全技术在移动商务活动中保护着商家和客户的重要信息，维护着商务系统的信誉和财产，所以需要提升移动商务的安全技术防范能力，才能充分提高移动商务的可用性和可推广性。可以采取的方法是吸收传统电子商务的安全防范措施，并根据移动电子商务的特点，开发轻便高效的安全策略：

（一）端到端的安全

端到端的安全是要求保护移动电子商务中的每个连接端口，确保数据从传输点到最后目的地之间所有端口的安全性，包括传输过程中的每个阶段。移动电子商务带来了许多的设备，它们运行不同的操作系统且采用不同标准，因此安全性已经成为更加复杂的问题。这就需要制定相应的规范，规定各终端安全标准。

（二）采用无线公共密钥技术（WPKI）

WPKI 即"无线公开密钥体系"，它是将互联网电子商务中 PKI 安全机制引入到无线网络环境中的一套遵循既定标准的密钥及证书管理平台体系，用它来管理在移动网络环境中使用的公开密钥和数字证书，有效建立安全和值得信赖的无线网络环境。加密密钥与解密密钥各不相同，发送信息的人利用接收者的公钥发送加密信息，接收者再利用自己专有的私钥进行解密。这种方式既保证了信息的机密性，又能保证信息具有不可否认性。

（三）加强身份认证和移动设备识别管理

在移动商务的交易过程中应加强移动电子商务用户的身份认证管理和用户的移动设备识别，使得移动设备与用户身份一一对应，保证每个用户访问与授权的准确，以及使用移动设备的唯一性。交易过程采用实名身份认证并设置交易移动设备，可以增强移动商务交易的安全性，保证交易双方的利益不受到侵害。在管理过程中要注意设置移动设备使用密码，防止在移动设备丢失时产生的不必要的损失。

（四）使用病毒的防护技术

开发和使用移动设备病毒防护软件，并经常更新及查看最新的移动设备病毒信息，定期清理移动设备中的病毒，可以防止处于潜伏期的病毒突然爆发，使移动设备始终处于良好的工作状态。

（五）规范移动电子商务行业管理

为了保证移动商务的正常、安全运作，需要建立移动商务的行业安全规范，明确在移动电子商务交易过程中的各主体责任，提升移动商务主体的安全意识，营造移动商务行业的整体诚信意识、风险营销意识和安全交易意识。把技术性安全措施、运营管理安全措施和交易中的安全警示进行整合，以形成一个整合的、安全的移动商务运营和防御策略，确保使用者免收安全威胁。通过移动商务安全规范的建设，建立整个交易过程的良性互动机制，促进移动商务的健康发展。

（六）完善移动电子商务相关法律

移动电子商务较之传统电子商务模式更需要政策来规范其发展。国家应逐步建立移动电子商务相关法律和制度，明确行业的发展策略和政策导向，保障移动电子商务的公平竞争环境。有法律来保障交易的双方，才能使得用户改变固有的交易方式，使用更加方便快捷的移动电子商务。使用法律手段，是现阶段有效解决移动电子商务安全问题所必需的。有法可依、有法必依才能使得企业正常开展对电子商务安全体系的研究工作，才能保障移动电子商务的安全体系成型。

四、移动商务安全的发展趋势

（一）互联网电子商务的安全交易机制广泛用于移动商务

目前的大多数手机配备处理器比较低、内存容量较小，无法处理大量的复杂运算和交易信息，导致互联网电子商务的安全交易机制难以在移动网络环境下实现。因此，减少移动终端的处理和存储负担，降低双方交易信息的传输量和保障交易安全是移动电子商务研究亟待解决的问题。

（二）生物特征识别技术的广泛使用

用户/密码机制是最古老也是目前应用最广的一种计算机网络安全措施，PKI技术则可以实现更高级别的安全。然而，这些安全措施都可能会受到设备及的安全攻击，如手机，智能卡丢失或被盗等都将会带来致命的安全问题。为防止这种安全问题，生物特征识别技术发挥了越来越大的作用。

以往由于生物特征识别技术运算量大、准确度低限制了其广泛使用，而现在随着指纹识别、视网膜识别和面部特征匹配等一系列生物特征识别技术的成熟，其必将在给电子商务带来更高级别的安全过程中发挥重要的作用。

（三）重视移动商务隐私问题

由于智能移动终端功能的提高和参与移动商务的用户日益增多，用户大量的隐私信息保存在移动终端上。同时，移动商务作为电子商务的延伸也需要提供个人的隐私信息这样的条件才能得以发展，而且由于移动商务的一些独特性，隐私问题比传统电子商务更加突出。随着技术的发展，越来越多更可靠和更安全的保护措施应用于移动设备上。

隐私侵犯涉及社会道德甚至法律问题，但从技术层面来保证是不够的，在这样的大环境下，有关安全性的标准制定和相应法律出台也将成为趋势。

任务实施

1. 根据任务要求明确调查的题目——移动电子商务安全状况调查。

2. 分析任务要求，列出调查提纲，确定所需材料。

3. 通过互联网进行资料收集，注意数据的发布时间，采用最新数据，并保持数据的连续性。

4. 资料的整理。

5. 资料分析。

6. 撰写调查报告。

任务二 安全认证技术应用

任务目标

1. 了解常见网络安全技术和信息安全技术，掌握账号加密和保护的信息安全技术，掌握防御钓鱼网站的技术，掌握防病毒软件的使用，熟悉电子商务认证技术和电子商务交易技术。

2. 提高对电子商务平台安全进行分析和判断的能力，具备对自己所遇到的安全问题进行解决的能力，以及利用电子商务安全技术进行自我防御的能力。

相关知识

一、无线网络安全认证概述

作为一种公共移动数据接入方式，PWLAN（公共无线局域网）的安全问题成为商业用户最关心的问题，包括合法用户身份信息（假冒）的安全、敏感商业信息的安全、防止黑客的攻击等等，成为影响人们使用 PWLAN 业务信心的关键问题。

目前无线局域网在全球快速发展，网络建设所采用的方法也都不尽相同，在某种程度上可以说是混乱的，在公共区域中尤为如此。根据 Wi-Fi 联盟的资料显示，目前最普遍的接入方式是基于浏览器认证，亦称作通用接入方法（UAM）。通过浏览器认证，接入控制器将用户的浏览器重定位到一个本地 Web 服务器，其过程受 TLS 保护。用户到 UAM 登录页面进行身份认证，在发送到 Web 服务器的表格中输入用户名和密码。这种方法的显著优点是配置简单，并且事实上移动用户只需支持 Web 浏览就可以访问接入系统。

虽然 UAM 简单并且易于采用，但它有一些严重的缺陷。①用户的经验。若用户的目的是使用诸如 e-mail 客户端的其他一些应用程序进行网络访问的第一步，也就是打开浏览器，就会不习惯。②企业用户经常需要进行 VPN 的配置，这与访问一个本地的 Web 服务器是相冲突的。③UAM 把用户的认证信息暴露给所访问网络的 Web 服务器，这一特征对于不愿暴露用户数据库的运营商而言是无法接受的，即使是暴露给合法的漫游伙伴。④除非用户手工检查服务器使用的证书以保护页面（用户极少这样做），用户的认证信息可能在不经意间透露给一个运行恶意无线接入点（AP）的攻击者。

二、WEB 认证形式

(一) 无须认证

应用场合：主要强调品牌宣传价值、广告展示价值的场所（允许所有人接入上网，无安全性要求）。

认证效果：

(1) 用户无密码连接 Wi-Fi 热点，强制打开 web 认证页面，浏览页面内容。

(2) 10 秒后自动登录或点击指定广告后方可登录上网。

配置方式：在 web 认证配置页面，选择"无须认证"方式，并设计好认证页面信息即可。

(二) 用户认证

应用场合：对安全性要求较高的场所，自建一套用户的账号库。适用于企业、网站、收费网络等场合。

认证效果：

(1) 用户无密码连接 Wi-Fi 热点，强制打开 web 认证页面，浏览页面内容。

(2) 输入正确的用户和密码。

(3) 登录上网。

配置方式：在 web 认证配置页面，选择"用户认证"方式，并设计好认证页面信息。再到用户管理页面，创建或导入用户名密码即可。

(三) 验证码认证

应用场合：对安全性要求较高的场所，同时希望用户更方便地登录网络（只需要输入一段字母或数字即可）。适用于餐饮店、咖啡厅等人员流动频繁的场合。

认证效果：

(1) 用户无密码连接 Wi-Fi 热点，强制打开 web 认证页面，浏览页面内容。

(2) 输入正确的验证码。

(3) 登录上网。

配置方式：在 web 认证配置页面，选择"验证码认证"方式，并设计好认证页面信息。再到用户管理页面，创建或导入验证码即可。

(四) 短信验证码认证

应用场合：对安全性要求较高的场所，政策上要求对上网的人员进行实名制，同时收集用户手机号码，进行二次营销。适用于银行、企业、网站、商场、餐饮店等场合。

认证效果：

（1）用户无密码连接 Wi-Fi 热点，强制打开 web 认证页面，浏览页面内容。

（2）输入正确的手机号码，手机将获取一条包含验证码的短信。

（3）在认证页面输入短信验证码。

（4）登录上网。

配置方式：

（1）在 web 认证配置页面，选择"短信验证码认证"方式。

（2）选择 wifiAP 短信通道或使用自己的短信接口。

（3）设置认证用户参数及认证页面相关信息。

wifiAP 认证系统支持标准 HTTP 接口的下行短信网关，通过 URL 直接调用。

（五）商家认证

应用场合：有开发能力的系统集成商，希望在自己的平台上实现整个认证流程的设计与实现，把 web 认证与原有平台集成为一个整体，如 OA 系统、CRM 系统、CAS 系统、应用网站、应用程序、手机 App 等等。适用于集成商、网站主、软件商的集成需求。

认证效果：

（1）用户无密码连接 Wi-Fi 热点，将强制到达商家指定的网页；

（2）按商家的流程完成认证方可上网。

配置方式：在 web 认证配置页面，选择"商家认证"方式，并配置第三方系统地址即可。

（六）外部 API 认证

应用场合：网络本身已经具备用户数据源，希望 web 认证系统能直接使用原有用户数据库进行认证，以实现与原数据库的统一。适用于企业（员工数据库）、学校（教师、学生数据库）、商场（会员数据库）、会所（客户数据库）等大型场合。

认证效果：

（1）用户无密码连接 Wi-Fi 热点，强制打开 web 认证页面，浏览页面内容。

（2）输入正确的用户名密码（或其他唯一性信息）。

（3）登录上网。

配置方式：在 web 认证配置页面，选择"外部 API 认证"方式，并配置 API 系统地址即可。数据源平台上，需要根据 wifiAP 要求开发一个简单的响应接口页面（支持 HTTP 调用方式即可）。

（七）软件/App 认证

应用场合：电脑软件、手机 App 与 wifiAP 无线网络深度整合，当用户登录电脑软件或手机 App 时，可以实现自动登录或一键登录完成认证，不用通过 web 认证而完成上网授权的一种方式。

认证效果：

（1）用户无密码连接 Wi-Fi 热点（或软件/App 自动连接指定 SSID 的 Wi-Fi 热点）。

（2）打开软件/App，自动认证或一键认证。

（3）直接上网。

配置方式：在 web 认证配置页面，选择"软件/App 认证"方式，根据 wifiAP 要求开发一个简单的调用接口页面（支持 HTTP 调用方式即可）。

（八）Radius 认证

应用场合：使用 Radius 的大型场合。

认证效果：

（1）用户无密码连接 Wi-Fi 热点，强制打开 web 认证页面，浏览页面内容。

（2）输入正确的 Radius 用户名密码。

（3）登录上网。配置方式：在 web 认证配置页面，选择"验证码认证"方式，并配置好 Radius 服务器的参数即可。

（九）CAS/LDAP 认证

应用场合：使用 CAS/LDAP 登录的场合。

认证效果：

（1）用户无密码连接 WIFI 热点，强制打开 web 认证页面，浏览页面内容；

（2）输入 CAS/LDAP 的用户名密码；

（3）登录上网。配置方式：在 web 认证配置页面，选择"验证码认证"方式，并配置好 CAS/LDAP 服务器的参数即可。

（十）QQ、新浪微博认证

应用场合：对安全性要求较低的场所，希望提供开放的网络环境给客户，与 QQ、新浪微博的相关业务对接营销。适用于互联网企业。

认证效果：

（1）用户无密码连接 Wi-Fi 热点，强制打开 web 认证页面，浏览页面内容。

（2）输入 QQ 账号密码或新浪微博账号密码。

（3）登录上网。

配置方式：在 web 认证配置页面，勾选"QQ 登录"或"新浪微博登录"，并设计好认证页面信息。

三、数字证书

数字证书就是标志网络用户身份信息的一系列数据，用来在网络通信中识别通信各方的身份，即要在 Internet 上解决"我是谁"的问题，就如同现实中我们每一个人都要拥有一张证明个人身份的身份证或驾驶执照一样，以表明我们的身份或某种资格。

数字证书是由权威公正的第三方机构即 CA 中心签发的，以数字证书为核心的加密技术可以对网络上传输的信息进行加密和解密、数字签名和签名验证，以确保网上传递信息的机密性、完整性，以及交易实体身份的真实性、签名信息的不可否认性，从而保障网络应用的安全性。

数字证书采用公钥密码体制，即利用一对互相匹配的密钥进行加密、解密。每个用户拥有一把仅为本人所掌握的私有密钥（私钥），用它进行解密和签名；同时拥有一把公共密钥（公钥）并可以对外公开，用于加密和验证签名。当发送一份保密文件时，发送方使用接收方的公钥对数据加密，而接收方则使用自己的私钥解密，这样，信息就可以安全无误地到达目的地了。即使被第三方截获，由于没有相应的私钥，也无法进行解密。通过数字的手段保证加密过程是一个不可逆的过程，即只有用私有密钥才能解密。在公开密钥密码体制中，常用的一种是 RSA 体制。

用户也可以采用自己的私钥对信息加以处理，由于密钥仅为本人所有，这样就产生了别人无法生成的文件，也就形成了数字签名。采用数字签名，能够确认以下两点：

（1）保证信息是由签名者自己签名发送的，签名者不能否认或难以否认。

（2）保证信息自签发后到收到为止未曾作过任何修改，签发的文件是真实文件。

数字证书可用于：发送安全电子邮件、访问安全站点、网上证券、网上招标采购、网上签约、网上办公、网上缴费、网上税务等网上安全电子事务处理和安全电子交易活动。

　　数字证书的格式一般采用 X.509 国际标准。由于证书能够严谨地标识个人身份，因此它被引用到了安全认证方法中来。较强口令而言，证书的保密性、数据的完整性、用户身份的确定性和不可否认性使得基于证书的认证具有更高的安全可靠性。

任务实施

　　1. 在 QQ 上体验实名认证、手机认证、视频认证。

　　2. 登录证书申请网站申请一个免费的数字证书。

任务三 手机病毒防范技术

任务目标

1. 掌握手机病毒的特点与分类。

2. 分析手机病毒的危害。

3. 学会手机病毒的防治。

任务导入

2023年全国移动应用安全观测报告

《2023年全国移动应用安全观测报告》揭示了当前移动应用安全的一些关键数据和趋势。2023年人工针对App的个人信息安全合规问题进行抽样性检测，根据《App违法违规收集使用个人信息行为认定方法》（国信办秘字〔2019〕191号）（以下简称《191号文》），发现存在"未经用户同意收集使用个人信息"问题的应用数量最多，占检测总量的52.45%，较之2022年下降14.44%。以下是该报告的一些主要内容：

1. 高危漏洞的应用比例：报告显示，截至2023年12月31日，全国有351万款Android应用通过了移动应用安全平台的风险检测，其中约239万款存在高危漏洞，占应用总数的76.89%。这一数据表明，移动应用的安全状况堪忧，高危漏洞的普遍性需要引起开发者和用户的高度重视。

2. 移动应用的收录情况：报告还提到了移动应用安全大数据平台在2023年收录的移动应用数量，包括453万款Android应用和295万款iOS应用，以及621万个微信公众号和360万个微信小程序。2.5%的App会存在疑似盗版或恶意程序问题，随着监管法规的完善及检测技术的发展，目前正规下载渠道中出现盗版或恶意程序的情况是比较少见的，主要集中在第三方应用商店，尤其是那些小型的、不太知名的平台。

3. 安全问题的严重性：报告强调了移动应用中存在的安全问题不容忽视，尤其是对于那些含有高危漏洞的应用，需要采取紧急措施进行修复，以防止可能的安全风险。

移动应用大数据平台通过对部分境外 SDK 触发的敏感行为分析，共发现 54418 款应用嵌入的境外 SDK 存在敏感行为。具体来看，"监听通话状态"这一行为占比最高，为48.2%；排名第二的是"监听定位"，占比 40.7%；排名第三的是"获取电话号码"，占比为 23.9%。

在数字化时代，个人信息被大量收集和存储，如果数据安全得不到保障，个人隐私就可能被泄露，导致严重的后果，如身份盗窃、诈骗等，数据安全的重要性不容忽视，需要个人、企业、政府等多方共同努力，采取有效措施来保障数据安全。

综上所述，该报告通过全面观测 2023 年上半年全国移动应用的安全状况，提供了对恶意应用、漏洞扫描、SDK 安全等方面的深入分析。这些数据不仅为移动应用开发者提供了重要的安全指导，也为用户选择和使用移动应用提供了参考。随着移动应用数量的不断增加，确保应用的安全性对于保护用户隐私和数据安全至关重要。开发者应当加强应用的安全防护措施，而用户则应提高警惕，避免下载来源不明或安全性未知的应用。

（资料来源：网络资料整理）

相关知识

一、手机病毒的定义与特点

（一）手机病毒

手机病毒也是一种计算机程序，和其他计算机病毒（程序）一样有传染性、破坏性。手机病毒可利用发送短信、彩信、电子邮件，浏览网站，下载铃声等方式进行传播。手几病毒可能会导致用户手机死机、关机、资料被删除，向外发送垃圾邮件，拨打电话等，甚至还会损毁 SIM 卡、芯片等硬件。普遍接受手机病毒的定义是：以手机为感染对象，以计算机网络和移动通信网络为传播平台，通过病毒短信、邮件等形式攻击手机，从而造成手机或移动通信网络异常的一种新型病毒。

（二）手机病毒特点

手机病毒属于计算机病毒的种，几乎具备了计算机病毒的所有特性。手机病毒主要有以下几个特点：

1. 传染性

病毒通过自身复制感染正常文件，即病毒程序必须被执行之后才具有传染性，继而感染其他文件，达到破坏目标正常运行的目的。

2. 隐蔽性

隐蔽性是手机病毒最基本的特点。经过伪装的病毒母程序还可能被用户当作正常的程序而运行，这也是病毒触发的一种手段。

3. 潜伏性

一般病毒在感染文件后并非立即发作，多隐藏于系统中，只有在满足特定条件时才启动其表现（破坏）模块。

4. 可触发性

病毒如未被激活，则会潜伏于系统之中，不构成威胁。一旦遇到特定的触发事件，则能够立即被激活且同时具传染性和破坏性。

5. 针对性

一种手机病毒并不能感染所有的系统软件或应用程序，其攻击方式往往具有较强的针对性。

6. 破坏性

任何病毒侵入目标后，都会不同程度地影响系统正常运行，如降低系统性能、过多地占用系统资源、损坏硬件甚至造成系统崩溃等。

7. 表现性

无论何种病毒被激活以后，都将会对系统的运行、软件的使用、用户的信息等进行不同程度针对性破坏。病毒程序的表现性或破坏性体现了病毒设计者的真正意图。

8. 寄生性

病毒嵌入载体中依载体而生，当载体被执行时病毒程序也同时被激活。然后进行复制和传播。

9. 不可预见性

和计算机病毒相类似，手机病毒的制作技术也在不断地提高，从病毒检测方面来看，病毒对反病毒软件来说永远是超前的。

二、手机病毒分类

根据手机病毒的来源和传播机理的不同，当前的手机病毒可以划分为以下四大类：

（1）蠕虫型病毒。蠕虫型病毒是一种通过网络自我传播的恶性病毒，它最大的特性就是利用操作系统和应用程序所提供的功能主动进行攻击，如"卡比尔"和 Iasco.A 病毒等都是蠕虫病毒，它们会感染手机系统中的文件，并通过无线通信信道对附近手机扫描，发现漏洞手机后，病毒就会自我复制并发送到该手机上。因此，蠕虫病毒可以在短时间内通过蓝牙或短信的方式蔓延至整个网络，造成用户财产损失和手机系统资源的消耗。

（2）木马型病毒。木马型病毒也叫后门病毒，其特点是运行隐蔽、自动运行和自动恢复——能自动打开特别的端口传输数据。随着当前黑客组织越来越商业化，其开发目的从最初的炫耀技术演变成现在的贩卖从手机中盗取的个人或商业信息，因此手机用户面临的隐私泄露的风险也越来越大。目前较常见的手机木马程序有 Pbstealer 病毒（通信录盗窃犯）、Commwarrior 病毒（彩信病毒）等。

（3）感染型病毒。感染型病毒的特征是将其病毒程序本身植入其他程序或数据文件中，使文档膨胀，以达到散播传染的目的。传播手段一般使用网络下载、资源拷贝。这种破坏用户数据的病毒难以清除。

（4）恶意程序型病毒。恶意程序型病毒专指对手机系统软件进行软件硬件破坏的程序，常见的破坏方式就是删除或修改重要的系统文件或数据文件，造成用户数据丢失或系统不能正常运行启动。典型的例子有导致手机自动关闭的移动黑客（Hack. mobile. msdos），导致手机工作不正常的 Moblk SMSDOS 病毒。

三、手机病毒危害

（1）对手机终端的危害。随着移动宽带网的发展，手机涉及的功能和范围也越来越广，包括各种付费业务及手机银行等安全性要求比较高的业务，因此，手机病毒一旦爆发，会对人们造成很大的影响和损失，目前的手机病毒对终端的影响主要包括以下三个方面：

①消耗手机内存或修改手机系统设置，导致手机无法正常工作。如"卡比尔"病毒就能通过手机的蓝牙设备传播病毒。发作时，屏幕上会显示"Caribe-VZ/29a"字

样，中毒手机的电池将耗尽、蓝牙功能丧失。

②窃取手机上保存的机密数据，或修改、删除和插入移动终端中的数据，破坏数据的真实性和完整性。近年来，随着智能手机逐步进入普通消费者的视野，越来越多的人将把手机作为存储个人信息的重要载体，使其不可避免地成为黑客的攻击对象。

③控制手机进行强行消费导致机主通信费及信息费用剧增。有的病毒能控制手机用户在本人不知情的情况下恶意群发一些违法短信，甚至个别短信诱导客户进行欺诈性订阅和消费，造成用户手机费用的损失或流失。

（2）对移动网络的危害。手机病毒也会想计算机病毒一样，向整个网络发起攻击，攻击类型主要分为以下两种：

①攻击和控制通信"网关"，向手机发送垃圾信息，或者足以其他方式，致使手机通信网络运行瘫痪。手机通信网中的"网关"是有线网络与无线网络间的纽带，作用就像互联网中的网关、路由器等设备一样。手机病毒可以利用网关漏洞对手机网络进行攻击，使手机不能正常工作，甚至向其他手机用户批量发送垃圾短信。

②攻击 WAP 服务器。随着第三代移动通讯的发展，用户可以通过手机办理缴费、银行、购物等业务，手机病毒将会利用手机的各种方式发起对移动网络的攻击。然后就是利用协议中的漏洞攻击网络，通过发送大量的垃圾数据，消耗无线资源，使正常业务被拒绝。

四、手机杀毒软件

1. 腾讯手机管家

腾讯手机管家是一款完全免费的手机安全与管理软件，以成为"手机安全管理软件先锋"为使命，在提供病毒查杀、骚扰拦截、软件权限管理、手机防盗等安全防护的基础上，主动满足用户流量监控、空间清理、体检加速、软件管理等高端化、智能化的手机管理需求，更有"管家安全登录 QQ""秘拍""小火箭释放内存"等特色功能，让手机安全无忧。

图 3-1　腾讯手机管家

2.360 手机卫士

360 手机卫士是一款免费的手机安全软件，集防垃圾短信、防骚扰电话、防隐私泄漏、对手机进行安全扫描、联网云查杀恶意软件、软件安装实时检测、流量使用全掌握、系统清理手机加速、归属地显示及查询等功能于一身；带来全方位的手机安全及隐私保护，是手机的必备软件。

3. 金山手机卫士

金山手机卫士是金山安全软件有限公司研发的一款手机安全产品。通过关闭运行中软件、卸载已安装软件、清理垃圾文件、清理短信收发件箱等加快手机运行速度；通过检查系统漏洞、扫描风险软件、检查扣费记录等解除您的手机安全隐患，保证手机及话费安全；同时还提供包括系统信息查看、进程管理、重启手机、内存压缩等实用功能。

4.LBE 安全大师

LBE 安全大师，Android 平台上首款主动式防御软件，也是第一款具备实时监控与拦截能力的安全软件。LBE 安全大师基于业界首创的 API 拦截技术，能够实时监控与拦截系统中的敏感操作，动态拦截来自已知和未知的各种威胁，避免各类吸费软件、广告软件乃至木马病毒窃取手机内的隐私信息以及可能产生的经济损失。LBE 安全大师同时提供了强大的定制功能与完善的提示机制，可以精确控制系统中每一个应用的权限，同时不放过任何一次可疑的操作。对于没有获取 root 权限的用户，依旧可以使用流量控制、电话短信防火墙、手机杀毒、系统优化清理等功能。

5. 百度安全管家

百度安全管家是百度免费为用户提供一款手机安全应用软件。采用国际领先的TrustGo 杀毒引擎（av-test 杀毒引擎测试第一名），有效防止扣费、偷跑流量等问题。高效骚扰拦截引擎，精准识别垃圾短信，同时还提供一键体检、手机加速、流量监控等防护功能。

五、常见手机病毒

1.CCa tx A 天下系列

在天下宠物、天下社区等地方容易出现。该系列木马会私自对外发送一条注册短信，短信内容包含 IMSI 以及渠道标识。危害为：用户毫不知情下，造成资费消耗。

2. MLC gy A 至酷壁纸系列

在万花筒动态壁纸、星系动态壁纸、圣诞节动态壁纸等壁纸中容易出现。该系列木马私自对外向多个号码发送大量短信。危害为：恶意消耗资费。

3. CCRa A

在动感美女壁纸、海贼王精彩拼图、性感车模看看等地方容易出现。该系列木马私自创建其推广软件下载链接的桌面快捷方式，并私自联网下载安装。危害为：误导用户下载安装，造成资费消耗。

4. MDa mj A

在 3D 炫动魔方、iCalendar 等中容易出现。该系列木马私自发送短信订制 SP 业务，屏蔽运营商回执过来的短信。危害为：恶意订制付费业务，造成资费消耗。

5. MDRa kj A 万阅公寓系列

在金屋藏娇、携美江湖行、绝代兵痞等中容易出现。该系列木马私自定制 SP 业务，联网下载恶意指令，进行恶意扣费。危害为：多重订制付费业务，造成资费大量消耗。

6. PSCa sb A

在抢占海岛、细胞大战、钻石迷情、拉灯、疯狂打地鼠、扫雷等游戏中容易出现。该系列木马表现为：电话信号强度变强，电量变化快，开机自启三个广播接收后启动服务 UpdateServic，执行恶意行为：危害为尝试获取 ROOT 权限，私自下载并安装流氓软件，消耗用户的手机流量，窃取用户的隐私资料。

7. MSP lx C

在冷血狙击、坦克大战、疯狂骑士、极品美女等游戏中容易出现。该系列木马开机自启，短信电话监控，电话状态改变，打出电话接收到四个广播后启动服务 zjService，执行恶意行为。危害为：私自联网下载流氓软件，安装流氓软件，窃取用户的短信内容和通话记录以及手机信息，通过联网上传到木马服务器。

六、手机病毒防治

为了防范手机病毒带来的危害，需要手机用户、移动通信运营商、手机制造商和安全软件生产商的共同努力。结合这四个方面，提出以下具体的可操作性防御策略建议：

1. 手机用户。作为手用户要提高安全防范意识，可以从以下五个方面来预防手机病毒：

（1）留意一些乱码电话、未知短信和彩信等手机异常情况。尽量从安全和信誉好的网站下载软件、信息等，下载完毕后最好进行病毒查杀后再打开或安装。

（2）目前手机传输数据的主要方式包括数据线、存储卡、红外线、蓝牙、Wi-Fi等。其中数据线和存储卡属于接触性传输，需要确保接触源的安全性，防止交叉感染。

（3）红外线和蓝牙是短距离传输，如果不常用这些连接，尽量将它们关闭。需要注意数据来源的可信性，因此不要接受未知的连接请求，更不要打开其发来的文件、图片和软件等。另外，蓝牙和 Wi-Fi 拥有保护措施，可以有效防范未授权的数据进入手机，如蓝牙可以设置连接认证的 PIN 码，Wi-Fi 可以设置更复杂的访问密码。

（4）尽量使用支持 WPA 标准的 Wi-Fi，这是一种通过软件实现的安全机制，它能提供更强大的加密和认证机制。

（5）安装手机杀毒软件和防火墙，及时更新病毒库，并对所有与外部的数据通信做好系统日志以供安全审计。

2. 移动通信运营商。由于手机病毒的传播方式是依靠网络，手机的杀毒重点应放在网络层面，最直接有效的办法是让网络运营商进行网络杀毒。国内少数反病毒专家认为，手机防病毒应该由网络运营商牵头，如果缺少网络运营商的防御环节，仅有防病毒厂商和手机终端厂商，仍然存在安全隐患。

3. 手机制造商。主要包括：

（1）作为手机制造商，可以为用户提供手机固件或者操作系统升级服务。通过对漏洞的修补来提高防范病毒的能力。

（2）手机终端厂商希望通过系统对第三方软件进行认证的方式来提高安全性。

（3）手机在出厂之前，在内部捆绑反病毒软件，为用户提供最基本的安全服务。用户可以通过 WAP、蓝牙、彩信、红外、数据传输等形式随时将软件进行升级，从而保证自己手机的安全性。

4、安全软件生产商。主要包括：

（1）结合手机的特点，推出更有效的手机反病毒软件，能针对手机进行全面快速的病毒扫描和准确的实时监控，保护用户的智能手机以及所存储数据的安全。

（2）将存储卡或手机直接与 PC 相连，利用 PC 上的杀毒软件进行查杀操作。其优点是 PC 上的杀毒软件功能全面，查杀能力强，可以彻底完全地清除系统内的病毒；其缺点是不能实时查杀。

（3）提供无线网络在线杀毒，能够较好地做到杀毒能力和实时查杀的兼顾。

任务实施

1. 在手机上安装一个安全软件（以 360 手机安全卫士为例）。

2. 熟悉安全软件的功能：杀毒、话费流量、骚扰拦截、防吸费、清理加速、支付保镖、隐私空间、手机备份、手机防盗等。

3. 对手机进行病毒查杀。

4. 查看手机的哪些应用程序在访问通信录、短信、通话记录、摄像头、数据网络、无线局域网等。

5. 隐私空间密码设置。

6. 手机防盗设置。

项目总结

本项目分析了移动电子商务中的安全威胁来自：无线网络自身的安全问题，移动设备的不安全因素，软件病毒造成的安全威胁，移动商务平台运营管理漏洞造成的安全威胁，移动商务应用相关法律和制度不健全。移动电子商务的安全性要求主要表现在：信息保密性，交易者身份的确定性，不可否认性，不可修改性。并根据安全威胁制定了一些安全策略。能够学会如何进行安全认证，学会这些认证技术如何运用。了解手机病毒的种类，学会如何使用手机安全软件进行手机安全的技术防范。

做一做练一练

1. 简述移动电子商务中的安全威胁来自哪些方面？

2. 移动电子商务的安全防范中有哪些安全策略？

3. 简述移动认证技术有哪些？

4. 手机病毒有哪些类型，并举例说明？

5. 简述如何进行手机病毒的防治。

项目四　移动支付

知识目标：通过本项目的学习，掌握移动支付的概念和发展趋势，学会移动电子支付基本模式的应用，了解支付过程中的认证和安全防范技术。

能力目标：学会移动支付（如手机银行、微信钱包）的开通与使用。

项目导入

优化外籍人员来华移动支付服务

移动支付得到了广泛应用，且已经成为我国众多消费者日常的主要支付方式，支付环境不断优化，也让很多外籍游客有了更好消费体验。

2023 年国务院办公厅印发的《关于释放旅游消费潜力推动旅游业高质量发展的若干措施》提出，提高入境游客使用境外银行卡及各类电子支付方式便捷程度以及外币兑换便利性。2023 年 3 月，国务院办公厅印发《关于进一步优化支付服务提升支付便利性的意见》，在改善银行卡受理环境、优化现金使用环境、提升移动支付便利性等方面提出要求。

在中国人民银行、国家外汇管理局的支持和指导下，自 2023 年以来，支付宝、财付通携手商业银行、清算机构、卡组织陆续落地系列优化举措，一方面推动"外卡内绑"，境外银行卡可绑定支付宝或微信在国内商户消费；另一方面支持"外包内用"，越来越多境外电子钱包可在国内使用。

目前，外国友人可以使用他们已有的境外手机号、银行卡号等，在华开通移动支付。中国银联已与近 200 个境外钱包进行互通，支持如 K PLUS（泰国）、Naver Pay（韩国）、GoPayz（马来西亚）等境外钱包使用者在中国境内便捷消费。支付宝、财付通等已引进 13 个境外钱包，如 Touch'n Go eWallet（马来西亚）、Kakao Pay（韩国）、

HiPay（蒙古国）、Changi Pay（新加坡）等。此外，支付宝和微信外卡支付均已实现将外籍来华人员使用移动支付的单笔交易限额由 1000 美元提高到 5000 美元、年累计交易限额由 1 万美元提高到 5 万美元。

注册和认证流程更加简化。以微信支付为例，境外用户首次开通使用时，可在仅绑定外卡的情况下，在一定额度内直接进行免认证小额支付。后续，用户可选择完善实名认证，提高交易额度。针对外国人姓名格式特点，微信支付支持多种格式兼容。当用户需要更改相关认证信息时，无须注销原有实名账户即可对主要信息进行修改，并支持通过客服、人脸验证等方式，进行快捷重置密码等安全操作。财付通在今年春节前夕推出分层核验方案，境外人士仅需提交简单的身份信息即可直接绑定外卡，在一定额度以内可在大多数生活场景支付。

更多细节服务在优化。3 月 18 日，支付宝 App 试点上线多种语言翻译服务，从原有中英两种语言拓展至 16 种语言，翻译服务可以应用于支付宝 App 内的打车、订酒店、预订景点门票、乘坐公交车、汇率查询等场景。支付宝相关负责人表示，未来将以境外来华游客使用的高频场景为重点，引入更多面向外籍用户的专属服务；同时扩大服务覆盖，接入更多卡组织和境外电子钱包，让更多外籍来华游客可以使用本国的电子钱包在中国境内扫码付款。

提升外籍人士支付便利性是一项系统工程，需要多个部门、多种力量密切配合，共同推进。北京市正在推动全市重点商圈、景点、公园、酒店等重要场景的外卡受理能力升级改造，并建立首都国际机场和大兴国际机场境外来宾支付服务示范区。两大机场共有银行网点 5 家，兑换特许机构网点 7 家，大兴机场还设置了微信刷掌支付录入设备。运行一个多月以来，示范区累计办理业务超过 7 万次。

上海市门户网站专门设立专题，汇总关于外籍人士支付的相关信息，方便用户在短时间内找到所需内容。点击网页，第一栏便是"如何像本地人一样支付"，包含英文版视频和文字解释，步骤清晰。上海市还部署推动三星级及以上酒店、3A 级及以上旅游景区等场所开通外卡 POS 机，优化境外游客支付服务。

浙江省自 2023 年 11 月启动实施境外人员支付便利化工程，着力创建一批优质服务区，探索一批创新应用，开展一系列主题宣传。截至 2023 年 2 月底，全省可受理境外个人移动支付的商户已达 256 万户。

思考： 你如何看待移动支付在中国乃至全世界的飞速发展？

［资料来源：《人民日报》（海外版）］

项目实施

任务一　移动支付系统分析

任务目标

1、理解移动支付的概念，特点与分类，了解移动支付的发展历程；

2、掌握移动支付的基本要素、基本模式、架构。

相关知识

一、移动支付概述

（一）移动支付定义

移动支付是近几年发展起来的技术与业务，根据阐述角度的不同，相关行业、组织给予其的定义与解释也各有不同。根据 2002 年"移动支付论坛"（Mobile Payment Forum）的说法，移动支付就是交易双方使用移动设备转移货币价值以清偿获得商品和服务的债务。这是一种依靠短信、HTTP、WAP 或 NFC 等无线方式完成支付行为的新型支付方式。移动支付所使用的移动终端可以是手机、PDA、移动 PC 等，目前手机是主要的移动支付终端，因此，也有人把移动支付称为手机支付。另外一种定义认为，移动支付是电子支付的一种方式，是指交易双方为了某种货物或者服务，使用移动终端设备为载体，通过移动通信网络或者 NFC 实现的商业交易，它属于移动电子商务的范畴。移动支付是移动终端由通信工具变成信用支付工具的一种功能性的扩展，同时也是移动电子商务过程实现的一种价值体现。

本书对移动支付的定义为，移动支付（Mobile Payment）也称为手机支付，是指交易双方为了某种货物或者服务，使用移动终端设备为载体，通过移动通信网络实现的商业交易。单位或个人通过移动设备、互联网或者近距离传感直接或间接向银行金融机构发送支付指令产生货币支付与资金转移行为，从而实现移动支付功能。移动支付将终端设备、互联网、应用提供商以及金融机构相融合，为用户提供货币支付、缴费等金融业务。移动支付主要分为近场支付和远程支付两种。所谓近场支付，就是用手机刷卡的方式坐车、买东西等，很便利；远程支付是指通过发送支付指令（如网银、电话银行、手机支付等）或借助支付工具（如通过邮寄、汇款）进行的支付方式，如掌中付推出的掌中电商、掌中充值、掌中视频等属于远程支付。

（二）移动支付特点

移动支付属于电子支付方式的一种，因而具有电子支付的特征，但因其与移动通信技术、无线射频技术、互联网技术相互融合，又具有自己的特点：

1. 移动性

随身携带的移动性，消除了距离和地域的限制。结合了先进的移动通信技术的移动性，随时随地获取所需要的服务、应用、信息和娱乐。

2. 及时性

不受时间地点的限制，信息获取更为及时，用户可随时对账户进行查询、转账或进行购物消费。

3. 定制化

基于先进的移动通信技术和简易的手机操作界面，用户可定制自己的消费方式和个性化服务，账户交易更加简单方便。

4. 集成性

以手机为载体，通过与终端读写器近距离识别进行的信息交互，运营商可以将移动通信卡、公交卡、地铁卡、银行卡等各类信息整合到以手机为平台的载体中进行集成管理，并搭建与之配套的网络体系，从而为用户提供十分方便的支付以及身份认证渠道。移动支付业务是由移动运营商、移动应用服务提供商（MASP）和金融机构共同推出的、构建在移动运营支撑系统上的一个移动数据增值业务应用。移动支付系统将为每个移动用户建立一个与其手机号码关联的支付账户，其功能相当于电子钱包，为移动用户提供了一个通过手机进行交易支付和身份认证的途径。用户通过拨打电话、发送短信或者使用 WAP 功能接入移动支付系统，移动支付系统将此次交易的要求传送给 MASP，由 MASP 确定此次交易的金额，并通过移动支付系统通知用户。在用户确认后，付费方式可通过多种途径实现，如直接转入银行、用户电话账单或者实时在专用预付账户上借记，这些都将由移动支付系统（或与用户和 MASP 开户银行的主机系统协作）来完成。

（三）移动支付的发展历程

最早在 1999 年，中国移动与中国工商银行、招商银行等金融部门合作，在广东等一些省市开始进行移动支付业务试点。2002 年，中国移动在广州即开始小额移动支付的试点。2004 年银联也常常开展以手机和银行卡绑定的移动支付合作。2006 年中国移动在厦门启动近场支付的商用试验。2008 年近场支付试点扩大到长沙、广州、上海、重庆。2010 年银联联合工商银行、农业银行、建设银行、交通银行等 18 家商业银行，以及中国联通、中国电信两家电信运营商，及部分手机制造商共同成立"移动支付产业联盟"。2011 年 6 月，央行下发第三方支付牌照，银联、支付宝、银联商务、财付通、快钱等获得许可证，但由于支付标准不统一等原因，国内的移动支付一直没有大规模推广。2012 年 6 月 21 日，中国移动与中国银联签署移动支付业务合作协议，标志着中国移动支付标准基本确定为 13.56MHz 标准。标准的统一，使阻碍移动支付发展的技术分歧去除。

三大运营商纷纷成立了移动支付公司：中国移动于 2011 年 7 月成立中国移动电子商务有限公司，中国联通于 2011 年 4 月组建了联通沃易付网络技术有限公司，中国电信 2012 年 3 月成立天翼电子商务有限公司。2011 年 12 月三大运营商移动支付子公司同时获得了央行颁布的支付业务许可证，运营商在开发移动支付产品和推广上的积极性得到提升。

移动终端和移动电子商务的发展是移动支付迅速发展的重要前提。2011 年中国移动电子商务市场交易规模为 156.7 亿元，同比增长 609%；预计 2012 年中国移动电子商务市场规模将达到 251.5 亿元，到 2015 年将达到 1046.7 亿元。随着移动终端的普及和移动电子商务的发展，业界也纷纷看好移动支付市场的发展前景。

2011 年中国移动支付市场发展迅速，全年交易额规模达到 742 亿元，同比增长 67.8%；移动支付用户数同比增长 26.4%，至 1.87 亿户。易观智库预计未来 3 年移动支付市场将保持快速发展，2014 年交易规模将达到 3850 亿元，用户数将达到 3.87 亿户。2011 年之后移动互联网和移动电子商务的普及率提高，不仅为移动支付提供了广阔的商用平台，更培养了用户网上支付的消费习惯，是移动支付市场爆发的重要催化剂。

智能手机普及率提高，支持移动支付发展的硬件条件逐步具备。随着 3G 技术的兴起和发展，带来了移动电子商务的兴起，使手机成为更便捷的交易终端。最近几年，中国互联网高速发展普及率不断提高，为电子商务的高速发展打下了最坚实的基础。随着网上商务活动的不断发展壮大，需要政策法规来规范网上市场的发展，国家也在这几年不断出台政策及相关法律来规范网上市场，如《电子签名法》。

根据 2014 年的数据，第三方支付的移动支付市场仍是支付宝钱包一家独大，份额达到 79.26％，在应用内支付市场，支付宝也以 66.82％的份额领跑，表面风光，但其实两个市场都不稳固。2018－2019 年相继出台《条码支付业务规范（试行）》《条码支付受理终端监测规范》和《条码支付移动客户端软件监测规范》三部文件，对条码生成和受理、条码支付标准、条码支付业务的风险管理等相关内容进行规定，加强条码支付监督。2019 年 4 月和 12 月分别发布了《支付机构外汇业务管理办法》与《关于规范代收业务的通知（征求意见稿）》，对支付机构特定业务边界进行界定，监管机构不断出台新规，针对第三方支付的业务范围、支付限额等各方面的规定更加明确，提高了支付行业的安全性，规范了第三方支付的市场行为，为第三方支付行业的合规化发展夯实了基础。

（四）移动支付分类

1. 按支付类型分类

（1）按用户支付的额度，可以分为微支付和宏支付。

①微支付：根据移动支付论坛的定义，微支付是指交易额少于 10 美元，通常是指购买移动内容业务，例如游戏、视频下载等。

②宏支付：宏支付是指交易金额较大的支付行为，例如在线购物或近距离支付（微支付方式同样也包括近距离支付，例如交停车费等）。

（2）按完成支付所依托的技术条件，可以分为近场支付和远程支付。

①远程支付：指通过移动网络，利用短信、GPRS 等空中接口，和后台支付系统建立连接，实现各种转账、消费等支付功能。

②近场支付：是指通过具有近距离无线通信技术的移动终端实现本地化通信进行货币资金转移的支付方式。

（3）按支付账户的性质，可以分为银行卡支付、第三方支付账户支付、通信代收费账户支付。

①银行卡支付就是直接采用银行的借记卡或贷记卡账户进行支付的形式。

②第三方支付账户支付是指为用户提供与银行或金融机构支付结算系统接口的通道服务，实现资金转移和支付结算功能的一种支付服务。第三方支付机构作为双方交易的支付结算服务的中间商，需要提供支付服务通道，并通过第三方支付平台实现交易和资金转移结算安排的功能。

随着智能移动终端的高速发展普及，以及金融脱媒趋势的日益强化，传统金融正遭受前所未有的冲击，以 P2P、众筹模式、第三方支付为核心的互联网金融新兴产业正在逐渐形成。有分析机构认为，纵观乐富支付的战略布局，在移动支付领域，乐富支付仍然沿袭其一贯走行业发展的路线，通过手机刷卡器等移动支付产品与其他互联网支付、pos 收单等原有支付产品在行业拓展和企业服务过程中形成良好的协同效能。特别是其将要推出的移动支付产品，都是以中小微企业需求为核心，这与大洋彼岸的 Square 模式和成长路径有异曲同工之处。

③通信代收费账户是移动运营商为其用户提供的一种小额支付账户，用户在互联网上购买电子书、歌曲、视频、软件、游戏等虚拟产品时，通过手机发送短信等方式进行后台认证，并将账单记录在用户的通信费账单中，月底进行合单收取。

（4）按支付的结算模式，可以分为及时支付和担保支付。

①及时支付是指支付服务提供商将交易资金从买家的账户即时划拨到卖家账户。一般应用于"一手交钱一手交货"的业务场景（如商场购物），或应用于信誉度很高的 B2C 以及 B2B 电子商务，如首信、yeepal、云网等。

②担保支付是指支付服务提供商先接收买家的货款，但并不马上就支付给卖家，而是通知卖家货款已冻结，卖家发货；买家收到货物并确认后，支付服务提供商将货款划拨到卖家账户。支付服务商不仅负责资本的划拨，同时还要为不信任的买卖双方提供信用担保。担保支付业务为开展基于互联网的电子商务提供了基础，特别是对于没有信誉度的 C2C 交易以及信誉度不高的 B2C 交易。做得比较成功的是支付宝。

（5）按用户账户的存放模式，可分为在线支付和离线支付。

①在线支付是指用户账户存放在支付提供商的支付平台，用户消费时，直接在支付平台的用户账户中扣款。

②离线支付是用户账户存放在智能卡中，用户消费时，直接通过 POS 机在用户智能卡的账户中扣款。

2. 支付方式

随着技术的发展支付方式越来越多。

（1）短信支付

手机短信支付是手机支付的最早应用，将用户手机 SIM 卡与用户本人的银行卡账号建立一种一一对应的关系，用户通过发送短信的方式在系统短信指令的引导下完成交易支付请求，操作简单，可以随时随地进行交易。手机短信支付服务强调了移动缴费和消费。

（2）二维码支付

二维码支付是一种基于账户体系搭起来的新一代无线支付方案。在该支付方案下，商家可把账号、商品价格等交易信息汇编成一个二维码，并印刷在各种报纸、杂志、广告、图书等载体上发布。

用户通过手机客户端扫拍二维码，便可实现与商家账户的支付结算。最后，商家根据支付交易信息中的用户收货、联系资料，就可以进行商品配送，完成交易。同时，由于许多二维码扫码工具并没有有恶意网址识别与拦截的能力，腾讯手机管家的数据显示，这给了手机病毒极大的传播空间，针对在线恶意网址、支付环境的扫描与检测来避免二维码扫描渠道染毒。

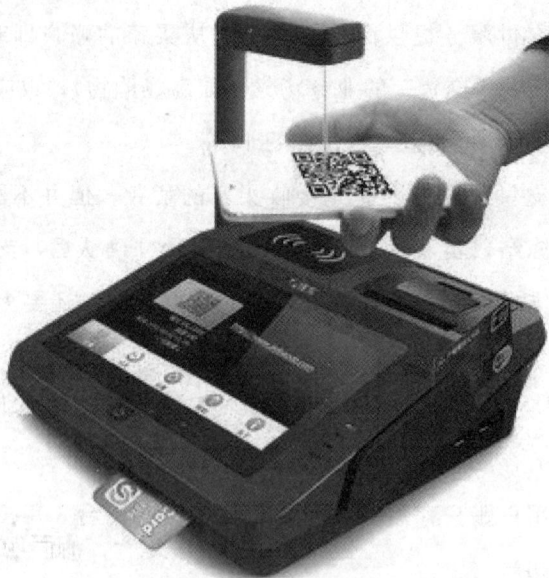

图 4-1　二维码支付

（3）指纹支付

指纹支付即指纹消费，是采用目前已成熟的指纹系统进行消费认证，即顾客使用指纹注册成为指纹消费折扣联盟平台会员，通过指纹识别即可完成消费支付。

（4）声波支付

声波支付是利用声波的传输，完成两个设备的近场识别。其具体过程是，在第三方支付产品的手机客户端里，内置有"声波支付"功能，用户打开此功能后，用手机麦克风对准收款方的麦克风，手机会播放一段"咻咻咻"的声音。

（5）"刷脸"支付

"刷脸"支付系统是一款基于脸部识别系统的支付平台，它于 2013 年 7 月由芬兰创业公司 Uniqul 在全球首次推出。该系统不需要钱包、信用卡或手机，支付时只需要面对 POS 机屏幕上的摄像头，系统会自动将消费者面部信息与个人账户相关联，整个交易过程十分便捷。人脸识别与指纹识别、掌纹识别、视网膜识别、骨骼识别、心跳识别等都属于人体生物特征识别技术，都是随着光电技术、微计算机技术、图像处理技术与模式识别等技术的快速发展应运而生的。其特点是可以快捷、精准、卫生地进行身份认定；具有不可复制性，即使做了整容手术，该技术也能从几百项脸部特征中找出"原来的你"。人脸识别系统在世界上的应用已经相当广泛，在中国就已广泛地应用于公安、安全、海关、金融、军队、机场、边防口岸、安防等多个重要行业及领域，以及智能门禁、门锁、考勤、手机、数码相机、智能玩具等民用市场。

二、移动支付基本要素

移动支付的本质是支付服务提供商通过合适的支付渠道为买家购买服务或商品而将资金从买家的账户划拨到卖家账户。移动支付和电子支付同样主要包括了四个要素：买家和卖家的资金账户、资金安全、支付接入渠道和支付应用。因此，开展移动支付服务，首先必须回答以下四个问题：要服务于什么类别的支付应用？可以使用哪些支付账户？可以向用户提供哪种支付渠道？如何保障支付安全？

（一）支付账户

电子支付本质上就是资金在不同账户间的转移，资金从哪里来，到哪里去，这是电子支付业务最关键的问题，因此支付账户是开展支付业务的核心。一般可用的支付账户包括以下五类：

1. 银行账户

银行账户包括借记卡、信用卡、存折等账户，拥有庞大的资金，是支付业务最重要的资金来源，任何做支付业务的服务商都难以绕开银行账户。

2. 第三方支付账户

支付服务提供商为摆脱银行账户资金调度灵活性方面的制约，建立自己的电子货币账户体系（如支付宝等）。这类电子货币账户上的资金一般与人民币等值，具有全业务的支付能力，由于支付服务商可完全掌控自建的电子货币账户上的资金，有利于其提供灵活的支付业务模式；资金可通过银行转账到电子货币账户，有的电子货币账户甚至可以再转回银行，本质上已类似银行账户。

3. 积分账户

运营商或各服务提供商（如航空公司、连锁超市等）为使用其业务或购买其商品的用户赠送积分，拥有积分的用户也同时拥有运营商或服务提供商的某种权益，如可获取某些类型的商品、换取礼品、联盟商家购物时抵扣一定的金额等。因此，积分从某种意义上来讲也可当成一种外部支付账户。其特点是不能直接当现金使用，只能在特定的应用范围内使用，通常需要配合适当的营销策略。

4. 离线钱包账户

该账户不与后台账务系统实时交互，是直接记录在某种载体上（如集成 RFID 芯片的手机或其他移动终端）的电子货币。其特点是能充分利用庞大的移动终端的用户群，以及移动终端随身携带的特性，快速发展支付用户；支付过程中不需要与后台系统实时交互。适用于公交、商店、电影票、彩票等小额近距离支付业务。

5. 运营商的通信账户（如固话、手机、宽带上网账户等）

通信账户代收费是电信运营商特有的电子支付模式，可充分运用运营商庞大的用户群以及已经建立的缴费渠道，为其他支付应用提供代收费服务，从中获取收益。

（二）支付应用

服务于特定的支付应用以获取收益是开展移动支付业务的目标，移动支付业务提供的资金转移一定是为某项商业活动服务的。移动支付服务必须建立支付业务管理平台，实现与商户（卖家）系统的交互，协助商户完成交易，并提供对账、结算等服务。根据支付应用的不同，移动支付服务提供的形式和模式都不尽相同。按应用类型分，移动支付业务可分为以下四类：

1. 互联网虚拟服务购买

为虚拟服务提供商的虚拟产品或服务（包括电信增值业务、互联网服务等）提供支付，不涉及实物交易。虚拟服务购买业务的支付商户一般是各类内容应用服务提供商（SP），典型的业务有虚拟点卡、影视下载、会员包月、软件许可购买等。

2. 公共事业充值缴费

向某个特定账户中转移一笔资金，用于清缴因为使用某种业务或服务已经发生的费用（缴费）；或预存一笔资金，为以后使用某种业务或服务付费（充值）。充值缴费类业务资金通常的用途明确，支付商户一般是服务面广泛、用户需要定期缴费的大型企业或事业单位。典型业务有电信业务充值缴费、公共事业缴费（水、电、燃气等）。

3. 线上和线下实物购买

为网上购物或者实体店购物，提供非现金的电子支付，将资金从买家的账户划拨到卖家的账户。

4. 离线钱包支付

主要用于公交、士多店一些小额快速的支付场合。

（三）支付渠道

支付渠道指发送和接收支付指令的场所和方式，是开展移动支付业务的基础。支付渠道有以下五类：

1. 互联网支付渠道

使用互联网的方式操作支付账户，为特定的业务完成支付，多服务于互联网虚拟服务购买类业务，是目前支付渠道的主流。

2. 固定终端支付渠道（不包括归属银行业务的银行柜员机和传统 POS 机）

固定终端支付渠道（不包括归属银行业务的银行柜员机和传统 POS 机）是用户使用固定的支付终端通过刷卡的方式认证支付账户，为特定的业务完成支付，多服务于账单已形成（如公共事业缴费），或向固定账户充值类的应用（如各类账户的充值服务），服务对象多为拥有大量用户基础的大行业或应用。

3. 移动终端支付渠道

用户使用手机终端，通过 WAP、短信等方式操作支付账户，为特定业务完成支付。

4. 声讯支付渠道

用户拨打声讯电话，通过按键操作和语音提示操作支付账户，为特定业务完成支付。

5. RFID 支付渠道

用户通过近距离射频技术（如 RFID），使用卡片等载体与特殊的机具交互，为特定的应用实现方便快捷的支付，如北京的公交一卡通、广州的羊城通卡等。RFID 渠道可以与移动终端支付渠道结合，如日本的 FeliCa 手机支付模式。

（四）支付安全

移动支付涉及用户和商家资金的转移，保障资金安全是开展移动支付业务的首要前提，用户可知的常用的安全手段主要有：支付密码、数字证书、终端认证（如 USB-KEY、实体卡、手机终端）等。

三、移动支付业务的基本模式

（一）移动支付产业链

从一般的经济规律分析，一个产业的发展和兴盛需要产业链中各个环节准确定位、合理分工，并进行资源的最优配置。对于移动支付业务而言，其产业链由设备制造商、银行、移动运营商、移动支付服务提供商（或移动支付平台运营商）、商业机构、SIM 卡供应商、手机供应商、用户等多个环节组成（如图 4-2 所示）。相对于目前的网上支付而言，移动支付的产业链有自己的一些特点：一是移动支付业务是面向个人用户或者是作为行业应用面向个人用户的，企业用户基本不使用该业务；二是产业链相对复杂，增加了新的产业环节——移动运营商，银行业除了要交纳相应的通道使用费外，还面临着移动运营商的资金吸储和资金沉淀，以及对既得佣金分食的挑战和压力；三是需要增加硬件设施的投入，尤其对提供实体物品的商户来说，投资成本的增加将会在很大程度上影响其投入的积极性。

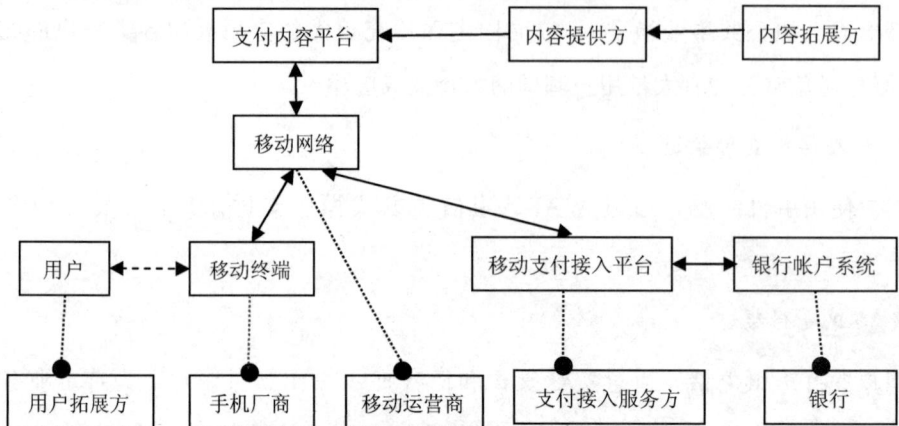

图 4-2　移动支付业务模型

1. 移动运营商

移动运营商的主要任务是搭建移动支付平台，为移动支付提供安全的通信渠道。可以说，移动运营商是连接用户、金融机构和服务提供商的重要桥梁，在推动移动支付业务的发展中起着关键性的作用。目前，移动运营商能提供语音、SMS、WAP 等多种通信手段，并能为不同级别的支付业务提供不同等级的安全服务。在移动支付业务中，移动运营商主要从以下四个方面获得收益：

（1）来自于服务提供商的佣金，比例一般在 3％至 20％之间。例如国内移动运营商从搜狐短信点歌服务费中所提取的佣金比例为 20％。

（2）基于语音、SMS、WAP 的移动支付业务可以给运营商带来数据流量收益。

（3）移动支付业务可以刺激用户产生更多的数据业务需求，促进其他移动互联网业务的发展。

（4）有利于移动运营商稳定现有客户并吸纳新的客户，提高企业竞争力。

2. 银行

作为与用户手机号码关联的银行账户的管理者，银行需要为移动支付平台建立一套完整、灵活的安全体系，保证用户支付过程的安全通畅。显然，与移动运营商相比，银行不仅拥有以现金、信用卡及支票为基础的支付系统，还拥有个人用户、商家资源。银行获得的收益来自五个方面：

（1）手机银行账户上的预存金额，其增加的储蓄额无疑能让银行受益。

（2）每笔移动支付业务的利润分成。

（3）通过移动支付业务，能够激活银行卡的使用。

（4）能有效减少营业网点的建设，降低经营成本。

（5）有助于巩固和拓展用户群，提高银行的市场竞争力。

3. 移动支付服务提供商

作为银行和运营商之间的衔接环节，第三方移动支付服务提供商（或移动支付平台运营商）在移动支付业务的发展进程中发挥着十分重要的作用。独立的第三方移动支付服务提供商具有整合移动运营商和银行等各方面资源并协调各方面关系的能力，能为手机用户提供丰富的移动支付业务，吸引用户为应用支付各种费用。

从欧洲的情况来看，最早出面推广和提供移动支付服务的并不是那些主流的移动运营商，而是像瑞典 Paybox 这样的第三方门户网站。不管用户使用的是哪家移动运营商的服务，也不管其个人金融账号属于哪家银行，只要在这家公司登记注册后，就可以在该公司的平台上享受丰富的移动支付服务。在国内，也已涌现出上海捷银信息技术有限公司、北京泰康亚洲科技有限公司以及广州金中华通讯公司等一批第三方移动支付系统集成和服务提供商，他们都积极致力于整合移动运营商和银行部门的资源，为用户提供移动支付服务。但从目前的情况来看，移动运营商更倾向于做移动支付业务的服务提供商。移动支付服务提供商的收益来源有两块：一是向移动运营商、银行和商户收取设备和技术使用许可费；二是从移动运营商处提取签约用户使用移动支付业务的佣金。

4. 设备终端提供商

移动设备厂商在向运营商提供移动通信系统设备的同时，还推出了包括移动支付业务在内的数据业务平台和业务解决方案，这为运营商提供移动支付业务奠定了基础。从终端的角度来看，如今，具有 STK 功能的 SIM 卡日益普及，而支持各种移动数据业务的手机也被终端厂商不断推向市场，这为移动支付业务的不断发展创造了条件。

（二）移动支付业务模式

当前，移动支付的产业链上的主导力量有移动运营商、金融机构和独立的第三方支付企业等三方，它们在政府指导下对移动支付各种业务模式进行了积极的探索。

1. 移动运营商

近年来，通信行业的市场环境发生了巨大的变化，通信业务的移动化、互联网化趋势越来越明显，电信经营的网络日益通道化、电信服务日益虚拟化，没有网络的公司通过使用网络通道就可以提供越来越多的通信服务，传统运营商被迫转型。中国电信的转型目标是"综合信息服务提供商"，中国移动的转型目标是"移动信息专家"，运营商向信息服务转型的方向非常明确。电信运营商信息服务转型最重要的方向，一是媒体行业，二是电子商务行业。运营商与媒体的融合趋势已越来越明显，而电子支付作为电子商务的核心环节之一，是运营商进入电子商务领域最好的切入点。当移动运营商进入移动支付领域时，移动运营商可以将用户的手机话费账户或专门的小额账户作为移动支付账户，用户所发生的移动支付交易费用全部从用户的话费账户或小额账户中扣减。因此，用户每月的手机话费和移动支付费用很难区分，而且通过这种方式进行的交易也仅限于小额的交易。移动运营商开展的移动支付业务具有如下特点：直接与用户发生关系，不需要银行参与，技术实现简便；运营商需要承担部分金融机构的责任，如果发生大额交易将与国家金融政策发生抵触；无法对非话费类业务出具发票，税务处理复杂。

由于运营商掌握了大量的手机用户资源，因此发展移动支付业务具有很大的优势。此外，运营商掌控通信网络和手机终端、智能卡等资源，并具有遍布全国各地的实体营业厅和大客户营销队伍，这些资源都极大地支撑了运营商发展移动支付业务。但是，运营商发展移动支付业务也面临着缺乏商户规模和受理环境，缺乏电子支付行业经验，金融运营专业人才不足等困难。

2. 金融机构

金融机构掌握了资金交易平台和付款途径，可通过专线与移动通信网络实现互联，将银行账户与手机账户绑定，用户直接通过银行卡账户进行移动支付。移动运营商只为银行和用户提供信息通道，不参与支付过程。当前我国大部分提供手机银行业务的银行（如招商银行、广发银行、工商银行等）都有自己运营的移动支付平台。

由于行业的性质，金融机构在电子支付领域具有天然的优势，主要表现在四个方面。一是作为电子支付行业的主导者，在政策和行业经验上有很大的优势；二是金融机构具有比较健全的金融运营体系，有很丰富的运营经验，进入移动支付的门槛比较低；三是金融机构具有广泛的商户资源和受理环境，拓展移动应用较为容易；四是金融机构有丰富的资金运营经验，商业模式比较明确。

当然金融机构进入移动支付领域也有一些需要克服的问题，主要有两点：一是手机用户资源主要归属于运营商；二是网络、手机终端、智能卡等方面的技术门槛。

3. 独立第三方支付企业

移动支付服务提供商（或移动支付平台运营商）是独立于金融机构和移动运营商的第三方支付企业，同时也是连接移动运营商、银行和商家的桥梁和纽带。通过其支付平台，用户可以轻松实现跨银行的移动支付服务。例如，支付宝、财付通等就是由独立的平台运营商运营的电子支付平台。

独立第三方支付企业提供移动支付业务具有如下特点：

（1）银行、移动运营商、平台运营商以及内容提供商之间分工明确、责任到位。

（2）平台运营商发挥着"插转器"的作用，将银行、运营商等各利益群体之间错综复杂的关系简单化，将多对多的关系变为多对一的关系，大大提高了商务运作的效率。

（3）用户有了多种选择，只要加入到平台中即可实现跨行之间的支付交易。

（4）平台运营商简化了其他环节之间的关系，但在无形中为自己增加了处理各种关系的负担。

（5）在市场推广能力、技术研发能力、资金运作能力等方面，都要求平台运营商具有很高的行业号召力。

第三方支付企业一般是从互联网电子商务做起，在电子商务领域占领了主导优势，并聚集了大量商家和用户，形成了使用习惯，同时，它的运营体制灵活，支撑系统功能完备。同时，我们也要看到，第三方支付企业发展移动支付也存在一些困难，比如对于现场支付缺乏技术基础，也缺乏用户。

四、移动支付系统架构体系

（一）移动支付系统架构

移动支付从本质上讲就是买方为了获取卖方的某种商品或者服务，通过电子化的渠道，将买方的资金安全地转移给卖方的商业行为。移动支付系统的核心是账户间资金的安全转移，因此，移动支付系统架构应当围绕账户体系、结合移动支付的基本特点进行构建，如图 4-3 所示。

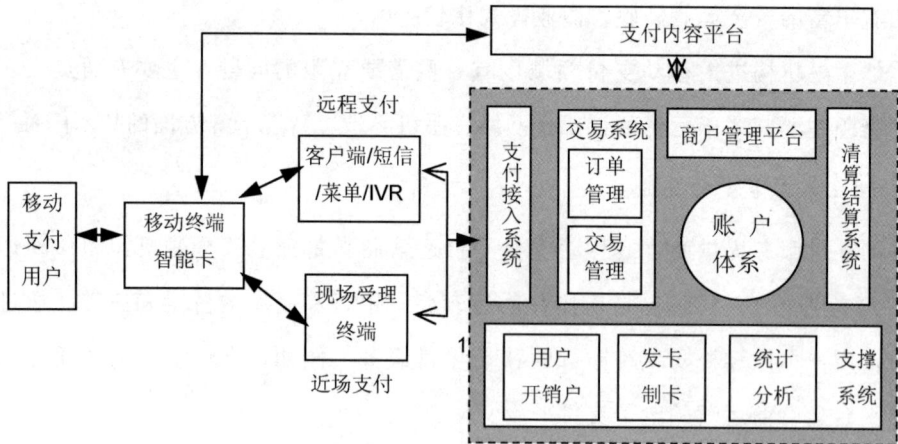

图 4-3　移动支付系统架构

移动支付系统架构以账户体系为核心，由移动终端/智能卡、远程支付的客户端/UTK 菜单/短信、近场支付的现场受理终端、支付接入系统、交易系统、账户体系、清/结算系统、支付内容平台、商户管理平台、支付支撑系统等部分组成。

1. 移动终端/智能卡

特指移动支付用户持有的设备，主要包括手机、PDA、移动 PC、RFID 智能卡等设备，用户使用移动终端/智能卡完成支付业务。移动支付与其他支付方式的不同之处在于生成及获取支付信息的源头是移动终端。

2. 客户端/UTK 菜单/Web/短信/IVR

在远程支付中，用户通过手机上的支付客户端、智能卡上的 UTK 菜单、短信、IVR 等方式实现商品选购、订单支付等功能。

3. 现场受理终端

在近场支付模式下，用户在商户的经营场所（超市、商场等）内选定商品后，或者在乘坐公交、观看电影时，持有 RFID 功能的移动终端/智能卡，通过现场受理终端进行刷卡，完成支付和认证功能。

4. 移动支付接入系统

用户通过移动终端或者智能卡接入移动支付平台的统一入口，完成支付环节的处理。移动支付接入系统作为用户设备和平台的一道安全屏障，保障了移动支付平台和账户资金的安全。移动支付接入系统主要包括近场支付的 POSP 接入平台以及远程支付的 Web 门户服务器、短信接入服务器、IVR 语音接入服务器。

5. 支付内容平台

这是在支付过程中提供内容或服务的系统，不局限于无线通信渠道，例如用户通过 PC、互联网渠道也可以使用支付内容平台的服务。提供支付内容平台的机构可以是商城、B2C 商户、专营的第三方公司、校企服务公司、便民服务公司、公交公司等。

6. 商户管理门户

商户管理门户是支付内容提供商接入移动支付平台的统一入口，也是商户访问支付平台的统一门户，通过该门户，商户可以完成管理账户、查询交易订单、申请支付接入等功能。

7. 交易系统

它是完成支付交易流程的基本事务处理系统，通过接收支付接入系统的支付请求，完成订单处理和账户资金的流转等功能。

8. 清/结算系统

清/结算系统主要完成交易订单的对账和资金清/结算功能。其中，对账包括与商户应用系统的对账、与金融机构的对账等。结算管理模块根据指定的分成方案和结算规则对交易日志进行结算，产生相应的结算数据以及结算数据包括与商户的结算数据以及与银行的结算数据，根据这些结算数据运营商完成与各个部分之间的资金划拨。

9. 支撑系统

支撑系统主要包括用户的开/销户管理、RFID 智能卡制卡/发卡、业务统计等功能。

（二）移动支付典型交易流程

1. 远程支付流程

在远程支付模式中，由于用户与商家非面对面接触，用户需要使用移动终端的客户端等接入方式在支付内容平台选购商品或服务，确认付款时，通过无线通信网络，与支付平台进行交互，由支付系统完成交易处理。其交易流程如图 4-4 所示。

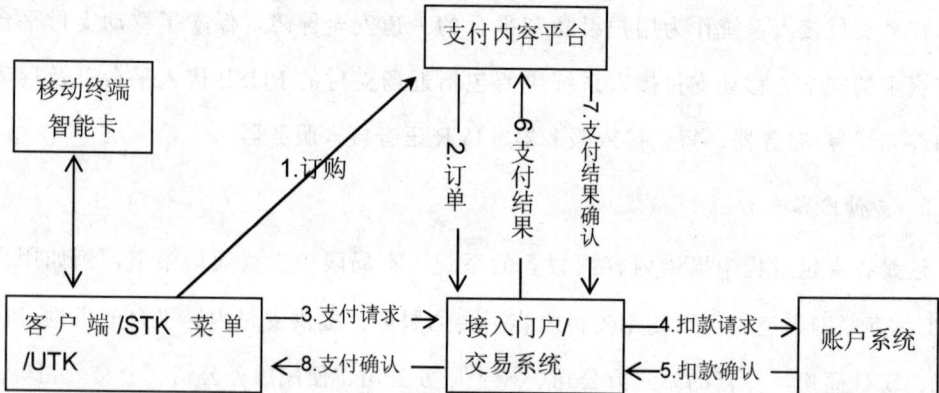

图 4-4　远程支付流程

远程支付交易流程说明如下：

（1）用户通过移动终端的客户端在支付内容平台订购商品或服务。

（2）支付内容平台向移动支付交易系统提交订单。

（3）用户通过移动终端向移动交易系统发起支付请求。

（4）移动支付交易系统接收用户支付请求，检查用户的订单信息，向账户系统发起扣款请求。

（5）账户系统接收扣款请求，并对用户账户信息进行鉴权，鉴权通过后，完成转账付款，并发送扣款确认信息给支付交易系统。

（6）支付交易系统将支付结果通知支付内容平台。

（7）支付内容平台向支付交易系统返回支付结果确认的应答。

（8）支付交易系统为支付客户端返回支付成功确认，完成交易流程。

2．近场支付流程

（1）近场支付（联机消费）流程

近场支付（联机消费）是用户使用移动终端/智能卡，通过现场受理终端接入移动支付平台，在本地或接入收单网络完成支付过程的支付方式。其主要的流程如图 4-5 所示。

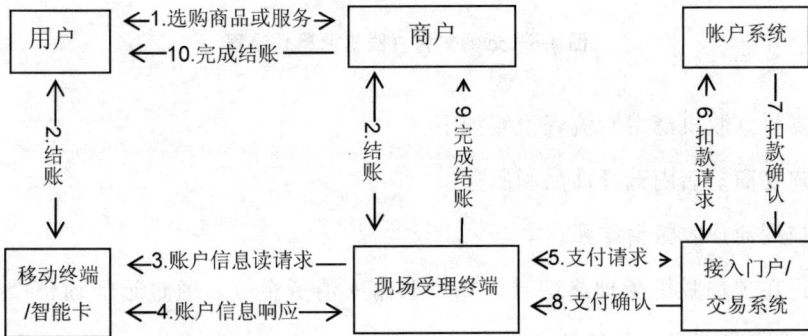

图 4-5　近场支付（联机消费）流程

近场支付（联机消费）流程说明如下：

①用户在商户店内选择商品和服务。

②用户到商户收银台结账。

③商户在现场受理终端（POS）上输入消费金额，通过近场通信技术，向移动终端/智能卡发起账户信息读取请求。

④移动终端/智能卡将账户信息发送给现场受理终端。

⑤现场受理终端发送支付请求指令给交易系统。

⑥交易系统发送账户扣款请求给账户系统。

⑦账户系统收到扣款请求后，进行用户账户鉴权，返回扣款确认信息。

⑧交易系统返回支付确认信息给受理终端。

⑨完成结账过程。

（2）近场支付（脱机消费）流程

近场支付（脱机消费）是指用户使用移动终端/智能卡，直接通过现场脱机受理终端进行鉴权和支付。受理终端定期上传交易数据，第三方支付机构每日与特约商户对账。其主要的流程如图4-6所示。

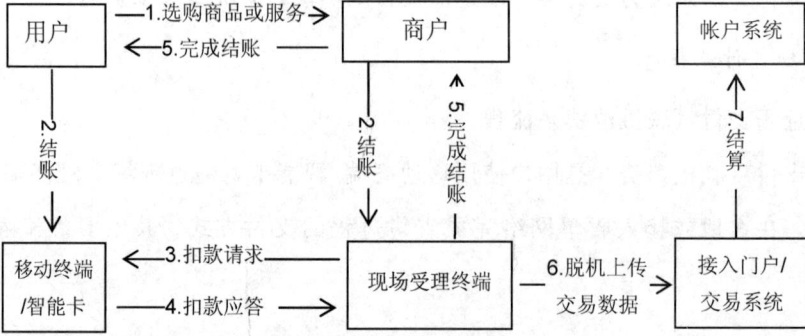

图4-6 近场支付（脱机消费）流程

近场支付（脱机消费）流程说明如下：

①用户在商户店内选择商品和服务。

②用户到商户收银台结账。

③商户在现场脱机受理终端（POS）上输入消费金额，通过近场通信技术，向移动终端/智能卡发起账户扣款请求。

④移动终端/智能卡收到扣款请求，进行扣款的鉴权，通过后直接在其离线钱包中扣款，并返回扣款应答给受理终端。

⑤用户完成支付过程。

⑥脱机现场受理终端定时上传交易数据，第三方支付机构每日与特约商户对账。

⑦第三方支付机构的结算部门按商户的结算周期，根据系统的结算数据，向银行发付款请求。

（三）移动支付账户体系架构

1. 账户体系架构

移动支付的本质是买家和卖家账户资金的转移，因此账户体系是移动支付的核心。移动支付是金融行业、通信行业融合发展的产物，具有很强的跨行业合作运营的特点。因此，其账户体系也比较复杂。目前，其账户类型主要包括银行账户、第三方支付账户、运营商通信代收费账户、离线钱包账户、积分账户等，账户体系架构如图 4-7 所示。

(1) 银行账户主要包括借记卡、信用卡、存折等账户，它是移动支付非常重要的支付账户之一，同时也是其他支付账户资金的重要来源。

(2) 第三方支付账户是支付服务提供商为了提高支付业务的便利性和灵活性，建立起来的电子货币账户体系。第三方支付账户可以通过银行转账、充值卡充值等方式充值。此外，有些第三方支付账户的资金可以再转回到银行。

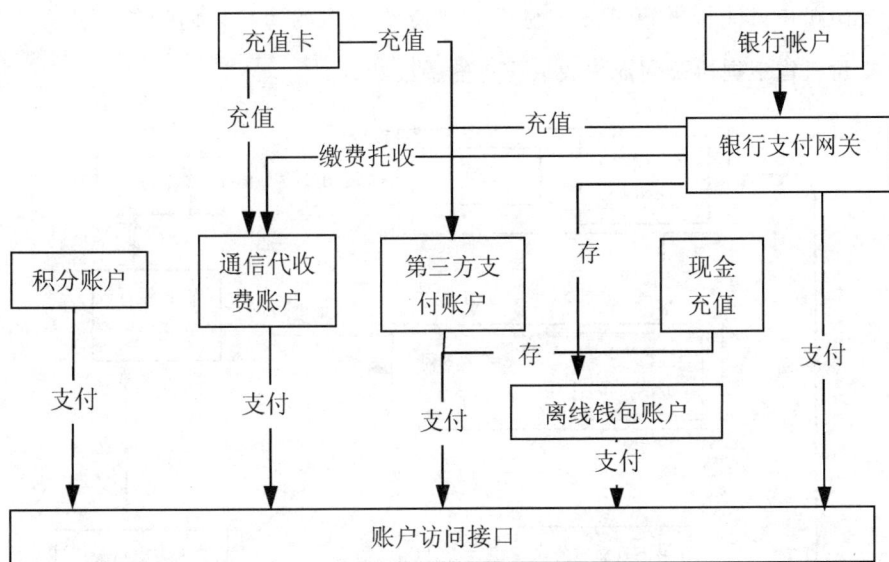

图 4-7 账户体系架构

(3) 离线钱包账户不与后台账务系统实时交互，直接记录在某种载体上（如集成 RFID 芯片的手机）的电子货币，其支付过程中不需要与后台系统实时交互，适用于公交、商店、电影票、彩票等小额近距离支付业务。该账户的资金来源包括银行账户圈存、第三方支付账户圈存、现金充值等。

(4) 运营商的通信代收费账户（如固话、手机、宽带上网账户等）是电信运营商特有的电子支付模式，可充分利用运营商庞大的用户群以及已经建立的缴费渠道，为其他支付应用提供代收费服务，从中获取收益。其资金来源包括充值卡充值、银行托收等方式。

(5) 积分账户是运营商或各服务提供商（如航空公司、连锁超市等）为使用了自己的业务或购买了自己商品的用户赠送的积分，拥有积分的用户也同时拥有运营商或服务提供商的某种权益，如可获取某些类型的商品、换取礼品、联盟商家购物时抵扣一定的金额等。因此，积分从某种意义上来讲也可当成一种外部支付账户。

2. 第三方支付账户

第三方支付账户是第三支付机构为其客户建立的电子货币账户体系，其资金的流转必须依托银行完成。为了加强对资金的管理，有效地控制和监督资金的运行，第三方支付机构需要在银行建立存管账户，分为存款账户和支出账户，其中收到客户的充值资金全额存入存管账户的存款账户，存款账户不能直接对外支付，只能向支出账户划款。支出账户只能根据第三方支付机构与特约商户的协议，向特约商户账户结算。第三方支付机构根据协议向商户收取应得的手续费。

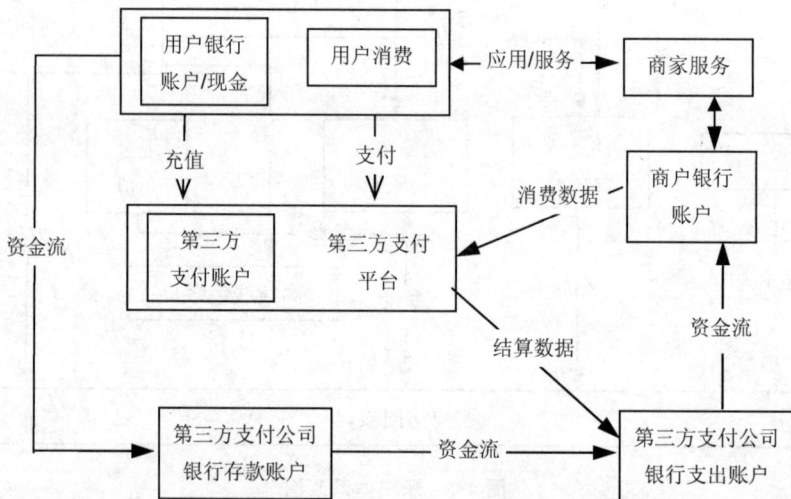

图 4-8　第三方支付账户构架

对第三方支付账户的资金流转说明如下：

（1）用户通过银行账户向第三方支付账户充值，第三方支付平台将增加用户账户余额，同时，将用户银行账户中的资金转移到第三方支付公司的银行存款账户。

（2）用户在使用第三方支付账户做支付时，第三方支付平台减少用户账户余额，同时将结算数据给银行，由银行完成从第三方支付公司银行支出账户和商户银行账户的资金结算。

（3）第三方支付公司根据业务结算的需要，定期或者不定期地由其银行存款账户向其支付账户进行划款。

任务实施

1. 根据任务要求明确调查的题目——移动支付的情况调查。

2. 分析任务要求，列出调查提纲，确定所需材料。

3. 通过互联网进行资料收集，注意数据的发布时间，采用最新数据，并保持数据的连续性。

4. 资料的整理。

5. 资料分析。

6. 撰写调查报告。

任务二 移动支付技术应用

任务目标

1. 了解远程支付技术和近场支付的技术的概念与各种技术架构。

2. 掌握各种移动支付技术的应用。

相关知识

根据应用场景的不同，移动支付的技术实现方案也不尽相同。按照应用场景和业务类型，移动支付可分为远程支付和近场支付两大类，因此技术方案也可分为远程支付技术方案和近场支付实现方案。

一、远程支付技术

（一）远程支付技术概述

远程支付，指用户与商户不需要面对面交互，而是使用移动终端通过无线通信网络，与后台服务器进行交互，由服务器端完成交易处理的支付方式。

按照使用的技术类型，远程支付技术主要包括短信支付、客户端（无卡）支付、智能卡支付和智能终端外设支付四种技术：

（1）短信支付：指用户通过编辑、发送短信完成的支付业务。

（2）客户端（无卡）支付：指用户通过移动互联网浏览器或客户端，经互联网与支付平台交互完成支付的业务。

（3）智能卡支付：指用户通过存储支付数据的智能卡进行安全认证的远程支付业务。本章中的智能卡指集成了安全运算单元和安全存储的集成电路卡片，包括 SIM/UIM 卡、SD 卡、手机内置 SE 等形态。

（4）移动终端外设支付：指通过移动终端的外接设备完成刷卡支付的业务。

（二）短信支付技术

1. 短信支付技术架构

在短信支付交易过程中，包含支付信息的短信指令从用户的移动终端（一般指手机）发送到短信处理平台，通过识别、审核和交换后，支付信息被转发到移动支付接入平台与账户管理系统完成相关业务。

短信支付的技术架构很简单，主要通过短信处理平台与移动支付接入平台交互完成支付处理，如图 4-9 所示。短信处理平台由移动运营商建立和管理，依照约定的格式，在移动终端和移动支付接入平台之间进行短信转发。为保障短信支付的安全性，短信的传输应采用健壮的通信传输协议，保证传输的可靠性，而且不能在一条短信中同时出现账号、密码等敏感数据。

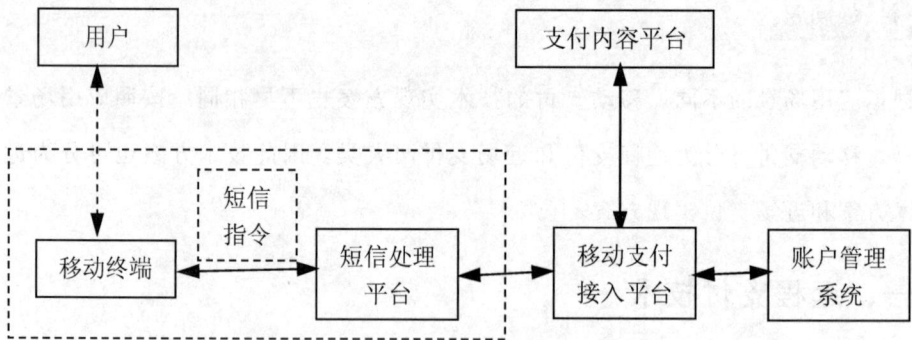

图 4-9 短信支付技术架构

2. 短信支付技术特点

短信支付的方案实现简单、方便快捷，使用门槛低；而且现有的手机和通信网络环境无须做任何改造就能实现，业务实施成本低。但短信支付方案的用户交互体验不够好，且无法保障短信的可靠传输，因此难以承载需要复杂交互的支付业务。

3. 短信支付技术应用

典型的短信支付业务有上海电信推出的手机缴费业务和肯尼亚电信运营商推出的 M-PESA 业务。在上海电信推出的手机缴费业务中，用户首先将自己的手机号码与一个支付账户（比如付费宝）绑定，并针对要缴费的业务申请开通手机缴费功能。每月该业务账单生成后，系统向用户发送账单信息（包括条码号、金额等）；用户可以编辑并发送短信到特定的支付服务接入号，发起手机缴费。具体流程如图 4-10 所示。

M-PESA 在肯尼亚当地的斯瓦希里语中，就是"移动货币"的意思，M-PESA 是肯尼亚电信运营商 Safaricom 推出的全球首个由移动运营商独立开发和运作、传统商业银行不参与运营的新型移动银行业务。M-PESA 是一种虚拟的电子货币，用户开通 M-PESA 业务后，只需要通过发送短信就可完成转账，并且汇款人和收款人都不要求拥有银行账户，收款人持收到的转账短信即可到 M-PESA 代理点兑换现金。

图 4-10　上海电信的手机缴费业务交易流程

（三）客户端支付技术

1. 客户端支付技术构架

客户端支付是指用户使用移动终端，由移动终端客户端软件接受用户的支付请求，并通过移动互联网将支付请求发送给后台服务器，由账户管理系统进行资金转移的操作，然后将操作结果通知给移动终端和服务提供方，完成支付的业务。整个过程在线完成，不需要其他现场受理终端的参与。客户端支付的应用系统架构如图 4-11 所示。

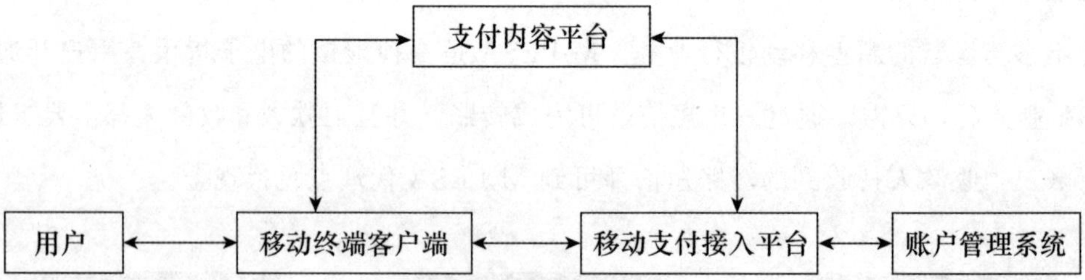

图 4-11　客户端支付技术系统架构

2. 客户端支付技术分类

客户端软件可分为浏览器和专用客户端两种，因此客户端支付也可分为浏览器支付和专用客户端支付两种技术形态。

（1）浏览器支付

指用户通过移动终端的浏览器连接移动互联网，与移动支付接入平台和支付内容平台进行交互完成支付的技术。浏览器支付无须安装客户端软件，可通过浏览器或双因子验证方式完成支付操作。

（2）专用客户端支付

指用户使用专用的移动终端客户端软件，连接移动互联网，与移动支付接入平台和支付内容平台进行交互完成支付的技术。专用客户端支付是专门针对某类支付业务设计的，功能强大，流程灵活，用户体验较好，并且可以端到端加密。

3. 客户端支付技术应用

典型的客户端支付业务有客户端版手机银行业务，如招商银行推出的客户端版手机银行。

招商银行的用户可在 iPhone、Android 等智能手机或平板电脑中下载安装招商银行的手机银行客户端，使用银行卡或信用卡账户登录后，可办理银行账户查询、转账汇款、信用卡还款、充值缴费、申购/赎回基金及理财产品等多种金融应用，实现了"移动互联时代，银行随身带"。

招商银行客户端版手机银行有如下功能：

（1）账户管理：实现招商银行一卡通、信用卡的账户余额查询、交易记录查询、密码管理、挂失、ATM/POS/网银额度管理等功能。

（2）卡内转账：实现招商银行注册账户之间的转账，注册账户包括一卡通、信用卡、存折账户；实现招行一卡通账户的定期活期互转。

（3）投资管理：实现基金查询、基金申购/赎回、理财专户管理、证券行情、受托理财购买/赎回、银证转账、实物黄金交易、延期黄金交易、黄金行情查询、资金库存持仓查询、委托/成交查询、黄金专户开户、黄金专户转账、客户信息修改、专户密码修改/重置、交易账号变更等。

（4）转账汇款：实现各类转账汇款业务，包括转同城招行、转异地招行、转同城他行、转异地他行、手机号转账、收款方信息管理、转账支付功能申请、交易查询等。

（5）一卡通/信用卡自助缴费：实现缴手机费、电话费等缴费功能。

（6）外汇管理：实现外汇购汇、外汇结汇功能。

（7）信用卡管理：实现信用卡额度管理、交易明细查询、还款设置、积分管理等功能。

（四）智能卡支付技术

1. 智能卡支付技术构架

智能卡支付是指用户通过存储支付数据的智能卡进行安全认证的远程支付。智能卡支付技术以具有安全芯片的智能卡作为银行卡、电子钱包、电子现金等支付账户的载体，提供基于 PBOC 规范流程的安全计算和存储，实现身份验证、交易数据保护、交易数据完整性和不可抵赖性的技术支持，从而保证支付交易的整体安全。智能卡远程支付的应用系统架构如图 4-12 所示。

用户通过手机终端访问支付内容平台，选择相应商品并发起支付请求，订单生成后，通过手机终端与智能卡进行交互，读取并认证卡内的支付账户后，将交易请求发送至移动支付接入平台，并最终转发至账户管理系统完成支付交易授权。智能卡支付具有安全、高效的特点，可全方位支持各类支付交易，不必使用"签约绑定"等额外安全手段，而且可以使用客户端，为用户带来良好的交互体验。

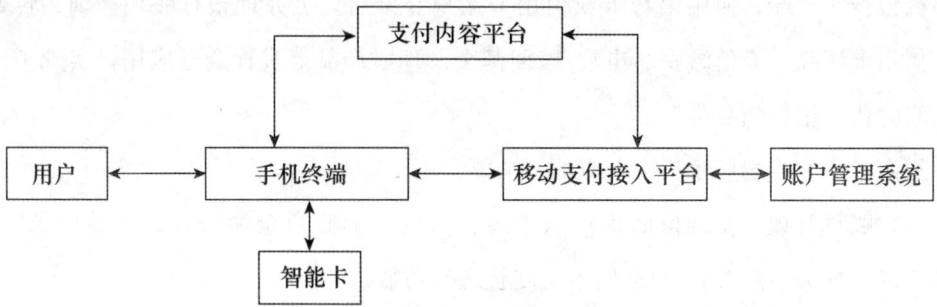

图 4-12　基于智能卡的远程支付系统架构

2. 智能卡支付技术应用

使用智能卡远程支付的典型业务有银联 UP Cards 业务和银联 SD 卡远程支付业务等。

CUPMobile 是中国银联 2005 年推出的移动支付应用平台，CUPMobile 包括 UP Cash、UP Cards、UP Voucher 等移动支付业务，如图 4-13 所示。

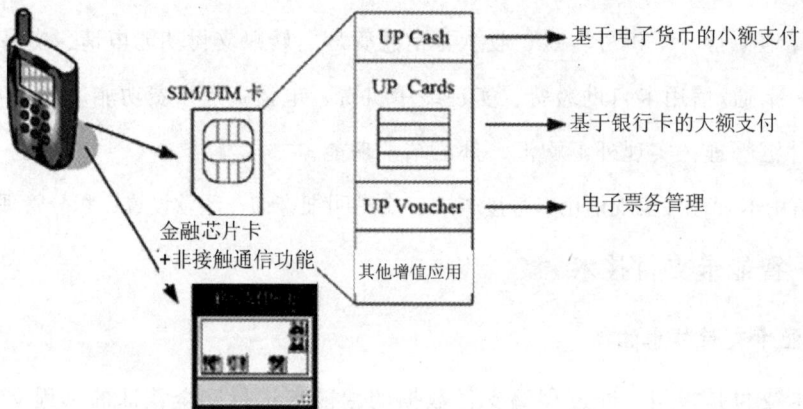

图 4-13　CUPMobile 中卡片承载的业务

UP Cards 是银联标准卡的缩写，支持目前的银联标准卡（磁条）应用和 PBOC 2.0 借/贷记应用。将持卡人持有的银联标准卡应用，通过一定机制安全地存储在手机中嵌入的智能卡内，实现了和传统银行卡一样的使用接口，提高了支付的便利性和安全性，持卡人可以同时将多张银行卡的信息存储在手机上，在实际支付时可以方便地选择手机内存储的任何一张银行卡账户进行支付。UP Cards 业务的基本流程如图 4-14 所示。

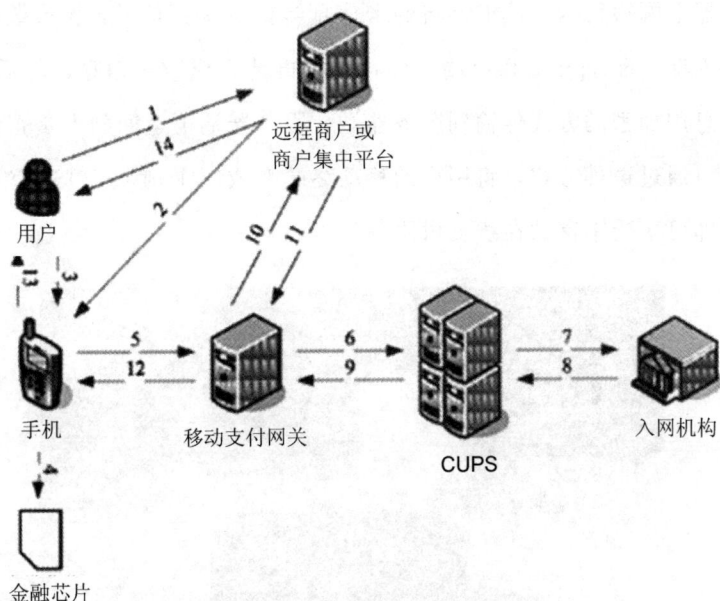

图 4-14 UP Cards 业务基本流程

使用智能卡进行远程支付时，用户先选择要支付的业务，后台系统生成订单后，发送数据短信给手机智能卡，激活其中的 STK/UTK 支付菜单，用户在菜单中输入密码后，手机智能卡通过加密的数据短信发送银行卡磁条信息和支付密码到移动支付后台系统，后台系统验证通过后完成支付。

（五）移动终端外设支付技术

1. 移动终端外设支付技术构架

在移动支付的总体架构基础上，增加外接读卡器模块和移动终端客户端，用户通过移动终端发起支付请求，并通过移动终端的外接设备进行刷卡或账户访问操作，再由移动互联网与支付平台交互完成支付。

移动终端外设支付将移动终端改造为支付受理终端，大大拓展了银行卡等设备的受理环境，而且成本低，部署便捷，适合有收款需求的小型商户。但收单门槛的降低同时带来了安全隐患，例如存在非法商户恶意收集用户银行卡等账户信息的风险。对于个人用户而言，用户必须同时携带手机和外接读卡器，没有其他移动支付方式便捷。

2. 移动终端外设支付技术应用

典型的移动终端外设支付业务有国外的 Square 支付产品（实物如图 4-15 所示）。Square 公司的支付产品是一个带音频接口的外接读卡器，插入移动终端的音频接口后，用户可在读卡器上刷银行卡，读卡器将刷卡信息转换成音频信号，由安装在 iPhone 或 Android 移动终端上的 Square 客户端软件将音频再转换成数字信息，然后将支付应用和刷卡付款信息用加密的方式传输到服务器端，服务器端再返回刷卡是否成功的信息，完成刷卡支付。通过这种方式，将用户的移动终端变成一个刷卡 POS 终端，使得用户无须开通网银即可享受丰富的在线支付服务。

图 4-15　Square 产品实物图

Square 产品的主要应用场合是商户收款。商户需要收款时，在手机支付界面中输入金额等订单信息和持卡人的手机号码，生成支付订单；用户（持卡人）确定订单信息，通过 Square 刷卡，并输入密码、银行卡卡号及密码信息，通过网络送到后台进行验证；验证成功后，后台系统向用户发送成功短信，完成支付。

三、近场支付技术

近场支付，是指用户必须与商户面对面交互，移动终端通过非接触式受理终端在本地或接入收单网络完成支付过程的支付方式。近场支付的技术基础是 RFID 技术。

（一）RFID 技术

1. RFID 结构

RFID（Radio Frequency Identification）即无线射频识别，俗称电子标签，通过射频信号自动识别目标对象并获取相关数据，无须人工干预，操作快捷方便，并具有可识别高速运动物体，可同时识别多个标签的特点，可工作于各种恶劣环境。RFID 是一种简单的无线系统，由一个读卡器（Reader）和电子标签（Tag）两个基本器件组成，如图 4-16 所示。

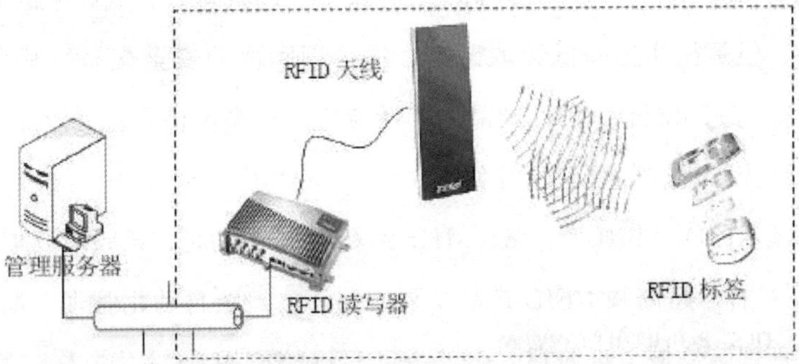

图 4-16　RFID 基本组成

读卡器是用于读取（有时还可以写入）标签信息的设备，可设计为手持式或固定式。标签由耦合元件及芯片组成，每个标签具有唯一的电子编码，附着在物体上标识目标对象。读卡器和标签直接通过天线（Antenna）传递射频信号。

2.RFID 技术的工作模式

RFID 标签分为被动、半被动（也称做半主动）、主动三类。

（1）被动模式

被动式标签没有内部供电电源，其内部集成电路通过接收到的电磁波进行驱动，这些电磁波是由 RFID 读卡器发出的。当标签接收到足够强的信号时，可以向读卡器发出数据。

（2）半被动模式

半被动式标签与被动式标签类似，但多了一个小型电池，用于回传信号给读卡器。

（3）主动模式

主动式标签本身具有内部电源，使得标签拥有较长的读取距离和较大的记忆体容量，可以满足更多应用场景的需求。

3.RFID 特性

目前 RFID 产品按其工作频率分有低频、高频、超高频、有源 RFID，不同频率范围的 RFID 产品符合不同的标准，拥有不同的特性。

（1）低频 RFID 工作频率从 125KHz 到 135KHz，除金属材料外，该频率范围产品穿透性能好，读取距离长，但数据传输速率慢，且价格较贵。低频 RFID 产品主要应用于汽车防盗和无钥匙开门、自动停车场收费、车辆管理、自动加油、酒店门锁、畜牧业管理等领域。

（2）高频 RFID 工作频率为 13.56MHz，除了金属材料外，该频率的波长可以穿过大多数的材料，但是往往会降低读取距离，适合近距离的安全交易。其数据传输速率比低频快，随着 13.56MHz RFID 产品的广泛应用，产品价格日益低廉。高频 RFID 产品主要应用于物流管理、门禁管理等领域。

（3）超高频 RFID 工作频率为 840MHz 到 925MHz 之间，该频段读取距离比较远，无源可达 10m 左右。超高频 RFID 产品主要应用于生产线自动化管理、航空/铁路包裹管理、集装箱管理等领域。现阶段，超高频 RFID 的应用还并不普及，目前也还没有超高频 RFID 产品与手机结合的技术方案。但随着超高频 RFID 产品的价格不断降低，其工作距离远，应用范围广的技术特点日益被重视。在我国物联网的发展规划中，超高频的 RFID 标签被列为重点支持和发展的技术之一，未来在智能工业、智能农业、智能物流、智能交通、智能电网、智能环保、智能安防、智能医疗、智能家居等领域可能得到更多的应用。

有源 RFID 工作频率为 2.45GHz 或 5.8GHz，有源 RFID 具备低发射功率、通信距离长、传输数据量大、可靠性高和兼容性好等特点。与无源 RFID 相比，在技术上的优势非常明显，被广泛地应用到公路收费、港口货运管理等场景中。

（二）近场支付技术

1. 双界面卡（扩展）技术

（1）双界面卡（扩展）技术结构

双界面 SIM/UIM 卡是一种多功能的智能卡，具有 SIM/UIM 接触界面和 RFID 非接触界面两个工作界面。其接触界面可实现通信业务功能；非接触界面可实现基于 13.56MHz 射频的非通信应用，如电子钱包、银行电子现金/借贷记应用、公交行业应用、校企一卡通等。通过接触界面和非接触界面都可以执行相同的操作。两个界面分别遵循两个不同的标准，接触界面符合 ISO/IEC7816，非接触界面符合 ISO/IEC14443。双界面卡的基本硬件架构如图 4-17 所示。

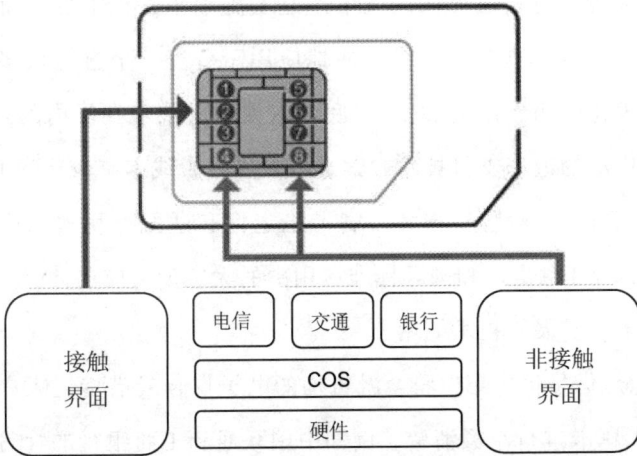

图 4-17　双界面卡基本硬件架构

双界面 SIM/UIM 卡方案目前不支持读卡器、点对点等主动模式，应用范围受到一定限制。根据天线由智能卡自带还是集成在手机终端，又分为双界面卡定制终端方案和双界面天线卡方案。

双界面卡定制终端方案在普通 SIM/UIM 卡上集成 RFID 处理芯片，将 RFID 线圈集成在手机终端上，SIM/UIM 卡通过 C4、C8 引脚与手机终端的线圈相连，实现近距离通信。天线集成到手机终端，提高了刷卡稳定性，但需要手机终端进行改造和配合，门槛高，实施周期长。

双界面天线卡方案从双界面 SIM/UIM 卡中引出天线（如图 4-18 左图所示），不需要手机终端配合，完全依靠双界面卡实现近距离通信，双界面天线卡的卡产品如图 4-18 右图所示。

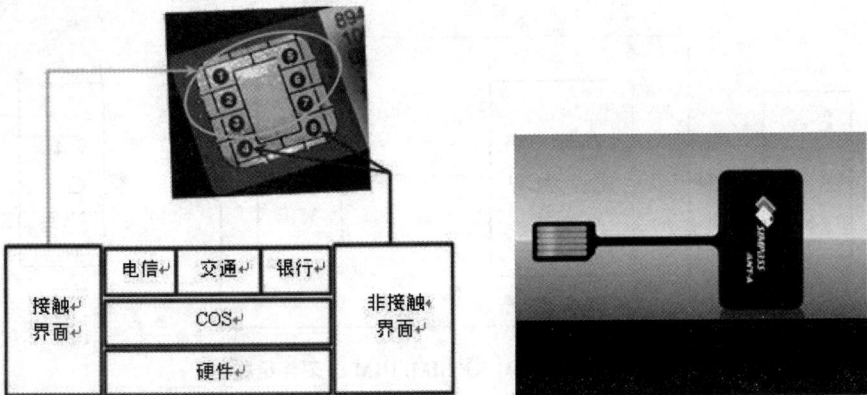

图 4-18　双界面卡自带天线

移动电子商务

由于不需要终端支持，双界面天线卡产品实施简单、成本低，而且由于采用行业普遍应用的 13.56MHz 工作频率，可方便地应用于公交、金融等众多领域，因此双界天线卡可迅速规模化商用。截至 2011 年底，双界面天线卡在国内的发卡量已突破 800 万片，是应用最广泛的近场支付技术方案。但双界面天线卡有较大的 RFID 线圈，使得用户安装与使用不方便，较容易损坏，刷卡稳定性和适配性稍差，使用感知较差。同时，也占用了 C4、C8 触点，和国际标准应用中的大容量卡应用冲突。

（2）双界面卡（扩展）技术应用

手机电子现金/借贷记应用：将金融机构的电子现金或借贷记账户加载到手机终端 SIM/UIM 卡上，刷卡进行小额消费。例如中国联通和工商银行的牡丹沃银，中国电信与中国银行合作的天翼长城卡产品。

手机公交一卡通：通信运营商与省市当地公交公司合作发行，将公交一卡通账户加载到手机终端 SIM/UIM 卡上，用户可用来乘坐公交、地铁等。例如中国电信基于双界面卡的金陵翼卡通、天翼羊城通等产品。

手机校企一卡通：面向校园和企事业单位基于手机终端提供门禁、考勤等后勤管理服务、内部消费服务等信息化应用综合服务产品。中国电信、中国移动、中国联通在一些省市已开展校企一卡通应用。

2. 2.4G RF-SIM/UIM 卡技术

（1）2.4G RF-SIM/UIM 卡技术构架

2.4G RF-SIM/UIM 卡是集成了 2.4GHz 频率的射频芯片的 SIM/UIM 卡，使用 2.4G RF-SIM/UIM 卡，通过距离控制算法等技术，不需要带天线，也不需要更换手机即可实现现场刷卡功能。2.4G RF-SIM/UIM 卡的硬件架构如图 4-19 所示。

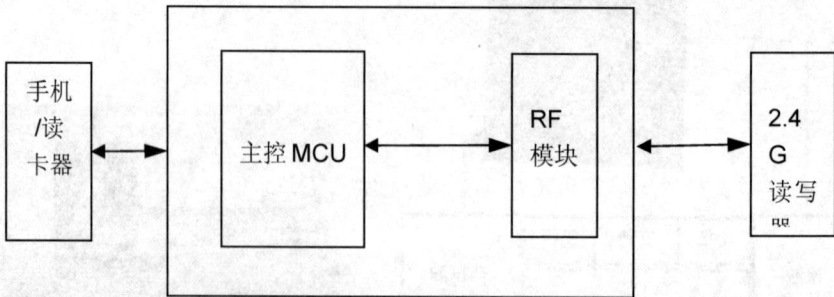

图 4-19 2.4G RF-SIM/UIM 卡硬件结构

其中主控芯片完成基础通信和存储射频应用的功能，支持两种通信接口。与手机终端连接，遵循 ISO/IEC 7816 系列标准要求，实现通信业务处理以及射频功能管理。与 2.4G RF 芯片通过内部接口连接，通过 2.4G RF 通道满足射频应用及其他应用的数据交互需求。2.4G RF 芯片集成在 RF-UIM 卡套上，提供 2.4G 射频通信通道，负责将数字信号转换成 2.4G RF 信号，并通过 2.4G 天线发送给 2.4G 读写设备；同时，2.4G RF 芯片接收 2.4G 读写设备发出的 RF 信号，并将其转换为数字信号，与主控芯片进行通信。

（2）2.4G RF-SIM/UIM 卡技术特点

2.4G 技术方案作为新兴的移动支付解决方案，具有以下特点：采用高频技术，穿透性比较好，可适配市面 95％以上的手机终端。用户不需要换手机，只需要换卡，发展用户的门槛低，现阶段已具备规模推广的条件。

2.4G 技术主要基础专利掌握在国内厂商手中，原创厂家主要有厦门盛华电子科技有限公司和深圳国民技术股份有限公司，它是国内对移动支付领域一次重要的基础应用创新，如果规模应用，可以减少国外厂商中对国内应用市场的专利控制。前期 2.4G 方案空中接口协议没有统一，不同芯片厂家的产品之间不能互通和兼容；而且 2.4G 方案是新兴的技术方案，商用的行业少，受理环境缺乏，POS 机需要重新布放或升级改造；这些因素影响了 2.4G 方案的规模推广。不过，我国工业与信息化部正在对 2.4G 技术编制行业标准，目前已形成征求意见稿，标准化程度正在逐步提高；同时，2.4G 技术的商业应用也在逐步丰富。

（3）2.4G RF-SIM/UIM 卡技术应用

中国电信采用厦门盛华的产品，从 2009 年开始应用 2.4G RF-UIM 卡大力发展针对校园和企业的"翼机通"应用。翼机通是中国电信面向校园和企事业单位，在手机中集成员工卡或校园卡，为用户提供门禁、考勤等后勤管理服务，以及内部消费服务等功能的信息化应用综合服务产品。截至 2011 年底，中国电信发展的 2.4G RF-UIM 卡用户已超过 200 万。

在公众应用领域，2.4G 技术也有了成功的应用案例，如手机"深圳通"。手机"深圳通"采用深圳国民技术公司提供的 2.4G 移动支付解决方案，将"深圳通"卡功能集成到手机 RFID-SIM 内，用户办理手机"深圳通"卡后即可实现刷手机乘坐公交、地铁、出租车，以及进行小额商户消费的功能。用户还可以通过手机"深圳通"卡随时随地享受空中充值、余额查询、消费明细查询等便利服务。到 2012 年 3 月，发展用户超过 50 万。

3. NFC 技术

NFC 是 Near Field Communication 的缩写，是一种短距离的高频无线通信技术，采用 13.56MHz 作为近距离通信频率标准，兼容 ISO14443、ISO15693、FeliCa 等射频标准。NFC 可以认为是工作于 13.56MHz 高频的 RFID 技术。NFC 采取了独特的信号衰减技术，其典型操作距离通常只有几厘米，运行距离在 20cm 内，数据传输速度可以选择 106kbit/s、212kbit/s 或 424kbit/s，将来可提高至 1Mbit/s 左右，因此 NFC 具有距离近、安全性高、速率快、能耗低等特点。2004 年，恩智浦（NXP）、索尼等国际厂商发起成立 NFC 论坛（NFC Forum），论坛的宗旨是通过开发基于标准的规范，确保各个设备和各项服务之间的互操作性，鼓励使用 NFC 论坛的规范来开发产品，并向全球市场讲解和推动 NFC 技术的使用。NFC 技术目前已经成为正式标准，得到越来越多主要厂商的支持，在门禁、公交、手机支付等领域内发挥着巨大的作用。

NFC 终端根据应用场景的不同可以采用三种不同的工作模式：卡模拟模式、读卡器模式、点对点模式。在卡模拟模式和读卡器模式下，终端与其他设备通信时采用被动通信模式。在点对点模式下，NFC 终端与其他设备通信可以采用被动通信模式，也可以采用主动通信模式。

"卡模拟模式"中读卡器是主动设备，产生射频场；NFC 终端为被动设备，模拟一张符合 NFC 标准的非接触式卡片与读卡器进行交互。

"读卡器模式"中 NFC 终端是主动设备，产生射频场；而外部的非接触卡作为被动设备。NFC 终端具有符合 ISO 14443、ISO15693 或 FeliCa 标准的非接触式 IC 卡阅读器功能，可以读取采用相同标准的外部非接触式 IC 卡。

"点对点模式"中工作的双方都分别可作为主动设备或被动设备，进行点对点的数据传输。在点对点模式下，NFC 终端应符合 ISO 18092 中的相关规定。

NFC 终端主要包括安全模块（Secure Element，SE）、非接前端（CLF）、天线（Antenna）三个主要部件，此外还包括 NFC 应用处理模块，NFC 的技术架构如图 4-20所示。

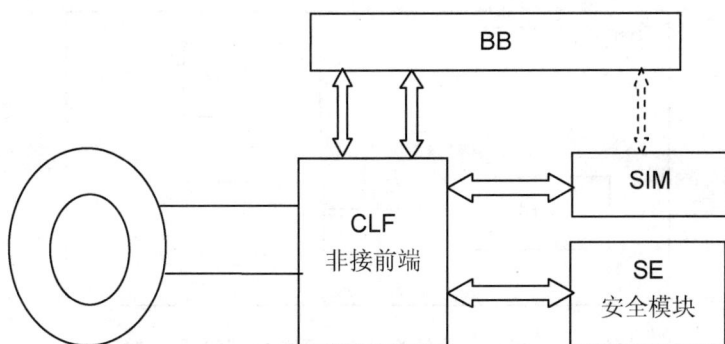

图 4-20　NFC 技术架构

安全模块：主要功能是实现应用和数据的安全存储，对外提供安全运算服务。安全模块还通过非接前端与外部读写设备进行通信，实现数据存储及交易过程的安全性。

非接前端：也称为 NFC 控制器，其功能包括射频信号的调制解调，非接触通信的协议处理。非接前端一方面连接射频天线，实现 13.56MHz 信号的发送与接收，另一方面与安全模块通信。

天线：集成在终端内部，与非接前端相连接，实现 13.56MHz 射频信号的发送与接收。

NFC 的实现方案中，一般非接前端、天线都集成在手机终端中，而安全模块可根据情况存放在不同的位置。根据安全模块存放的位置不同，NFC 可分为不同的实现方案。将安全模块集成到手机终端上的 NFC 方案称为 NFC 全终端方案；将安全模块集成在 SIM/UIM 卡中的方案称为 eNFC 方案；安全模块存放在加载了安全芯片的 Mi-croSD 卡中的方案称为 NFC-SD 方案。

（1）NFC 全终端技术应用

①NFC 全终端技术架构

NFC 全终端技术是指将安全模块集成到手机终端中的 NFC 方案，传统意义上的NFC 方案仅指 NFC 全终端方案。NFC 全终端方案中，手机终端的硬件架构至少包含CLF、安全模块、天线和主处理器等模块，如图 4-21 所示。

NFC 全终端方案，要求安全模块符合 EAL4＋标准，按照《Global Platform 卡片规范》进行安全管理，与传统智能芯片卡具备相同的安全级别。安全模块支持多安全域、多应用安全模块架构以及相应的管理技术，可在安全模块上划分不同的安全域以承载来自不同应用提供者的不同安全要求的各类应用，而且能保障各应用之间的数据

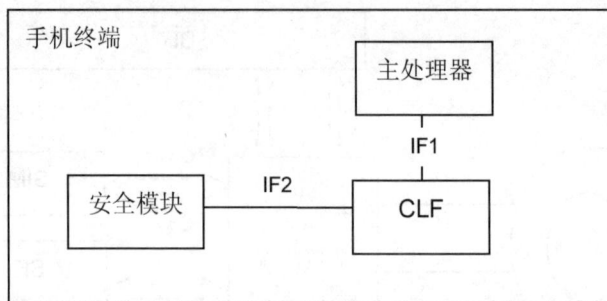

图 4-21　NFC 全手机终端方式手机终端的硬件结构

独立与数据安全。

②技术特点

NFC 全终端方案的标准成熟，得到众多终端厂商的认可和支持。此方案中由于安全模块与手机集成，有效避免了机卡接口和机卡兼容性问题。同时，由于通信处理芯片和射频处理芯片相互独立，可以确保移动通信和射频处理的并发处理，彼此互不干扰。

NFC 全终端安全芯片无法与手机终端物理分离，业务初始化、个人化、业务更新和管理不方便，而且用户更换手机时，所有业务需重新转移到新手机，成本高，流程长。

③技术应用

谷歌钱包就是基于 NFC 全终端方案的一个典型业务。谷歌于 2011 年 9 月 20 日正式发布了基于 NFC 的移动支付服务"谷歌钱包"（Google Wallet）。谷歌钱包是利用 NFC 技术实现的移动支付业务，用户在手机中输入卡号、过期日期、持卡人姓名等银行卡账号信息，将手机和银行卡（包括信用卡、借记卡等）账号进行绑定。绑定后，用户就可以在支持谷歌钱包支付的商店用手机像刷公交卡一样进行支付了。目前谷歌钱包可绑定花旗银行 MasterCard 信用卡，还可绑定多家银行的借记卡，并支持 MasterCard 的 PayPass 业务和谷歌预付卡业务。

（2）eNFC 技术应用

①eNFC 技术架构

eNFC（enhanced NFC，即增强型 NFC）方案是使用 SIM/UIM 卡作为安全模块的 NFC 技术方案，eNFC 方案又可称为 SWP（单线通信协议）方案或 NFC-SIM 方案等。eNFC 方案的技术架构如图 4-22 所示。

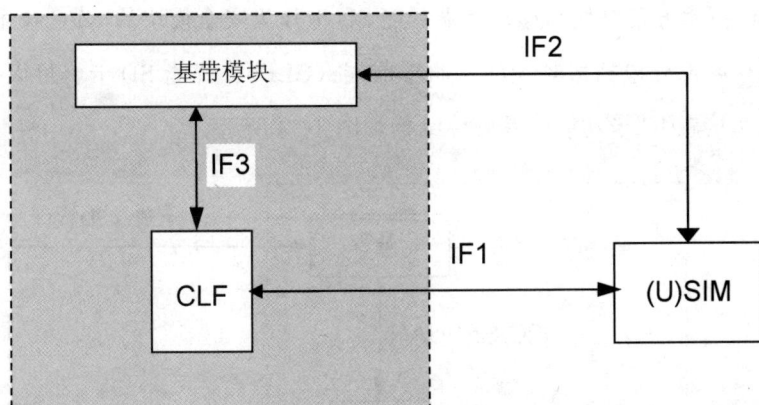

图 4-22　eNFC 方案技术架构

为支持近场通信，在手机硬件中配置非接前端模块（CLF）和近场通信天线，采用 SIM/UIM 卡作为安全模块，存储用户支付账户、密钥等敏感数据，运行支付应用，手机终端中的 CLF 模块通过 SWP 协议与 SIM/UIM 卡之间进行通信。手机终端的基带模块可通过接口分别与 CLF 和 SIM/UIM 卡通信，实现 NFC 业务的管理。

手机终端中的 CLF 模块使用 SIM/UIM 卡的 C6 管脚建立物理连接，用于 SIM/UIM 卡与 CLF 模块之间的通信。CLF 模块和 SIM/UIM 卡的接口物理层和数据链路层遵循 SWP 规范的规定，接口协议逻辑层遵循 HCI 规范的规定。eNFC 方案中，为了保障支付安全，SIM/UIM 卡需增加安全芯片，一般要求其安全芯片达到国际安全认证 EAL4＋以上，与商业银行对金融 IC 卡的要求基本一致。

②技术特点

由于 SIM/UIM 卡是移动用户必不可少的身份识别模块，用户对 SIM 卡作为安全载体较容易接受，同时卡片和应用的发行及服务可以借助电信运营商的受理渠道，容易进行业务的推广。此外 SIM 卡与终端分离，用户更换手机不会影响移动支付业务的继续使用，灵活性高。

③技术应用

由于 eNFC 方案的诸多优势，国内外的电信运营商多选用 eNFC 方案，因此 eNFC 是业界认为最可能的移动近场支付技术方向。但是由于 eNFC 技术还具有诸多阻碍，例如专利、规范等，最重要的是，支持 eNFC 的手机终端很少，eNFC 的产业链不成熟，该技术的商用还有较大障碍，目前还没有比较典型的商用案例。

4. NFC-SD 技术

（1）NFC-SD 技术构架

NFC-SD 技术方案是使用移动终端智能 SD 卡作为安全模块的 NFC 技术。NFC-SD 方案架构的核心部分包括射频天线、非接前端（CLF）、智能 SD 卡，可以在移动支付设备上实现非接触 IC 卡功能，其硬件结构如图 4-23 所示。

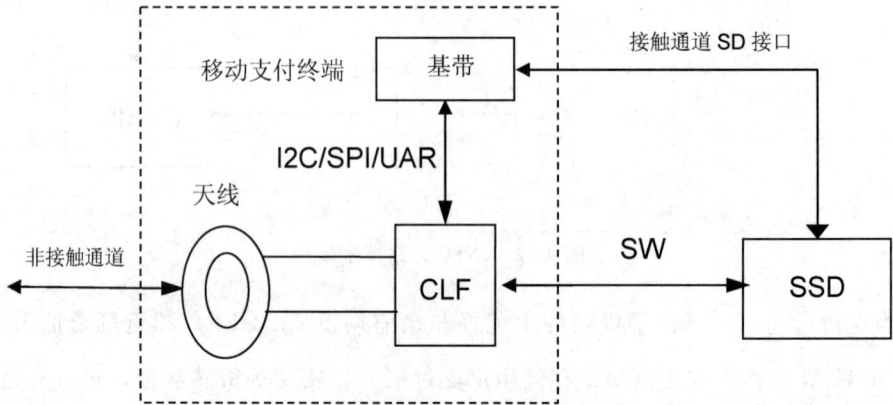

图 4-23 NFC-SD 技术方案硬件结构图

NFC-SD 方案与 eNFC 方案类似，智能 SD 卡与 CLF 芯片之间也采用 SWP 连接，可实现卡模拟、读卡器和点对点通信三种工作模式。

（2）NFC-SD 技术特点

相对于 SIM 卡目前仅支持 STK 的访问方式，智能 SD 卡支持手机客户端直接访问，访问速度快，业务加载方便，用户体验更好。采用 NFC-SD 方案应用提供商可以自行发行 SD 卡，独立于电信运营商发展 NFC 业务，因此金融机构做主导时更愿意采用这种方式。

（3）NFC-SD 技术应用

NFC-SD 方案被中国银联定为其移动现场支付标准。2011 年 9 月 21 日，重庆农村商业银行携手中国银联、重庆城市通卡有限责任公司、宏达国际电子股份有限公司（HTC）、上海方付通商务服务有限公司，在重庆举行了"NFC-SD 银联标准手机金融产品全球首发仪式"。HTC 开发了一款支持银联 NFC-SD 支付标准的手机：HTC 惊艳 S715e。通过这款手机，配合 SD 卡，可实现手机自助银行、手机近场支付功能。与传统 IC 卡不同，使用 NFC-SD 卡可实现空中圈存，不需用户专门到充值点充值，在手机上即可自助将银行账户上的资金转入电子钱包内完成空中充值。随着金融 IC 卡的广泛应用和 ATM 机的改造升级，还可实现用手机直接在 ATM 机上存取现金。

由于 NFC-SD 方案需要手机终端厂商定制手机终端，产业链不成熟，目前也难以得到规模推广。

5. 其他技术应用

（1）Mifare

NXP（恩智浦）公司的 Mifare 非接触式智能卡技术诞生于 1990 年；1994 年这项技术被推向全球市场；1995 年，第一个利用 Mifare 技术生产的装置开始被应用在英国、法国、加拿大、澳大利亚、芬兰及捷克等国的公共交通系统上；同年 10 月，第一个停车场收费系统在马来西亚被投入使用。从那以后，NXP 不断地开发、改进 Mifare 结构平台，至今已经拥有了许多系列的智能卡集成电路、读卡机集成电路。

Mifare 是目前非接触式智能卡的工业标准，也成为 ISO1443-A 的工作草案。在 Mifare 这一技术平台基础上生产出来的 3000 万张智能卡，以及由这些卡完成的 10 亿多次交易覆盖了全球众多领域。Mifare 非接触式智能卡在非接触式卡应用领域占有全球 80％的市场份额。随着其应用范围的不断扩大，如公共交通、路桥收费、电子机票、身份证、付费电话、付费电视等，再加上应用装置的增加，与 Mifare 相关的行业得到了长足的发展。

对于 Mifare 卡的用户来说，他们将不再面临出行时摸索硬币或车票的烦恼，只要将他们的卡在读卡器前挥一下，甚至不用将卡从口袋或钱包里拿出来，就可以完成交易。这一切将节约很多时间，可以加快那些采用非接触式卡的机场或地下通道的通行量。另外，Mifare 装置不一定要被集成在卡片上，它也可以被放在手表和钥匙环里，为人们提供更多的方便。

①Mifare 的芯片容量：Mifare 系列芯片的存储量为 384 字节至 4K 字节以上，这类芯片主要用于公共交通的电子车票或公路收费。

②Mifare 的技术特点：Mifare 的标准传输速度为波特率 106K，这是由硬件实现的。与纯软件的方案相比，Mifare 的加解密速度很快，纯软件方案的 DES 加解密速度与 Mifare 的 DES 算法的加解密速度相去甚远，在 3DES 算法和 RSA 算法上就更加不可对比了。

Mifare 的通信标准为 100％调制深度的米勒编码和曼彻斯特编码，而其他公司坚持的 20％调制深度的方案在一些恶劣环境下得不到应有的通信安全。在一些信噪比恶劣的情况下，比如在公交环境下，20％的调制深度必须不断重试来进行通信，而且交易的结果也是不可预测的，容易出现如智能卡死锁、密钥丢失、金额不符等情形。同时20％的调制深度方式将得不到应有的通信速度，其交易速度损失在它的调制幅度上了。

另外，Mifare 的米勒编码和曼彻斯特编码比其他公司 BPS 方案的理论信噪比提高了 6％。一张 Mifare 卡拥有多个（16 个）相对独立的数据区，每个数据区有自己的一组密钥，可以存取多种（16 种）相互独立、互不相干的数据信息资料，能够满足多种（16 种）不同的使用功能的款项交易和管理，这是其他卡不可比拟的优越性。

Mifare 卡的序列号是全球唯一的，不可以更改。读写时卡与读写器之间采用三次双向认证机制，互相验证使用的合法性，而且在通信过程中所有的数据都加密传输。此外，卡片各个分区都有自己的读写密码和访问机制，卡内数据的安全得到了有效的保证。

③Mifare 版本

NXP 先后推出了 Mifare Lite（386 字节电子票）、Mifare S50、Mifare S70、Mifare Pro（3DES）、Mifare Plus（AES）等产品。

Mifare S50 也称 M1 卡，具有 1KB 的存储空间，分为 16 个扇区，每个扇区有 4 个块，其结构如图 4-24 所示。Mifare 卡片的安全控制以"块"为单位，可以给块设置读、写、加值、减值、传输、恢复等权限。前 3 块用来保存信息，第 4 块是安全控制块、KeyA、KeyB 和控制位，用于控制对前 3 块数据的读写权限。

Mifare S70 也称 M4 卡，具有 4KB 的存储空间，分为 40 个扇区。前 32 个扇区，每扇区有 4 个块；后 8 扇区，每扇区 16 个块，俗称"大扇区"。

2008 年初，荷兰政府发布警告，指出目前广泛应用的 NXP 公司生产的 Mifare Classic 已被两位大学生（黑客）破解；同年 8 月，Mifare 的破解软件及硬件已在网络上公开售卖。破解的方法很简单，即通过研究读写器和卡之间的通信数据，找到 Mifare 卡的加密算法和认证通信的协议，有两种方法可以得到 Mifare Classic 逻辑加密卡的分区密码。研究人员找出了算法和通信协议中的漏洞，可以轻易地通过几十次试探攻击（约 40ms）获得一张卡片的所有密钥。

2009 年初，针对在我国交通、政府、校企领域广泛应用的 Mifare 技术被破解一事，工信部发布了《关于做好应对部分 IC 卡出现严重安全漏洞工作的通知》，要求各地机关和部门开展对 IC 卡使用情况的调查及应对工作。《通知》带来的影响，推动了中国境内 Mifare 卡向 CPU 卡迁移的工作。表 4-1 是 Mifare Classic 卡和非接触 CPU 卡

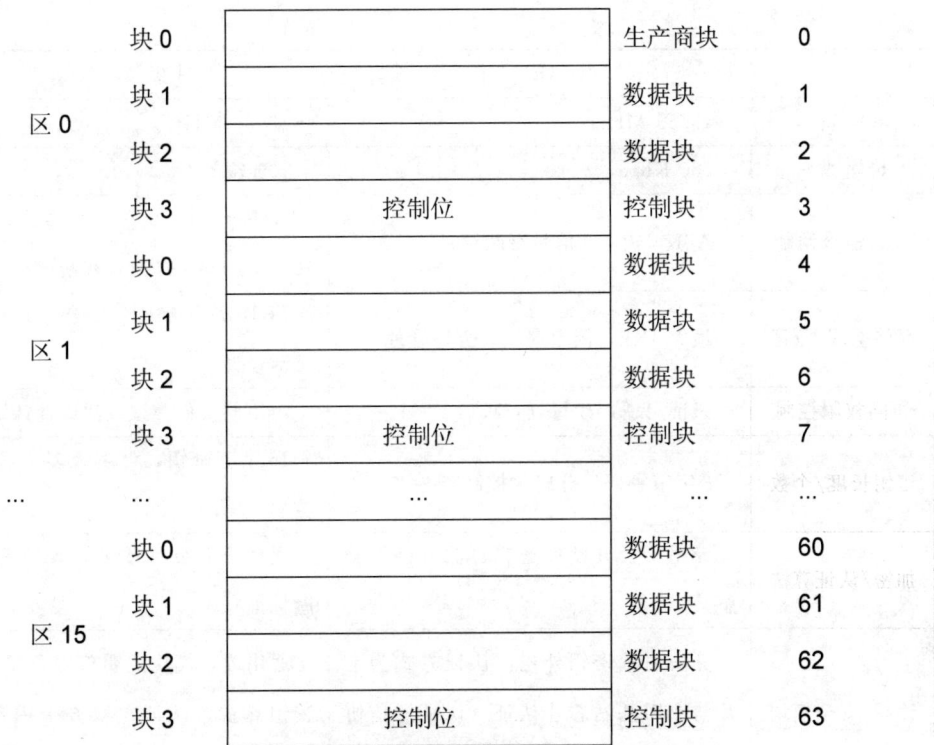

图 4-24　S50 扇区结构

的对比。

表 4-1　Mifare Classic 卡和非接触 CPU 卡的对比

	MIFARE I 卡	非接触 CPU 卡
相关国际标准	ISO 14443 Type A	ISO 14443 Type A/B

续表

	MIFARE I 卡	非接触 CPU 卡
载波频率	13.56 MHz	13.56 MHz
传输速率	106 Kbps	106 Kbps
发送信号调制	ASK 100％（信号有断续）	ASK 10％（Type B 信号连续）ASK 100％（Type A 信号有断续）
存储空间/分区	最大 4KB，固定扇区，分块管理	2KB/8KB/16KB 可选，文件管理，灵活设计
访问权限控制	只读/只写/读写/加/减	对不同文件类型灵活设计认证方式
密钥长度/个数	6 字节密码，分扇区控制	16 字节密钥，可多级多个密钥组合控制
加密/认证算法	专用不公开硬件逻辑算法（已被破解）	通用公开软件或硬件加速算法（金融标准）
读写/安全模块	算法内置密钥外送。认证方式为卡片与专用基站芯片认证（认证通信协议已破解）	通用读写模块透明传输，配合 SAM 密钥算法，认证在双方卡内部进行，传输中为加密后的随机数
交易流程	简单不规范，需自定义防拔流程	有银行标准规范，也可由用户灵活设计，内置防拔流程
一卡多用	困难，不方便	完全支持一卡多用，灵活、安全、方便

（2）PBOC

在 Mifare 技术不断遇到挑战、暴露出诸多问题的同时，中国人民银行推出了自主标准 PBOC 2.0。PBOC 2.0 为中国市场的交通卡、金融卡向 CPU 卡升级提供了规范保障和技术指导，能够有效解决目前使用磁条卡时存在的假卡、脱机交易安全等问题。

PBOC 是中国人民银行英文名称的缩写。PBOC 2.0 是中国人民银行颁布的第二代金融 IC 卡规范的简称。2005 年 3 月 13 日，中国人民银行发布第 55 号文，正式颁发了行业标准《中国金融集成电路（IC）卡规范》（JR/T 0025－2005）（业内简称 PBOC 2.0）。该规范补充完善了电子钱包/存折的应用；增加了与 EMV 标准兼容的借/贷记应用；增加了非接触式 IC 卡物理特性标准；增加了电子钱包扩展应用指南、借/贷记应用个人化指南等内容。该标准为我国银行卡芯片化奠定了标准基础，确保我国银行卡芯片化实现联网通用和安全，并有效指导实施。国内五大商业银行中，中国工商银行最早于 2007 年 11 月推出国内首张 PBOC 2.0 标准信用卡。

PBOC 2.0 定义了一种支持小额支付的电子钱包（电子存折）应用和一种支持银行借记卡或贷记卡功能的借/贷记应用。在标准借/贷记应用的基础上，又衍生出电子现金（ECASH）小额支付应用和非接触式支付功能。

①电子钱包应用

在《中国金融集成电路（IC）卡规范》（GB/T 16649.1—1996）（业内简称 PBOC 1.0）中定义了电子钱包和电子存折两种支付应用，每种应用类型分别对应着不同的交易种类。电子钱包支持消费、圈存交易，消费不需要密码保护；电子存折支持消费、取现、圈存、圈提、修改透支限额交易，需要密码保护。

从交易的方式来看，电子钱包有脱机交易和联机交易两种交易方式。其中，消费和取现属于脱机交易，而圈存、圈提和修改透支限额则属于联机交易。在脱机交易过程中，用户的卡片和终端（POS 机或者 ATM）里面的消费 PSAM（Purchase Secure Access Module，安全访问控制模块）卡之间需要进行安全认证，这样才能够让终端获得授权，从卡片上扣款。而对于联机交易而言，用户的卡片需要通过网络和银行主机进行安全认证。

电子钱包有如下技术特点：

交易速度快：一个完整的交易流程需要 300ms。

安全级别高：采用 3DES 算法；每个交易流程被定义不同的密钥类型；密钥存储在用户卡和 PSAM 卡的密钥文件内；每个交易过程使用随机数获取过程密钥，并通过过程密钥验证 MAC 和 TAC 等机制保障安全性。

扩展性高：一张 IC 卡可支持多个电子钱包应用，根据应用名（AID）区分。

②借/贷记应用

与 PBOC 1.0 相比，PBOC 2.0 增加了借/贷记应用及其衍生出的相关系统规范。此规范是参考国际两大银行卡组织 Visa（维萨）和 MasterCard（万事达）制定并推广的 EMV 规范。

在 EMV 规范推广之前，银行卡使用的载体是磁条卡，磁条卡是将用户信息用密文形式保存在磁道内的卡片。刷卡交易时，POS 机或 ATM 读取磁道信息，然后发送给后台认证。因密钥保存在后台，所以载有用户信息的密文很难被破解，但是可以被复

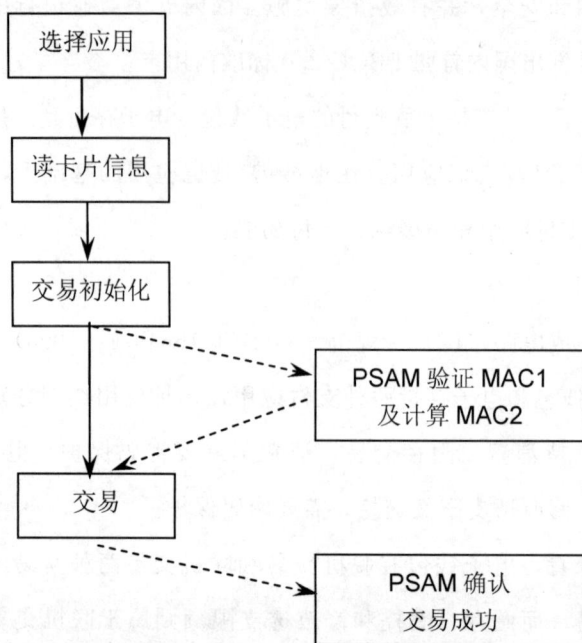

图 4-25　为标准电子钱包的交易流程图

制，全球每年因磁条卡复制给银行或客户带来的经济损失达数十亿美元。EMV 规范致力于推广 CPU 卡代替磁条卡，目前已经在欧洲、大洋洲、东亚成功推广。

我国因大部分银行卡使用 PIN 作为刷卡认证的一种安全机制，所以相对而言受磁条卡破解的危害较小，但随着信用卡的普及，金融风险将会越来越大。在 PBOC 2.0 发布后，央行拟提出的总体目标是"应积极开展金融 IC 卡的发卡与受理，实现金融 IC 卡对公共服务领域的应用支持。力争用 5 年时间，实现在境内全面发行和受理金融 IC 卡，有效规避伪卡欺诈等金融业系统性风险"。央行拟定国有商业银行应在 2015 年底前全面发行金融 IC 卡。

借/贷记应用有如下技术特点：

支持多种模式：借/贷记应用包含标准的借/贷记应用、支持小额支付的电子现金应用和支持非接触快速消费的 QPBOC 应用。三种应用相结合可以满足目前全部 IC 卡支付场景。

安全级别高：采用 RSA 非对称密钥算法；最高支持 2048 位密钥。交易流程中包含签名认证机制、风险管理机制、行为分析机制等，保障用户账户的交易安全性。

标准统一：作为中国市场的金融智能卡标准，符合借/贷记规范的银行卡可以在任何一台带有银联标记并支持 IC 卡接口的终端机上进行交易。

③电子现金应用

PBOC 2.0 规范中关于电子现金的概念在第十三部分《基于借/贷记应用的小额支付规范》中进行了定义。该应用从持卡人角度看类似于电子钱包，也是一种可以用于脱机交易的小额支付应用。

电子现金应用在原来借/贷记应用的基础上增加了电子现金余额、电子现金余额上限、电子现金单笔交易限额、电子现金重置阈值等数据元来完成小额的电子现金脱机支付交易。电子现金的交易流程和借/贷记应用类似，并且在后台有一个专门的小额支付账户来支持电子现金脱机消费交易。在卡片初始化之后，后台的电子现金账户余额和卡片上的电子现金余额是一致的。但是在完成脱机消费交易后，只有把该笔交易和后台电子现金账户进行清算才能使后台电子现金账户余额和卡片电子现金余额重新保持一致，所以卡片的电子现金余额和后台电子现金账户的余额存在一个数据不一致的时间窗。

发卡商还可以通过电子现金重置阈值实现对余额不足的卡片通过主账户自动充值，当然持卡人也可以使用现金充值，充值后的电子现金余额不能超过电子现金余额的上限。这些充值的交易需要通过标准的借/贷记应用流程，利用发卡行脚本的方式来实现。电子现金交易和标准借/贷记一样也要记录交易日志。

（3）FeliCa

FeliCa 是由索尼公司开发的一种非接触式 IC 卡通信技术。FeliCa 是日本的一个工业标准，目前也成为 ISO14443 系列协议标准中的一项组成部分。FeliCa 与 ISO 14443 Type B 一样采用 ASK 10%载波调制，但与 ISO 14443 Type B 采用非归零编码（NRZ）不同，Felica 采用曼彻斯特编码。Felica 在认证和加密上采用了与 ISO 14443 Type A 和 Type B 不同的机制。FeliCa 主要在日本得到大量的应用，包括 JR 东日本的预付 IC 卡（Suica），Bittowaret 的电子货币（Edy）以及 NTT Docomo 的 FeliCa 手机钱包。香港的八达通卡使用的也是 FeliCa 技术。

与 Mifare 不同，FeliCa 采用索尼公司自定义的通信协议与加密机制，技术体系相对封闭，除索尼授权厂商外没有其他卡商和系统商支持。目前 FeliCa 的发行量远落后于 Mifare，在日本以外地区正逐渐退出市场。

（4）DESFire

DESFire，全名是 Mifare DESFire，是恩智浦公司推出的用于替代 Mifare 的卡片应用技术。DESFire 兼容 ISO 7816 国际智能卡基础标准，并支持 ISO 14443 Type A 协议，支持 3DES 和 AES 安全算法，支持符合 ISO7816－4 规范的指令集和恩智浦自定义的单字节指令模式。与 Mifare Classic 产品相比，DESFire 不仅具有先进的安全功能，还拥有出色的处理速度及更强大的灵活性。

DESFire 是专门针对交通、身份证及射频识别应用而设计的，存储容量高达 8KB，具有 848kbps 双向数据传输速率，并具有灵活的文件构造，可在一张卡上部署多达 28 种应用。对终端用户而言，不仅更加实用，而且使用起来更加舒适。例如，用户可在公共交通、大型活动票务、安全支付及工作场所门禁等应用中使用同一张智能卡。DESFire 还具有向下兼容的特性，新版本兼容已发行的老版本。目前 DESFire 已在欧洲、印度、中国南京开展了大规模应用，替代被破解的 Mifare Classic 产品。

DESFire 有如下技术特点：

安全性：使用 3DES 或 AES 进行加密，三次认证达到安全状态，支持密文和 MAC 验证机制。

扩展性：可建立 28 个应用，可用 ISO7816-4 的基本指令完成对卡片的基本操作。

（三）近场支付新技术

1. 双界面全卡

目前应用于移动支付的双界面天线卡由于带有大天线，刷卡效果不佳，用户感知不好，且天线折损后业务不能使用，一直被业界诟病。鉴于此，国内外众多芯片厂商和智能卡厂商纷纷加大力度研发双界面全卡产品，目前已取得一定的成果。其中有两大类主流产品：一类是通过桥接器做中转来实现的全卡方案；一类是不需要桥接器的全卡方案。

通过桥接器中转实现的全卡方案以 QUIM 卡为代表。QUIM 是上海坤锐公司开发的一种 13.56MHz 全卡产品，QUIM 不需要外接天线，而是通过一个专门的"线桥"进行信号传递的桥接过渡，实现手机支付。QUIM 卡的工作流程是：高频读写器发出 13.56MHz 的射频信号，QUIM 卡收到读头发出的射频命令后，以另外的频率返回一个信号给线桥，线桥收到卡片返回的信号后对卡片返回的信号进行放大，以 13.56MHz 的频率将结果返回给读头。由于卡片与线桥之间以不同于 13.56MHz 的通信频率进行通信，受外界环境干扰大大减小，对于金属后盖的手机一样适用；当 UIM 卡位于手机电池下方时，也可以刷卡。线桥是独立的模块，既可安装在读写器中，也可以部署在手机外壳中。

不需要桥接器的双界面全卡产品目前多家公司都在进行积极研发，其中 SK 电信已于近期推出样卡产品，国内的握奇公司也研发出了可演示的全卡产品。随着技术的不断进步和完善，双界面全卡产品有可能在未来 1 年左右时间内被商用。

2.2.4G 卡片新技术

2.4G 卡片研发厂家根据市场需求情况，也在不断研发新的 2.4G 卡产品。

（1）2.4G/13.56M 双模卡

目前厦门盛华公司已研发出同时支持 2.4G 和 13.56M 非接触通信的卡产品。这类卡产品分为两类：第一类卡片支持 SWP 协议，通过 C6 引脚与手机终端通信，支持 SWP 的 NFC 手机可在 13.56MHz 的 POS 受理环境刷卡支付；第二类卡片同时集成 2.4G 和 13.56M RFID 芯片，通过 C4 和 C8 引脚连接外置天线，此类卡片既是一种 2.4G 的 RF-SIM 卡，同时也是一种 13.56M 的双界面卡，如果卡片不外接天线，也可以与电信定制手机配合使用，解决天线易损坏问题。

（2）Micro RF-SIM/UIM 卡

Micro RF-SIM/UIM 卡与传统 2.4G RF-SIM/UIM 卡在功能上没有任何差异，只是在外观尺寸上做了改变。由于尺寸大小比传统 RF-SIM/UIM 卡减少 1/2 左右，Micro RF-SIM/UIM 卡在硬件设计上做了许多改进。如支持模拟 Mifare、PBOC 钱包，存储空间达到 576KB。最重要的是，Micro RF-SIM/UIM 支持苹果的 iPhone4 以及后续采用小卡槽模式的手机终端，是目前能在 iPhone 上实现射频交易功能的唯一卡产品。

3. 条码支付

2011 年 7 月全球领先的第三方支付平台支付宝在广州网货会上宣布推出全新的手机支付产品——条码支付（Barcode Pay）。该方案旨在为数以百万计的微小商户提供无须额外设备的低成本收款服务，只需一部智能手机就能完成收款。这是全球第一个条码支付产品，也是支付宝首次通过在线支付技术进入线下市场，实现"现场购物、手机支付"。

使用条码支付业务，只需要四步就可以完成付款：第一步，收款人从支付宝客户端进入"我要收款"功能，并输入对方支付宝账户、收款金额、收款理由后，单击"下一步"按钮；第二步，付款人从支付宝客户端中选择条码支付，切换显示付款人的条码，收款人选择"扫描对方二维码"，并扫描；第三步，付款人在手机上看到对方收款金额、收款理由等信息，确认付款；第四步，收款人和付款人手机上分别显示交易完成信息。手机条码支付不需要对手机的额外改造，只需要下载安装客户端，就可完成线下消费，比如去超市购物。Android、iOS、Symbian 等智能机系统已经开始支持此项服务。

4. 指纹支付

指纹支付是利用指纹认证的生物识别技术进行缴费支付的业务。用户将自己的指纹信息数据与指定银行账户绑定，就能达到扫描指纹等同于刷银行卡的效果，如图 4-26 所示。用户购物或消费时，使用手指扫描指纹识别终端，确认用户的身份后，在后台查询与用户绑定的银行账户，从银行卡中扣款完成支付。使用指纹支付，用户在购物或消费时无须携带银行卡或现金，支付过程安全、便捷、时尚。

图 4-26　指纹支付示意图

5. 声波支付

成都摩宝网络科技有限公司开发了一种利用声纹进行支付的解决方案——蝙蝠手机支付技术（简称为 Mo 蝙蝠）。Mo 蝙蝠是一项利用声波或超声波实现近距离无接触式数据通信的技术，允许电子设备之间进行非接触式点对点数据传输（在 10cm 内）交换数据。

Mo 蝙蝠充分利用手机固有的音频播放和录制功能，在不增加和修改硬件的条件下，即可实现手机间、手机与设备（如 PC、PDA 和 PAD 等）间的近距离非接触式的双向数据交换，为消费者提供时尚、安全、可靠、便捷的生活方式。

Mo 蝙蝠是一种新颖的近距离安全数据通信方式，在手机支付等领域内发挥着巨大作用。其最显著的优势在于对电子设备固有功能的使用，只要具备音频播放和录制功能就可实现近距离安全、可靠、稳定的双向数据传输，这一点优于 NFC、红外和蓝牙等传输方式。

用户只需要下载一个超声波软件即可使用这种方式。Mo 蝙蝠已被实际用于摩宝网络科技有限公司推出的 Mo 立方和 Mo 支付业务中。

（四）手机近场支付技术展望

手机近场支付的概念已经提出了六七年的时间，日韩更是从 2004、2005 年开始就实现了手机近场支付的规模商用。在国内，电信运营商及金融机构多年来也持续地对手机近场支付技术进行了研究、试点和商用，但 2010 年才是国内手机近场支付真正爆发的一年。这一年，运营商集中发力，中国移动在央视密集播放"手机钱包"广告，并将移动支付纳入其 KPI 考核体系；中国电信则从集团到各省公司全力推广"翼支付""翼机通"移动支付品牌，并对各省公司下达了用户发展指标；中国联通也紧随其后，在多个省进行了移动支付的业务发布。到 2010 年底，仅中国电信发展具备移动近场支付能力的用户超过 300 万户，中国移动发展的移动近场支付用户也在百万数量级。可以说，2010 年是中国的移动支付元年，更是手机近场支付蓬勃发展的一年。

2010 年以来，国内移动支付业务主要由各应用方自主推动，电信运营商、银联等分别根据本企业的业务发展需求选择了不同的手机近场支付解决方案，技术形态上可谓百花齐放。

13.56M 双界面卡由于不需要终端配合，实施简单，且使用 13.56MHz 工作频率，能与现有的公交、校企一卡通受理环境匹配，得到了中国电信等运营商的青睐，在手机公交应用、手机一卡通应用中得到广泛的推广。截至 2011 年底，全国 13.56M 双界面卡发卡量超过 500 万片。

2.4G RF-SIM/UIM 全卡方案同样不需要更换手机即可实现手机刷卡功能，业务实施方便快速，不需要带天线，用户感知好，终端适配率高，中国电信、中国移动及中国联通都应用此方案。目前 2.4G RF-SIM/UIM 发卡量接近 300 万片，其中中国电信的发卡量达到 200 万片。

我国最大的电信运营商中国移动在 2010 年底宣布采用 NFC 全终端方案作为其移动支付解决方案。国际上，全球移动通信系统协会（GSMA）希望全球运营商组成 NFC 联盟，共同推进 SWP 方案，并尽力推动全球运营商移动支付业务的互联互通。在

GSMA 的推动下，目前全世界已有 45 家电信运营商承诺发展基于 SWP 的 NFC 业务。在我国，工业与信息化部也将 eNFC（SWP）作为行业移动支付技术标准，但 NFC 的几种实现方案都需要对终端进行改造，因此终端的支持情况会极大地影响业务的发展。只有将 NFC 支持作为终端的入网标准推广，并经过一段时间的更新换代，待 NFC 终端丰富到一定程度后，NFC 业务才能实现规模发展。

可见到目前为止，手机近场支付没有一种在技术和产业链两个层面都成熟的技术方案。NFC 方案技术成熟，但是产业链不成熟，难以规模推广；双界面全卡方案等产品产业链成熟，可迅速进行市场推广，但是技术尚待完善；2.4G 技术标准和产业链支持度都有待提升。2011 年以来，各种技术又都在分别演进，不断完善，预计较长时间内手机近场支付技术不会由一种方案一统江湖；未来哪种方案会最终胜出，取决于哪种方案率先成熟并获得市场认可。

任务实施

1. 找一张银行卡并去营业厅开通手机银行。

2. 体验手机银行的功能。

3. 把银行卡与支付宝和微信进行绑定。

项目拓展

艾瑞咨询：《2022 年中国第三方支付行业研究报告》（节选）

第三方支付机构（非银行支付机构）指的是独立于商户和银行并且具有一定实力和信誉保障的独立机构，为商户和消费者提供转接支付服务。

按照第三方支付机构的服务对象，我们可以将第三方支付机构分为面向企业用户提供服务（B 端商户收单业务）及面向个人用户提供服务（C 端支付钱包业务）两类；前者称为收单侧支付机构，后者称为账户侧支付机构，部分情况下同一支付机构可以同时承担账户侧支付机构与收单侧支付机构的角色。

第三方支付行业发展现状

数字化浪潮下第三方支付价值凸显

提升资金流与信息流流转效率，构建产业数字化重要枢纽近年来，第三方支付不仅渗透到 C 端用户生活的方方面面，同时也已深入 B 端各产业全价值链。基于云计算、大数据、人工智能、物联网等技术积累，以第三方支付为切点的金融科技创新爆发着强大的生命力。通过海量支付数据的沉淀与积累，沟通产业资金流与信息流、重塑产业链价值，支付服务商向产业数字化综合服务商转变。在 C 端支付方面，通过打造流量与生态优势，第三方支付企业已快速在 B 端商户数字化升级服务市场打开局面，为餐饮、零售等行业场景提供贯穿获客、营销、运营等全经营环节的升级服务，是中小微企业数字化的重要推手。在 B 端支付服务方面，第三方支付为中大型企业、集团构建完备的数字支付与账户体系，充分解决"二清"等问题的同时，使企业资金流与信息流更加透明化，大大提升企业内部与供应链上下游资金周转效率，有效激活产业供应链整体交易的活跃程度，第三方支付已然成为产业数字化的有效入口与重要枢纽。

第三方支付助力产业数字化图景

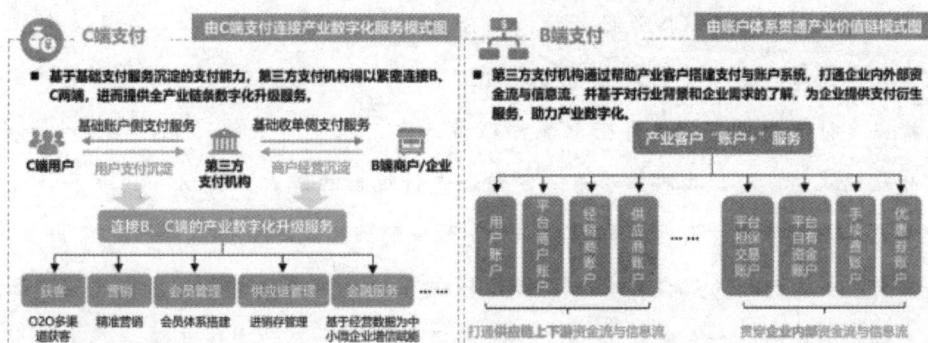

来源：艾瑞研究院研究及绘制。

©2022.11 iResearch Inc.　　　　　　　　　　　　　　　　　www.iresearch.com.cn

监管框架明晰，构建行业稳定发展环境

监管要求沿支付价值链各环节细化，不同角色各有侧重

回顾近两年第三方支付相关监管举措，可以发现监管针对支付价值链上的不同角色提出了细化的针对性要求：对于收单侧支付机构强化对支付受理终端和特约商户的管理；对于账户侧支付机构更强调备付金的存管、划转、监督原则，对于其中具备联营公司的支付机构更强调支付机构独立性、公平竞争的要求。同时，监管层面更加注重不同监管部门间的协同，对个人信息保护和数据安全管理的重视明显增加。整体而言，第三方支付领域的监管要求不断趋严趋细，在认可第三方支付业务价值的同时为其健康发展提供稳定的环境。

第三方支付相关监管动态梳理解读

加强用户个人信息保护
加强支付机构与其联营公司共享用户信息时的管理，防止用户信息被不当使用[1]；增加不同监管部门间的协同性，兼顾网络支付业务的互联网属性与金融属性，共同加强数据安全管理和个人信息保护[2]。

增强支付业务独立性
对非银行支付机构与互联网平台的属性进行区隔，细化对嵌套销售的管理[3]。

加强对滥用市场优势地位采取不正当竞争的管理
对市场支配地位的认定提供依据，提出对滥用市场支配地位、影响支付市场健康发展的机构可采用的监管措施[4]。

或将限制支付规模增长天花板
对非银行支付机构净资产与备付金日均余额的比例提出要求，对储债类运营类支付业务的规模提出限制标尺，未来或将对规模增长上限形成控制。

明确备付金存管要求
规定客户备付金的划转应当通过符合规定的清算机构办理，支付机构应选择一家清算机构作为主监管机构，对所有备付金的存放、使用和划转进行整体监管[6]。

强化特约商户及支付受理终端管理[7]
更严格、更细化的管理要求短期内预计将带来支付机构合规成本的上升，长期内有利于行业的健康稳定发展，并有可能带动产业链上下游分润向收单机构倾斜。

来源：1.非银行支付机构条例（征求意见稿）；2&3.金融产品网络营销管理办法（征求意见稿）；4非银行支付机构条例（征求意见稿），金融产品网络营销管理办法（征求意见稿）；5 非银行支付机构条例（征求意见稿）；6《非银行支付机构客户备付金存管办法》；7《中国人民银行关于加强支付受理终端及相关业务管理的通知》，艾瑞研究院研究及绘制。
©2022.11 iResearch Inc.   www.iresearch.com.cn

第三方综合支付交易规模稳定增长

个人支付是基石，企业支付有望打开第三方支付新局面

第三方综合支付可以按照服务对象划分为个人支付和企业支付，个人支付机构凭借数字钱包良好的支付功能、多样化的衍生服务，提升用户黏性；而企业支付凭借为企业提供支付解决方案，使得企业端受理第三方个人支付成为可能，二者在个人端、企业受理端双向发力，共同推动第三方综合支付规模的增长。2022年上半年，受疫情反复和监管趋严等多方面因素影响，企业支付中的线下收单业务规模预计将出现下滑，进而使得企业支付交易规模占整体规模比例略有下滑。但伴随着整体市场环境和监管措施的稳定与落地，加之产业互联网支付的蓬勃发展，预计未来几年内，第三方企业支付市场将进入平稳较快增长阶段。

2016-2026年中国第三方综合支付交易规模及结构

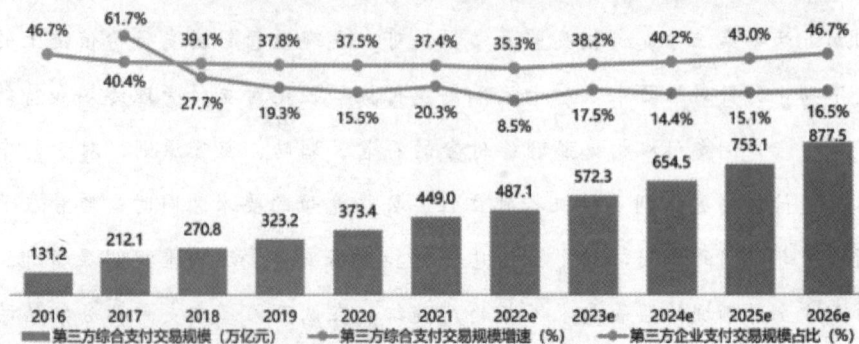

备注：第三方综合支付交易规模包括获得中国人民银行支付业务许可的互联网支付、移动电话支付、银行卡收单等支付规模。
来源：综合专家访谈及公开资料，艾瑞研究院自主研究及绘制。
©2022.11 iResearch Inc.   www.iresearch.com.cn

探索第三方企业支付市场发展潜力

产业互联网支付预计将伴随不同行业的数字化进程持续渗透

第三方企业支付机构面向企业客户，基于对企业业务流程、业务特征的理解为企业提供定制化支付解决方案，同时以支付为切入口，为企业提供集财务管理、资金管理、营销等服务于一体的解决方案。基于对企业业务的理解，第三方企业支付机构提供的支付服务更加贴合企业的业务流程、使用便捷度更高。企业支付按照交易场景又可以进一步划分为产业互联网支付业务和线下收单业务，在消费互联网向产业互联网转型的当下，针对 B 端企业的产业链支付、产业链数字化业务尚有进一步渗透的空间，将驱动第三方企业支付规模进一步增长。

中国第三方支付产业图谱示意图

（资料来源：艾瑞咨询）

思考：第三方支付发展现状有哪些？

项目总结

移动支付（Mobile Payment）也称为手机支付，是指交易双方为了某种货物或者服务，使用移动终端设备为载体，通过移动通信网络实现的商业交易。单位或个人通过移动设备、互联网或者近距离传感直接或间接向银行金融机构发送支付指令产生货币支付与资金转移行为，从而实现移动支付功能。移动支付将终端设备、互联网、应用提供商以及金融机构相融合，为用户提供货币支付、缴费等金融业务。移动支付的特点是：移动性、及时性、定制化、集成性。移动支付和电子支付同样主要包括了四个要素：买家和卖家的资金账户、资金安全、支付接入渠道和支付应用。移动支付系统架构以账户体系为核心，由移动终端/智能卡、远程支付的客户端/ UTK 菜单/短信、近场支付的现场受理终端、支付接入系统、交易系统、账户体系、清/结算系统、支付内容平台、商户管理平台、支付支撑系统等部分组成。按完成支付所依托的技术条件，移动支付可以分为近场支付和远程支付。

做一做练一练

1. 简述移动支付的含义，描述一下移动支付的流程。

2. 移动支付如何分类？

3. 移动支付有哪些要素？

4. 简述移动支付系统的架构。

5. 远程支付技术有哪些，举例说明？（至少举三例）

6. 近场支付技术有哪些？有哪些新技术出现？

项目五　移动电子商务价值链与商业模式分析

项目目标

知识目标：本项目以移动商务价值链与商业模式为主体，分析了移动商务价值链的含义，阐述了移动商务价值链在移动增值服务和价值传递中的作用、三代移动商务价值链的主要内容及其发展趋势。随后介绍了几种主要移动商务商业模式，即短信定制服务、移动广告、手机报和移动互联网，并就其各自的特征、优势、类型、盈利模式和未来趋势进行了深入探讨。

项目导入

苹果公司的 App Store 的价值链的商业模式

（一）APP Store

App Store 是 iTunes Store 中的一部分，是 iPhone、iPod Touch、iPad 以及 Mac 的服务软件，允许用户从 iTunes Store 或 Mac App Store 浏览和下载一些为 iPhone SDK 或 Mac 开发的应用程序。用户可以购买收费项目和免费项目，让该应用程序直接下载到 iPhone 或 iPod touch、iPad、Mac，其中包含游戏、日历、翻译程序、图库以及许多实用的软件。在 Mac 中的 App Store 叫 Mac App Store，和 iOS 的软件不相同。App Store 拥有海量精选的移动 App，均由 Apple 和第三方开发者为 iPhone 度身设计。你下载的 App 越多，就越能感受到 iPhone 的无限强大，完全超乎你想象。在 App Store 下载 App 会是一次愉快的体验，在这里你可以轻松找到想要的 App，甚至发现自己从前不知道却有需要的新 App。你可以按类别随意浏览，或者选购由专家精选的 App 和游戏收藏，Apple 会对 App Store 中的所有内容进行预防恶意软件的审查，因此，你购买和下载 App 的来源完全安全可靠。

2014 年 11 月，苹果公司正式宣布，人民币 1 元及 3 元将是中国区应用商店的新定价。1 和 3 元将作为永久价格选项，而不是短期促销行为，其他国家的开发者向中国运营商商店提交应用的时候都可以选择这两个新的定价区间。

（二）App store 模式的意义

App Store 模式的意义在于为第三方软件的提供者提供方便而又高效的软件销售平台，成为第三方软件的提供者参与其中的积极性空前高涨，适应了手机用户们对个性化软件的需求，从而使得手机软件业开始进入了一个高速、良性发展的轨道。苹果公司把 App Store 这样的一个商业行为升华到了一个让人效仿的经营模式，苹果公司的 App Store 开创了手机软件业发展的新篇章，App store 无疑将会成为手机软件业发展史上的一个重要的里程碑，其意义已远远超越了"iPhone 的软件应用商店"本身。

（三）App Store 产业价值链

App Store 的产业价值链简单明晰，共涉及三个主体，即苹果公司、开发者、用户，此外还包括第三方支付公司，但只是作为收费渠道，不是产业链的主要参与者。

App Store 建立了苹果公司、开发者、用户三方共赢的商业模式，各自在产业链中的角色与职责表现如下：

苹果公司：掌握 App Store 的开发与管理权，是平台的主要掌控者。其主要职责包括三点：一是提供平台和开发工具包；二是负责应用的营销工作；三是负责进行收费，再按月结算给开发者。此外，苹果公司经常会公开一些数据分析资料，帮助开发者了解用户最近的需求点，并提供指导性的意见，指导开发者进行应用程序定价、调价或是免费。开发者：应用软件的上传者。其主要的职责包括两点：一是负责应用程序的开发；二是自主运营平台上的自有产品或应用，如自由定价或自主调整价格等。用户：应用程序的体验者。用户只需要注册登录 App Store 并捆绑信用卡即可下载应用程序、AppStore 为用户提供了更多的实用程序、良好的用户体验及方便的购买流程。

（四）App Store 商业模式

（1）Who：基于"iPhone＋App Store"的客户群基础，完成向通信终端市场的延伸，主要的目标用户仍然是追求时尚、流行、对互联网等娱乐应用有较强需求的客户群体。

（2）What：App Store 是连接开发者与用户之间的桥梁，是苹果专供 iPhone 和 iPod Touch 下载应用程序的唯一渠道。通过与 iPhone 终端相结合，一方面向用户提供了持续、固定的移动互联网内容或应用服务；另一方面为软件开发者提供了一个软件售卖的平台。

（3）Where：随着 iPhone 3G 和 4G 手机的推出，App Store 现已随着 iPhone 手机的售卖遍布世界范围内 70 多个国家，如中国、美国、英国、法国、德国、澳大利亚、加拿大、日本、西班牙等国家。

（4）How to achieve：通过 iPhone 潮流的外观设计、强大的功能展现及创新型的应用集成，对目标人群具有较强的吸引力；通过终端内嵌实现应用与终端的绑定。具有一定数量的忠实的用户群体。

（5）How to make money：App Store 通过用户下载付费的形式获得收入，由苹果公司统一代收。然后苹果公司将应用收入按照 3∶7 的比例与应用开发者按周进行分成，即苹果公司获得收入的 30%，软件开发者获得收入的 70%。

（五）盈利模式

1. 扩展海外市场

AppAnnie 商务总监余俊德在 2012 年 7 月 6 日的移动互联网创新大会上说："开发者从国内很难获得收入，第一季度，中国区十大开发者总收入的 90% 来自海外。国内顶尖开发者已经认识到市场不在国内，而是在全球。他们只把中国视为全球的一部分，关注中国，而不专注于中国。"

扩展海外市场，这是目前国内开发者普遍采用的方法，而 App Store 也提供了这样的便利平台，开发者只需要做简单的多语言对应就可以在多个国家出售。而有的工作室甚至放弃国内市场，转向研究欧美、日本等高消费人群的消费习惯，面向国外消费者设计和开发应用。

2. 免费应用广告

基于国人喜欢免费的消费心理，App Store 很大一部分应用都采用了这种方法。虽然短期收益低，但是可细水长流，长期看来在国内是比较占优势的。更有甚者，相同的应用，国外采取收费、国内同步推出免费＋广告，双管齐下也是个人开发者广泛采用的盈利模式。

3. 内置收费

应用提供免费下载，但是内部提供增值服务收取费用，是大开发商普遍采用的方法。主要通过为用户提供常规功能之外的扩展性服务赚取利润，如虚拟道具、解锁关卡、扩充存储空间、升级用户权限、提升隐私级别等。这也是由于前几年 PC 网络游戏行业产生的一种被验证为"更能掏空消费者钱包"的一种盈利模式。

4. 占领用户群

这是一种后期效益巨大，但是一般开发者难以承受的盈利模式。很多传统互联网巨头，不断推出精良的免费应用，除了和其传统 PC 业务整合之外，很大一部分原因是为了占领客户群，为其后续业务疏通渠道。这也是腾讯模仿谁，谁就倒霉的根本原因。因为腾讯在国内拥有无可比拟的用户群体，相同的产品，腾讯拥有更快更广的推广渠道。所以即使短期不盈利，迅速占领用户群也是上上之选。

5. 逃税

中国消费者权益保护法研究会会长何山在一次研讨会上提出了苹果应用商店逃税的问题。消法研究会会长何山揭开苹果公司的另一项严重违法经营行为——逃税。

"我国苹果用户数量庞大，苹果不仅通过销售硬件赚钱，还通过 App Store 下载付费获取数额可观的利益。App Store 中有十几万个中文应用，该笔销售收入却从未向中国海关缴纳关税。"何山说。

项目实施

任务一　移动电子商务价值链分析

任务目标

1. 通过本任务的实施能够掌握移动电子商务价值链的概念、结构及环节。
2. 能够学会通过案例进行价值链的分析。

相关知识

一、移动商务价值链概述

价值链（value chain）这一概念是 1985 年由哈佛大学商学院的 Porter 教授在《竞争优势》一书中提出的，如图 5-1 所示。如今，价值链理论被广泛应用于服务行业，如银行、电信、新闻、娱乐等，并且应用范围越来越广泛。对价值链理论的研究也为其应用提供了良好的基础。但是，价值链至今没有统一的定义，研究的内容也有所不同。本书在此引用袁雨飞编著的《移动商务》一书中对价值链和移动商务价值链的定义。价值链是指在产品或服务的创造、生产、传输、维护和价值实现过程中所需的各种投资和运作活动，以及这些活动之间相互关系所构成的链式结构。价值链理论的研究核心是企业的竞争优势，任何企业的价值链都由一系列相互联系的创造价值的活动构成，这些活动分布于从供应商的原材料获取到最终产品消费时的服务之间的每一个环节。

移动商务价值链是指直接或间接地通过移动平台进行产品或服务的创造、提供、传递和维持，以及从中获得利润的过程中形成的价值传递的链式结构。移动商务价值链已经在很多方面逐渐改变和重构，并逐渐演化为价值网。在对移动商务价值链中的参与者进行识别和分析的时候有很多种不同的分类方式，综合起来，可以将参与者分为用户、内容和服务相关、技术相关以及其他等。用户又包括个人用户、商业用户等；内容和服务相关的参与者通常指网络运营商、内容提供商、内容综合商、应用提供商、应用开发商和无线门户等；技术相关的参与者指设备提供商、网络提供商、基础设施提供商和中间件/平台提供商等，还包括其他的参与者如法律机构和政府机构等。

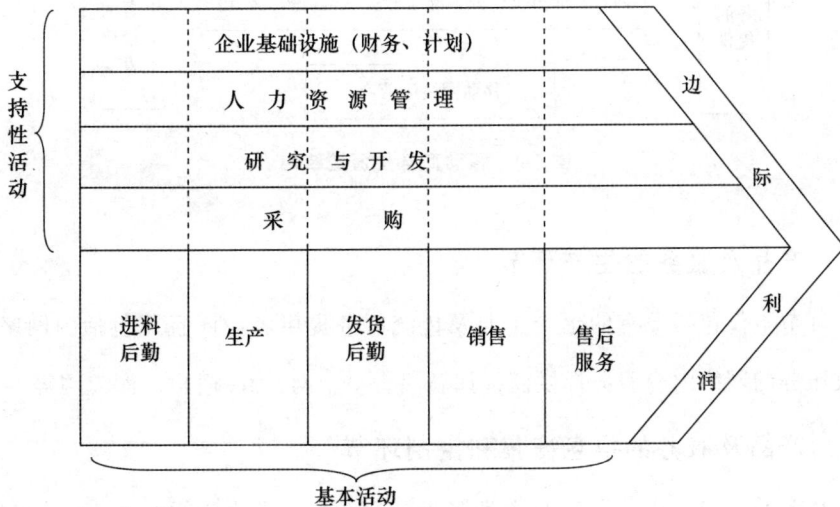

图 5-1　波特价值链

随着无线通信技术的快速发展、移动终端用户的激增、国家三网融合政策的实施、移动网络的普及完善和移动互联网应用领域的不断拓宽，移动电子商务市场一致被看好。庞大的终端用户群、有利的政策导向、电信基础设施的升级和移动互联网的蓬勃发展促使包括电信运营商、软件服务商、终端厂商、银行等产业链众多成员开始涉足移动电子商务领域，在产业链各环节上布局，进而形成了移动电子商务加快普及应用的发展态势。预计未来，移动电子商务将成为我国移动互联网应用领域广泛的商业模式。因而，加强移动电子商务价值链的研究，有利于指导移动电子商务在我国的进一步发展和应用。

二、移动商务价值链环节分析

移动电子商务价值链是指直接或间接地通过移动平台进行产品或服务的创造、提供、传递和维持，从中获得在利润过程中形成的价值传递链式结构。其实现过程超越了传统企业价值链各环节，除了包括波特价值链中的基本活动与支持性活动外，还包括产品及服务的生产环节、产品及服务的信息搜集和定制环节、产品配送环节、支付环节，如图5-2。这些环节由不同类型的企业构成，移动商务价值链使这些不同类型的企业打破行业界限，同处一条价值链中且保持战略竞争合作关系。

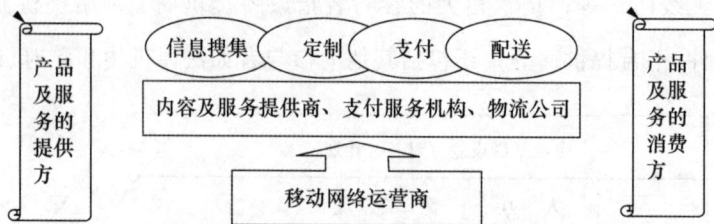

图 5-2　移动商务价值链结构

（一）产品及服务的生产环节

这一环节不仅包括原有的生产企业及传统服务提供者，而且还包括为网络应用提供内容及服务的网络内容服务提供商，如新浪、空中网、3G 门户、淘宝网等。

（二）产品及服务的信息搜集和定制环节

这一环节的参与者中，不但有产品服务制造商、消费者，而且还有为用户提供移动终端产品的制造企业，如诺基亚、苹果、联想等移动终端制造商，以及百度、腾讯、UC 等信息搜索提供商。

（三）产品配送环节

该环节的重要参与者就是具有高度信息化的物流企业，如顺丰快递、宅急送、EMS 等。

（四）支付环节

要顺利解决移动支付问题，仅仅依靠移动网络运营商是不够的，其"手机支付"业务在B2C、C2C市场已经显得力不从心。因此，传统金融机构及第三方支付的参与是解决移动电子商务支付瓶颈的必然选择。如PayPal（易趣公司）、支付宝（阿里巴巴公司）、财付通（腾讯公司）、易宝支付（Yeepay）、百付宝（百度C2C）、网易宝（网易公司）、汇付天下以及各类金融机构推出的网银等。

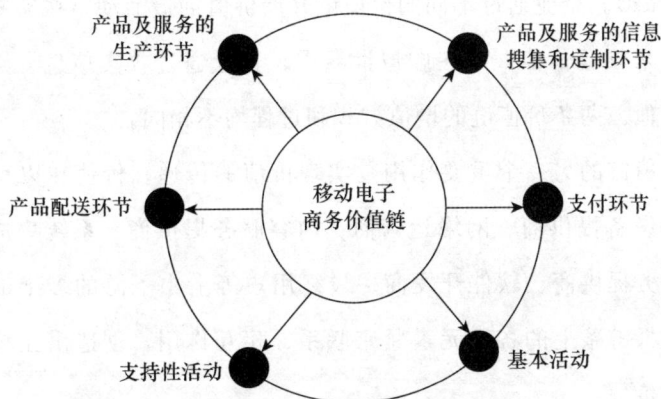

图5-3　移动电子商务价值链各环节关系

三、移动商务价值链的作用

价值链种类繁多且无处不在，如关联的企业之间存在行业价值链，企业内部各部门各单元组成企业的价值链。Porter的价值链理论告诉我们，企业与企业的竞争，不只是某个环节的竞争，而是整个价值链的竞争，整个价值链的综合竞争力决定企业的竞争力。

那么，价值链对于企业来说意味着什么？首先，企业通过整合上下游资源可以达到整合企业价值链的目的，因为企业价值链不是单一企业就能实现的。对此，娃哈哈集团有限公司负责人曾经说过："很多人怀疑我们的产品研发能力。确实，娃哈哈自己开发新产品的能力有限。但是，我的原料供应商都是世界级的供应商，为了让我多用它们的原材料，它们现在也在帮助我开发产品。世界上最新的产品动态，它们会及时反馈到我这里。"其次，企业只有掌握和培养自己的核心竞争优势，才能在价值链中获得有利的位置。再次，企业既要让消费者满意，也要让价值链上的合作伙伴满意。最后，企业应根据变化随时灵活调整价值链，要善于根据周围环境的变化和企业不同发展时期的特征和状态，不断转移价值重心，将企业价值最大化。

　　增值服务是移动商务价值链的重要作用和应用之一，是将价值附加到客户所购买的产品和服务中的一种方式，与其他服务一样，也包括产品的质量、唯一性、便利性和可能的服务反应性等方面。1995 年，Rayport 和 Sviokla 提出了"虚拟价值链"（virtual value chain）的观点。他们认为企业同时生存在两个世界之中：一个是可见的实物世界，称为"市场场所"（market place）；另一个是不可见的虚拟世界，称为"市场空间"（market space）。企业通过不同的价值链开展价值创造活动。在实物世界中通过采购、生产和销售来创造价值；而在虚拟世界中，企业通过收集信息、筛选信息、加工信息等来创造价值。两条价值链的增值方式和过程均不相同。

　　移动商务价值链的另一个重要作用是实现价值的传递。价值在以移动网络运营商为核心，由网络设备提供商、网络运营商、内容服务提供商、系统集成商、终端设备制造商、中间服务提供商、软件开发商、最终用户等上中下游的多个部分组成的一根链条上传递，这根链条上的各个元素紧密联系、相互作用，创造出比单一企业更大的协同效应和市场价值。

四、移动商务产业价值链分析

　　基于移动电子商务市场发展前景一致看好，产业新进入者不断增加，市场的主要参与者已不仅仅是电信运营商、应用开发商、移动互联网厂商和终端厂商，IT 制造商、系统供应商也在不断将自己的资源投放到该产业中。众多参与者的加入，使得移动电子商务产业链日益交错，各环节竞争也越发激烈。在产业链布局上，企业不断往产业链上下游渗透，多环节布局，从而使移动电子商务条件下的价值链生态系统发生了重大变化。各参与方为了最大地获取自身商业利益，以移动用户的需求为中心，在开展商务过程中担当着不同的商业角色。图 5-4 反映了移动电子商务产业价值链各种类型企业间的相互关系，他们共同组成了移动电子商务产业价值链，这些不同类型的企业打破行业界限，在价值链中保持竞争合作战略关系。

　　（1）移动用户：包括个人用户与企业商户。

　　（2）基础设备提供商：提供核心网络基础设施、网络运营维护设施，也提供网络演进、规划、优化、集成等服务。如华为、中兴、爱立信这样的通信设备提供商，以及中利、烽火等光缆供应商。

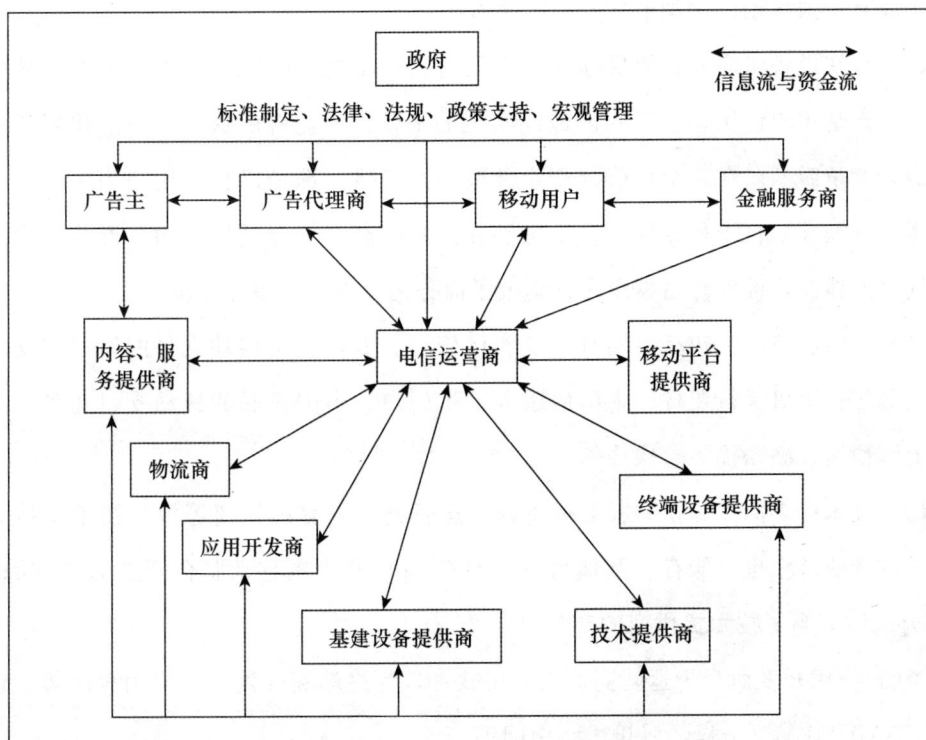

图 5-4　移动商务产业价值链结构

（3）内容提供商：包括搜索、视频、音乐、游戏、IM 等方面的商家。内容提供商拥有内容的版权，是信息创造的源头，提供相关的数据和信息产品并通过移动网络实现分发。这个领域有发言权的是 Google、百度、Yahoo 等传统的互联网"大鳄"以及土豆、优酷、腾讯等新兴互联网企业。

（4）移动平台提供商：是整个价值链的关键一环，向移动用户提供个性化和本地化的服务，最大限度地减少用户的导航操作，使信息、商品、服务最终到达消费者手中，实现价值转移的最终过程。比如谷歌手机应用平台 Google play 、中国移动的"移动 MM"、中国电信的"天翼空间 CTMarket"、中国联通的"沃商店"等。

（5）移动服务提供商：集成整合内容，针对不同的用户需求提供个性而多样的服务，如新浪、空中网、TOM、网易、搜狐、腾讯等。

（6）电信运营商：为移动用户提供各种通信业务，实现对运营商网络的接入，也提供各种网络相关的业务。运营商拥有庞大的网络和用户基础，为整个产业链提供服务平台和收费平台。在产业链中，运营商负责市场中包括内容提供商和服务提供商的监管，居产业链的主导地位。各个电信运营商不断地向产业链各环节渗透，竞争加剧。

主导企业有中国移动、中国电信、中国联通。

(7) 终端设备供应商：提供移动终端设备，指手机、PDA、平板电脑等终端生产企业。终端是用户使用移动互联网最终实现的平台，产业链的这个环节上积聚了大量的厂商，竞争激烈。在整个价值链商业模型中，实际上都是以移动用户为中心，企业所获得的利润都来自于移动用户。谁能够在用户间获得充分的影响力，谁能够为用户创造优良的体验，谁就将占据未来移动电子商务运营市场的主导地位。

(8) 金融服务商：包括参与移动支付的银行、专门负责移动支付的第三方支付机构等。如工行手机银行业务、中信信用卡手机门户、中国银联的移动支付业务、支付宝、上海捷银、联动优势、快钱等。

(9) 技术提供商：是指向服务提供商、运营商、内容提供商等提供技术支持的厂商。其在产业链中也可能存在其他角色，如 Google 和中国移动联合开发 OMS 操作系统，Google 充当了技术提供商的环节。

(10) 应用开发商：为运营商提供应用软件，为终端商开发终端应用程序等，包括微软、SAP、IBM、金蝶、腾讯、空中网等。

(11) 广告代理商：其有别于传统的广告代理商，它利用移动无线技术，通过对广告受众的属性分类，借助点告技术将广告投放到与之相匹配的移动用户终端，借助移动终端互动性的量化跟踪和统计实现评估，从而实现对目标用户的锁定，包括亿动广告传媒、深圳掌媒科技、腾讯等。

(12) 广告主：各个行业的广告主。

(13) 政府：为行业发展制定标准和提供法律法规与政策支持，宏观管理整个价值链的合理运营，如信息产业部、各地通信局、地方政府。

(14) 物流配送公司：包括传统的物流公司与第三方物流机构。

五、价值链整合与跨界合作

移动电子商务价值链是由移动电信运营商、内容服务提供商、金融服务机构、物流配送公司、用户、政府机构等多方共同参与构成的。各方参与者基于同一个网络平台为共同的最终用户服务，彼此之间通过有效的合作使价值链的上下游在移动电子商务竞合交易中获得共赢。因此，要使移动电子商务在未来的竞争中更加有序、整体产业链日趋成熟，必须加强价值链的整合与跨界合作。

（一）企业内部的价值链整合

在移动电子商务时代，产业链间的竞争更加残酷，竞争中胜出的企业更需要资本、技术、运营模式等方面强有力的整合。打通企业内部 ERP，把企业的基本活动与支持性活动以及产品及服务的生产环节、信息收集和定制环节、配送环节、支付环节等活动整合起来，打造企业内部移动电子商务价值链的创新模式。

（二）企业间的产业链整合与跨界合作

企业间移动电子商务产业链整合，可以对接电子物流平台、电子政务及诚信体系平台、移动电子商务平台、电子支付与结算平台、电子商务安全认证平台、公共电子商务平台等，实现 B2B、B2C、C2C、C2B 交易；同时还可以推进企业间的技术合作、信息共享、产业联盟等。最近，中国移动手机支付事业部与国内最大的货源分销网店服务提供商 Hishop 正式达成合作，将移动手机支付接口整合至 Hishop 旗下的网店系统产品中。整合后的网上商城，开店网商可以跟手机平台申请向客户发行代金券、红包、积分支付等服务，同时，可通过手机支付平台进行充值、提现、消费、支付等账户管理。中国联通、三星电子、宁波三生日用品有限公司在宁波宣布，三方将携手在移动电子商务领域展开全方位战略合作。根据规划，联通将利用其 3G 技术为三生移动电子商务提供最先进的 3G 网络运营技术支持和 SP 接入服务，为其搭建一个领先的电子商务移动平台；三星公司提供定制 3G 硬件终端，三生公司则利用其覆盖全国的销售通路和庞大的营销队伍，率先将其现有营销模式植入移动电子商务项目平台。三生移动电子商务还将首次实现"信息增值服务、网上购物平台、移动支付平台"三大功能。短期内消费者将通过手机借助无线网络技术，实现随时随地购买并支付。移动电子商务价值链上的企业在不断地跨界延伸。如 Google 原来只提供内容，现在 Google 开发了Android 平台，并且也开始生产手机 Nexns。又如中国移动，控制除设备制造外的整个产业链，在垄断传输运营的基础上又开始向终端、操作系统、软件及内容延伸，其运用强大的业内号召力独立开发了 OPHONE OS，意欲与 Symbian、Android 鼎足天下。通过这个平台，中国移动还整合了手机生产企业，并且未来打算开发独立的手机浏览器，进军移动互联网的软件领域；又开发了移动 MM、音乐、手机阅读等一系列应用环节，贯穿整合了整个产业链。种种迹象表明，要想赢得移动电子商务的未来，各企业必须加强价值链的整合与跨界合作。

六、移动商务价值链的创新

移动商务随着科学技术尤其是计算机技术的快速发展而迅猛发展，蓝牙、无线传输、平板电脑等技术和设备的普及应用，通过手持移动设备随时随地无线上网也已成为趋势。总结起来，移动商务价值链有以下六方面的创新趋势：

（1）移动互联网商业宣传热点。移动运营商和通信设备制造商将围绕着移动互联网进行大力宣传，通过巨额资金的投入来唤醒消费者的热情和关注，创造更大的商业价值。

（2）移动电子商务企业应用中心。无线关系客户管理（CRM）、销售管理和其他企业应用将使得企业用户不论在收入和办公效率方面都受益匪浅。因此，移动电子商务企业应用将成为运营商宣传的重头戏，而消费者应用将转入幕后。

（3）无线互联网。消费者通过手持设备接入互联网来获取信息，如电子邮件、股票信息、天气、旅行线路和航班信息等。手机和电脑的界限已经越来越模糊，并且手机取代电脑的趋势已经显现，将来电脑能完成的操作和功能手机基本都能实现。

（4）手机扫描。向手机等手持设备嵌入条形码，通过刷手机条形码完成刷卡、支付等操作，方便快捷。

（5）移动安全。随着人们已习惯使用移动设备接入互联网，手机支付、手机信息共享等操作已成为当今和未来的发展趋势，移动安全也日益受到关注。和电脑类似，移动终端设备同样面临更大的安全风险和潜在漏洞。因此，移动安全必将成为移动商务领域中的一个重要发展趋势。

（6）无线广告。随着移动商务的发展和移动设备的普及，广告移动化也成为发展的必然趋势。当今已经存在短信模式和彩信模式的广告，将来形式会更加丰富，诸如动态网页广告、移动推送等。无线广告势必会成为一种时尚，它也为广告客户提供了一个新的宣传媒介和展示平台。

任务实施

按照下面的例子，通过查阅资料选择一个移动电子商务的案例进行价值链分析，并形成分析报告。

一、案例背景

中国移动应用商场是中国移动通信集团广东有限公司 2009 年 8 月 17 日推出的移动应用商场 Mobile Market（简称移动 MM）。移动 MM 首先将实现中国移动网络和应用服务与手机终端的无缝对接，为消费者提供更为开放、丰富以及便捷的手机软件和应用下载平台；同时，移动 MM 为产业价值链搭建了更新、更大、更具包容性的平台，开辟了商业潜力巨大的发展空间。更为重要的是，移动 MM 的上线，不仅丰富了现有网络应用，而且为拥有我国自主知识产权的 TD-SCDMA 网络发展提供了更坚实的应用基础。据广东移动透露，截至 2011 年 7 月底，移动 MM 注册用户数已突破 1 亿户，月下载量最高接近 1 亿次，全年下载量累计已超过 3.1 亿次；移动 MM 还聚集了大量的开发者和精品应用，企业开发商有 4240 家，个人开发者有 248 万家，上架应用近 8 万家。从规模上看，移动 MM 已成为全球最大的中文手机应用商店和国内移动互联行业的第一平台。移动 MM 的最大特点就是"开放性"，在移动 MM 的市场价值链中，中国移动与应用提供商、终端厂商和最终用户一起成了参与主体。在这条由多方共同推动的价值链上，中国移动负责搭建移动 MM 体系，通过中国移动开发社区，为各类应用提供商和个人开发者提供开发技术和商业服务，并通过建立统一的销售渠道，向客户提供更为便利的应用服务。移动 MM 是为消费者提供各种精彩应用和数字产品的巨大商场，更是一个为开发者实现创业梦想的梦工厂。值得一提的是，中国移动与共青团中央联合举办的"MM 百万青年创业计划"，涵盖了全国 3000 所高校、5000 万在校学生。中国移动表示，移动 MM 将本着"互利、共赢、创新"的理念，以促进移动应用健康发展为目标，打造超过百亿规模的移动应用产业价值链。

二、移动 MM 的竞争分析

随着移动电子商务被各路商家一致看好，在国内，移动 MM 面对各路竞争对手，如诺基亚的 Ovi、Google 的 Gaogle play、苹果的 App Store、中国电信的"天翼空间 CTMarket"、中国联通的"沃商店"等，各个厂商通过发展移动应用商城来争取未来用户的决心都非常大，厂商之间的竞争博弈必然会消耗中国移动整合平台的资源和时间。那么，移动 MM 有哪些优势与不足呢？在优势方面，首先是品牌与用户基础。移动 MM 是一个具备自己特色的优势平台。中国移动的品牌优势以及用户基数优势直接带动了移动 MM 的发展，而为了保证内容资源的逐步完善及更新，中国移动把自身的品牌优势与资源整合发挥得淋漓尽致，建设了手机音乐、阅读、游戏、动漫、视频、

LBS、电子商务、应用商城等 8 大基地，进一步增强了用户的黏性。其次是开放性。移动 MM 在开放性、支付渠道以及对国内用户体验把握等方面更具优势。它不仅为手机用户提供了丰富的应用，为开发者创造了开放的市场和平台，中国移动还提出了与软件开发者三七分成的模式，对开发者有很大的吸引力。此外，中国移动拥有网络管道，网络管理上的限制较少，从政策及网络上最大限度地保障了移动 MM 的发展。最后是整合性。移动 MM 将各种不同的应用提供商、手机终端厂商、开发者和最终客户一起纳入成为参与主体，实现中国移动网络及应用服务和手机终端的无缝对接，其所面对的价值链更长，合作更广。毋庸讳言，移动 MM 的发展也存在一定的不足。首先，内容资源不够丰富依旧是其最主要的影响因素。其次，作为一个新兴平台，在技术以及经营管理上还有待进一步完善，与产业链各商家的合作与整合有待提升。在所面临的问题方面，首先是内容方面的问题，移动 MM 平台的开放性可能使得在平台上销售的各种应用程序或软件等存在有损消费者利益的问题。其次是质量方面问题，这主要包括软件本身的质量、软件与终端的匹配以及软件的后续服务管理。最后是版权保护以及盗版方面的问题。在我国，对于以软件为代表的非物质显性知识产权保护还不到位，移动 MM 能否处理好这些问题将直接影响其发展。

三、移动 MM 价值链分析

如图 5-5 所示，在移动 MM 产业链上，开发者将开发的产品上传到移动 MM 平台上，用户通过这个平台寻找并下载所需的产品或服务。而终端厂商和运营商的合作主要涉及两个方面：一是终端厂商可以在移动 MM 上开设专区，用于销售其提供的各种产品及各种应用程序；二是为移动运营商提供各种移动 MM 平台适用的终端。中国移动在这个价值链中扮演通道运营商、应用平台整合运营商两个角色。通道运营对应的是传统的通道型产品，应用平台整合运营对应的是把平台上所有的价值链环节整合起来。第三方软件测试机构为移动 MM 上的各种应用软件提供测试服务，主要测试软件质量是否合格，是否与现有终端操作系统相匹配等。应用提供商、内容及服务提供商也不断地为移动 MM 充实各种内容、应用、服务，同时，金融服务机构为移动 MM 与产业链中各成员提供各种金融服务，使整个产业链均围绕移动 MM 平台来运作。

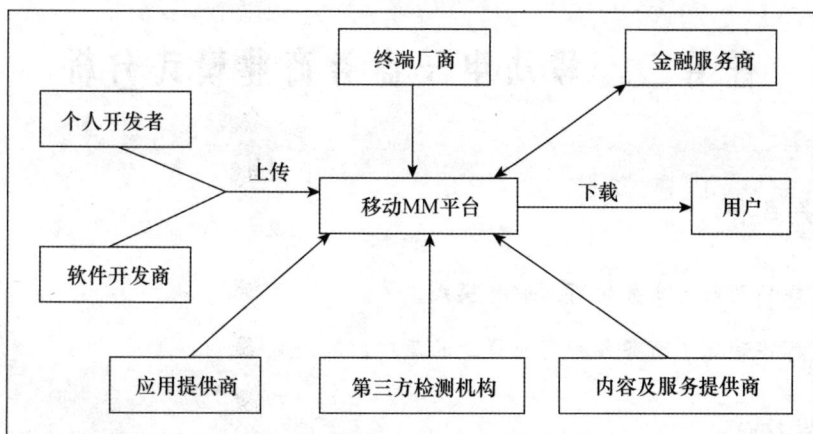

图 5-5　移动 MM 产业价值链结构

四、移动 MM 的产业链整合与跨界合作

在移动电子商务背景下，移动 MM 要脱颖而出，中国移动必须加强企业内部的整合，发挥品牌及用户基数优势，把集团的资本、技术、运营模式整合起来，把自身打造成为"网络＋终端＋通道＋应用"的移动互联网产业链主导者，在内容、技术、终端、软件、服务与行业标准方面发挥作用，推动移动 MM 的健康发展。在移动电子商务价值链中，其产业链不断延伸，如何在产业链日益复杂化的环境下保持对产业链的掌控已成为关键问题，基于产业链的整合与跨界合作至关重要。移动 MM 的发展方向应该是开放、合作、共赢的。在加速整合中国移动自有业务、开发新型服务的同时，移动 MM 应该不断寻求与产业链上下游成熟厂商的合作，学习先进的互联网运营方式和盈利模式，以更加开放的心态吸引更多的内容合作者、增值服务提供商和应用开发商，深层次挖掘用户需求，提升用户体验，整合产业链的各个环节与商家。如加强与互联网手机应用软件平台的合作，可通过与塞班智能手机网的合作，迅速提升移动 MM 应用软件的数量；加强与终端厂家跨界合作，如整合 Ophone、诺基亚、三星、索尼爱立信、摩托罗拉、LG、联想、多普达、酷派等手机厂商平台；另外，与诺基亚 Ovi 商店共同参与组成的 MM-Ovi 也是一个很好的开端。

任务二 移动电子商务商业模式分析

任务目标

1. 掌握移动电子商务的商业运行模式。

2. 了解移动电子商务各种商业模式的原理。

相关知识

移动商务的商业模式是指在移动技术条件下，相应的经济实体为创造、实现价值并获得利润的商业机制。它的内容包括客户类别、服务内容、服务流程、如何从各种服务中获取价值，以及成本的均摊、利润的分配、市场竞争策略等。根据移动运营商在移动商务价值链中的参与程度，它的角色可分为移动网络提供者、移动门户、中介、可信赖的第三方等，主要有移动信息服务、移动广告、移动手机报、移动互联网等主要商业模式。

一、短信定制的移动信息服务模式

短信定制服务是移动商务的主要服务内容之一。移动通信网络提供短信定制服务的方式有两种：普通短信定制服务（Short Messaging Servicc，SMS）和多媒体短信定制服务（Multimedia Messaging Service，MMS）。普通短信定制服务是移动商务的最初形式，对手机性能的要求很低，普通的具有文字输入功能的手机都可以享有此服务，用户只需要到电信部门开通即可享受有 SMS。SMS 的内容提供商一般在与电信部门合作、话费共享的基础上为用户提供个性化信息和内容服务，除具有使用方便、价格低廉、技术实现容易、覆盖范围广等特点外，采用的是推式服务方式，它的内容通过无线通信系统自动发送到用户的移动终端上，可以达到即时通信的效果。

多媒体短信服务是目前短信技术开发最高标准中的一种，它的特色就是可以支持多媒体功能，借助高速传输技术和 GPRS，以 WAP 为载体传送视频片段、图片、声音和文字等。多媒体信息不仅可以在手机之间传输，而且可以在手机和计算机之间传输。

移动运营商最基本的角色就是只提供无线网络供用户和内容提供商进行交流，开展最基本的短信业务和语音业务。在这种模式下，移动运营商在整个价值链中的参与程度非常低，除了向用户收取网络使用费以外，与下游用户几乎没有其他的联系。而在与上游的内容提供商的关系方面，也不提供任何网络以外的服务，它的收入仅来源于提供无线连接，移动运营商只负责对被称作"电信业的基础业务"的无线互联网的维护。如图 5-6 所示。

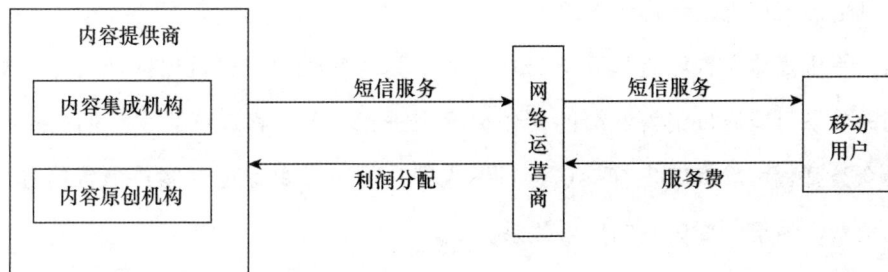

图 5-6　短信定制的移动信息服务模式

在这种商业模式中，主要的参与者是内容和应用服务提供商、无线网络运营商和移动用户，提供的服务主要是短信服务，用户交纳的短信定制费是主要的利润来源。内容服务提供商通过无线网络运营商向移动用户提供各种信息服务，用户通过交纳一定的定制费获得这些服务，无线网络运营商通过传输信息而获得通信费。另外，根据与内容提供商签订协议的情况，无线网络运营商还会以佣金的形式获得内容提供商的利润分成。

二、移动广告收费模式

从移动互联网角度看，移动广告是指由广告主通过移动终端向目标受众群体投放与产品服务相关的品牌、销售、商业或其他信息。

（一）移动广告的优势

移动广告相对于传统广告有如下特点：

（1）具有移动的特性，灵活性很强。过去的互联网广告说是对的时间投给对的人，现在是在对的时间、对的地点投给对的人。所以，它对于技术上的要求，对于各种情境下的分析会更深入、更深刻。

（2）手机用户群庞大。智能手机的大力推广和普及，推动着移动互联网市场规模的进一步扩张，中国手机用户规模不断攀升。CNNIC 数据显示，截至 2023 年 12 月，我国手机网民规模达 10.91 亿人，较 2022 年 12 月增长 2562 万人，网民中使用手机上网的比例为 99.9%。同时，手机用户比较多地同外界联系，接收信息的能力强，其消费需求相对多样化，适合不同类型的广告宣传。

（3）用户个人信息全面，便于分析。现有技术已经可以记录跟踪手机用户的具体操作行为。通过对消费者信息的有效把握，可以了解消费者行为方式，这是移动广告相对于其他形式广告最具优势的地方。

（4）手机媒体广告可直接到达目标群体。其他形式的广告难以区分受众，对于广告达到的效果只能通过销售业绩的变化情况来进行推测。移动广告由于明确了广告的具体受众类型，可以将广告直接送达目标人群，可通过跟踪记录客户消费信息，甚至直接同消费者通信，准确获知广告效果。

（5）手机媒体广告具有自发传播性。手机终端不仅可以接收广告内容，还可以将广告内容向周围人群转发。

（二）移动广告的商务模式

在移动广告的商业运作模式中，涉及广告客户、内容提供商、无线网络运营商和广告受众。当然，在广告模式中，还涉及一些中间商，如无线广告代理商、内容集成商、移动门户网站和无线网站接入商等。

在价值链中，广告客户（广告主）是这一切的源头，是最为重要的一环，因为它是广告需求的发起者，其他价值主体的获利在很大程度上取决于广告客户所付的广告费用。运营商主要是控制传播的渠道。内容提供商所起的作用则是维持经过授权的移动数字型号。技术提供者解决在传播过程中的技术问题。受众则是广告的最终接受者，他们对手机移动广告的态度很大程度上决定了这个新媒介的未来。在其商业模式中，广告内容是指移动广告所提供给目标受众的信息。手机移动广告在内容提供上与传统广告有所不同：传统广告大部分是广告主要求的信息发布，而移动广告则强调为消费者提供所需要的信息。如果不能提供受众需要的信息，会影响到他们对信息的处理。所以，手机移动广告要求把握好消费者的预期需求和心态。运营商的环节主要是运营商的渠道管理过程。比如，在手机移动广告中主要是靠电信的运营商提供渠道，电信的运营商可以通过对渠道的把关和控制来获利。

在这种模式下，表面上看，广告客户支付内容提供商一定的费用，内容提供商再与无线网络运营商之间进行利润贫配。实际上，移动用户才是利润的来源，移动用户通过购买产品和服务，将利润过渡给广告客户，广告客户只是将其利润的一部分以广告费的形式付给内容和服务提供商。内容提供商通过将推销信息添加到发给移动用户的内容和服务中，获得广告费。而无线网络运营商通过为内容提供商提供无线传输服务获得通信费或者利润分成。

所以，要打造成功的移动广告，首先要建立一种良好的用户应用模式，将其包装成 一个有吸引力的媒体形式，让尽量多的用户（即广告受众）接受这种形式；然后在有足够多的用户的基础上，建立一种广告投放的模式，让广告客户能通过这种模式展示自身的广告信息；最后，建立一个广告应用平台，从而方便地让客户或者代理商能投放广告以及获得监控报告。

（三）移动广告的类型

根据广告的投放方式，广告商务模式可分为 Push 类广告商务模式和 Pull 类广告商务模式。

1. Push 类广告

Push 类广告的特点是由上列下，快捷简单。其精准化趋势在于对用户数据和用户行为的准确分析，所以商务模式非常简单。在媒体应用方面主要是获取用户授权，在客户方面主要是通过代理商发展客户。一方面，运营商利用应用捆绑或者优惠活动，发展大量授权许可用户；另一方面，吸纳代理商发展广告主。由于广告形式简单，多数广告策划、设计工作可以直接由广告商（代理商）完成。Push 类广告商务模式如图 5-7 所示。

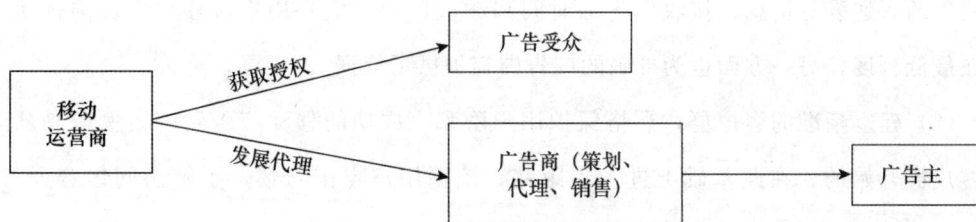

图 5-7 Push 类广告商务模式

Push 类广告最有代表性的案例是中国移动在 2003 年推出的"企信通"业务。企信通是以客户数据精细化分析为基础，通过中国移动自身储备的海量客户电信消费历史信息（如计费系统、客服系统、客户关系管理系统、数据业务平台系统等），辅之以外在获得的附加信息（如各大服务提供商门户网站搜集的带有用户手机号码注册的客户爱好、购买行为等信息），建立细分用户与条件筛选数据库，为集团和行业客户提供营销广告精准投放服务。

2.Pull 类广告

Pull 类广告则具有客户许可的优势，以移动互联网为主要形式，服务提供商通过移动互联网提供内容吸引用户浏览，在大量用户浏览基础上向商家销售广告。运营商仅仅是应用平台提供商，其广告平台、站点内容往往由专业广告平台商提供，广告平台商同时也承担广告代理销售的工作。Pull 类广告来源于用户直接需求或者对用户行为分析出的"潜在需求"，因此广告效果比较好。Pull 类广告商务模式如图 5-8 所示。

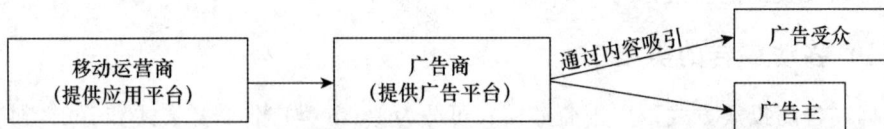

图 5-8　Pull 类广告商务模式

（四）移动广告的发展趋势

移动广告的发展趋势主要有以下四个方面：

（1）坚持用户主导性，走绿色广告之路。有效的移动广告，关键是让广告内容和用户联系起来，做到许可营销，即不向用户发送未经许可的广告信息，走绿色广告之路。尽量减少未经许可的群发和主动 Push 型广告，取而代之的是引导用户定制和提前知晓的广告。通过提前"告知和定制反馈"，运营商也可以进一步了解到愿意接收广告的用户的兴趣爱好信息、接收广告的时间和频次，一方面将用户对移动广告的排斥控制在最低程度，另一方面也为准确的广告内容提供了依据。

（2）建立精准的客户群，严格保护用户隐私。成功的移动广告营销案例应是从建立客户群开始的，在此基础上进一步跟踪，挖掘用户点击习惯，了解访问内容爱好、访问时段等信息。掌握了这些内容后方可支持广告商有目的地推送广告，例如在什么时候，什么页面给什么客户推送什么形式的广告等。

（3）实施精确营销和分众化营销。精确营销有两种：一种是广告受众的精确细分，主要解决如何将移动广告推送到合适的人手中；另外一种是情景式推送，主要解决如何在适合的时间和地点将移动广告推送到需要这些广告信息的手机上。在 3G 时代，运营商已经可以定位用户的地理位置，比如刚下长途火车站就可以收到问候信息以及酒店的预定信息和车票的服务信息。这种与销售终端的互动往往更容易促使消费者产生购买意向，取得不错的广告效果。

（4）加强业务创新、内容整合，实现多方共赢。移动广告商业模式的核心是要实现广告主、运营商、技术提供商、媒体、消费者等产业链参与方共赢。从目前整个移动广告产业链来看，移动网络用户是广告的目标受众，是移动广告的终点，其参与的积极性主要取决于其他方提供的增值服务内容、质量与其需求的一致性。

三、手机报模式

手机报是一种把传统媒体的内容与手机通信方式结合起来，以手机短信为载体，及时广泛地传递新闻、资讯的非纸质报纸。它是以手机为终端载体，用户通过短信、彩信和 WAP 浏览新闻、资讯的一种信息传播业务，已成为传统报业继创办网络版、兴办网站之后，跻身电子媒体的又一举措，是报业开发新媒体的一种特殊方式。

（一）手机报的优势

手机报的优势主要体现为以下三个方面：

（1）时效性，可以实现信息的即时接收和传播。手机已经成为人们日常生活中不可或缺的沟通工具，手机的随身携带性使手机报可以不受时间与空间的限制，可以在任何时间、任何地点传输信息。该特点提高了新闻的时效性，特别是当遇到突发事件时，手机报可以像网站一样实现新闻的动态传播，用户不仅可以第一时间知道新闻的结果，而且可以时刻关注它的发展过程，使用户身临其境般地感触到新闻事件。

（2）多媒体优势。手机报所发送的新闻，不是短信意义上的文字新闻，而是一个多媒体数据包，包含了图片、文字、声音、动画等，用户不仅可以去看、去听，而且还可以借助图片和动画等形式更深刻地去理解新闻，从而充分调动受众的视听器官，实现新闻的多维阅读。

（3）互动性，真正实现了传播流程的反馈。手机报相对于传统报纸的优势体现在与受众的互动性上，用户在接受信息的同时可以随时通过编辑短信、浏览网站的方式表达观点与想法，积极参与手机报的互动。

（二）手机报的类型

手机报从信息获取方式上大体可以分为三种类型：彩信型、网站型、客户终端应用软件型。

（1）彩信型手机报是电信运营商将新闻以彩信的形式传输到定制业务的手机终端，手机用户可以离线随时随地观看。彩信手机报每月的定制费用从 3 元到 30 元不等，内容包含文字、图片、动画、声音等多种符号。

（2）网站型以 WAP（Wireless Application Protocol，一种无线应用协议）、3G（3rdGenerstion,，第三代移动通信技术）等为代表。这种 WAP 无线应用协议和 3G 技术，是移动终端连接因特网的标准协议．它使得用户随身携带"小型网络电脑"成为可能。读者不需专门定制，只要用手机登录相关网站，就能在线获取信息服务。它更像是一个专业、完整的新闻报刊，与传统媒体有着相似的发行方式，内容翔实、图文并茂。从这个角度看，手机报不仅是传统纸质报刊的数字化延伸，也是网络报刊向移动化方向的发展。

（3）客户终端应用软件型即用户通过预装或下载的软件客户终端在线或者是离线读取手机报的内容，主要针对拥有智能手机的商务客户。

手机报产业链的主体分为三个部分：内容供应商、技术服务商、网络运营商。一般情况下，三个主体部分是独立运营的，通过对所得收益的分配达到合作目的。传统媒体如报社、电视台利用自身的信息采访、编辑优势，提供最快速、最具原创性的新闻信息，以及将原本运用得十分娴熟的广告吸附运作功能，搬运到手机报上来，从而成为这场媒介角逐中不可或缺的内容供应商。电信公司作为技术掌控方，掌握着手机技术平台及远程服务项目，并掌握着上亿的手机客户，是一个巨大的信息承载外壳。网络公司则可利用自己巨大的网络信息平台，最近距离地"嫁接"手机。

（三）手机报的盈利模式

手机报主要通过三种手段实现盈利：一是对彩信定制用户收取包月订阅费实现盈利，比如目前各种手机报用户，每月的包月费用为 3 元到 30 元不等；二是对 WAP 网站浏览用户采取按时间计费的手段；三是借鉴传统报刊的做法，通过广告吸附来实现盈利，但需要注意的是，必须协调好新闻和广告的空间比例和时间比例，不然会使手机报用户产生排斥。

在 4G 技术影响下，广告的传播将不再受到时空地域的限制，全国各地的订阅用户都能收到广告信息。4G 技术解决了传输速度、数据流量等难题，精致优良的平面广告与声画结合的多媒体广告都能畅行无阻，广告客户可以有针对性地将广告投放到目标消费者订阅的手机报上。广告形式也多种多样，有企业冠名的栏目，如体育、娱乐产品，以电子优惠券的形式吸引用户点击阅读；有企业的点播，如商场打折促销活动、医院专家门诊情况、展览馆展会信息；各类服务信息，如家政、教育、就业等与广大百姓日常生活密切相关的资讯。手机具有私密性和小众化的特点，广告的到达率和传播效果明显要优越于传统报纸。在发布广告的同时，应密切关注消费者的心理感受，良性植入广告，避免引发用户厌烦。4G 力求实现"广告信息化、信息服务化、服务个性化"。除了广告外，手机报还可借助 4G 的技术力量，推出系列增值服务，如音乐、游戏、小说下载之类，为手机报的盈利添上一笔。5G 所带来的最直观的变化，其实也就是移动网络通信速度的提升，大约是 4G 的 11 倍。同时整个移动网络的稳定性和响应速度也会有所进步。严格来说，与其说 5G 将对互联网广告行业产生影响，更准确的说应该是：5G 将有可能再一次改变主流的信息传播方式，为网民带来全新的信息交互及媒介交互体验。而广告，作为传媒行业中的一种重要商业模式，也会随着用户的注意力、用户的媒介交互方式的变化而变化。所以 5G 给予广告行业的影响，也就是基于高速移动互联网产生的全新的内容形式、交互体验和媒体选择。

四、移动互联网

移动互联网是一个全国性的，以宽带 IP 为技术核心的，可同时提供语音、传真、数据、图像、多媒体等高品质电信服务的新一代开放的电信基础网络，是国家信息化建设的重要组成部分。

（一）移动互联网的应用

目前，移动互联网主要有三大方面的应用，即公众服务、个人信息服务和商业应用。公众服务可为用户实时提供最新的天气、新闻、体育、娱乐、交通及股票等信息。个人信息服务包括浏览网页查找信息、查址查号、收发电子邮件和传真，统一传信、电话增值业务等。商业应用除了办公应用外，最主要、最有潜力的应用就是商务应用。网上购物、银行业务、股票变动、机票及酒店预订、旅游及行程和路线安排、产品订购等都是移动商务中较早开展的应用。

移动互联网的商务价值链主要包含广告商、内容提供商、服务提供商、移动运营商、用户、终端制造商、软件开发商、芯片提供商、设备提供商、系统集成商，其中移动运营商、终端制造商、内容提供商、服务提供商等扮演了重要的角色，起到了不可忽视的作用：移动运营商提供信息通道并且牢牢掌控对用户的收费环节；终端制造商目前有直接向用户销售和运营商定制终端两种销售方式；内容提供商是移动数据业务内容提供商，或者叫移动增值业务内容提供；服务提供商是移动互联网服务内容应用服务的直接提供者，负责根据用户的要求开发和提供适合手机用户使用的服务。与传统的"推"式价值链不同，新的产业价值链是一个"拉"式的价值链，一个围绕最终用户形成的链，真正体现了以用户为中心的思想，从而形成良性的市场发展。这也意味着产业链上各环节的关系不再是传统的上下游关系，更多的是一种合作关系，各方的发展都关系和影响到整个移动互联网价值链，由此引起移动互联网商业模式的发展变化。产业联盟是移动互联网商业模式的核心，在这种模式下，移动运营商是名副其实的移动价值链的主导者。

（二）移动互联网的收费模式

移动互联网最主要的收费模式是后向收费，即协助合作伙伴、广告商等向终端用户推广产品，并向合作伙伴收取费用，而非向最终用户收取费用的模式。在互联网企业中，由于网页信息对所有的用户来说都是免费的，因此互联网企业通过对用户提供免费的信息，借此吸引大量用户来使用自己的平台，这些互联网企业一般通过为后向企业提供收费的广告、会员费等等来盈利。目前的后向收费模式包括有广告发布费、竞价排名费、冠名赞助费、会员费等费用。在互联网企业中，这一模式具有代表性的网站第一类是搜索引擎类网站，如百度、谷歌等；第二类是大多数视频类网站，如优酷、土豆、酷6等；第三类则是电子商务网站，如京东商城、淘宝、当当、亚马逊等；还有成千上万的小网站，基本归为第四类，都以网民的点击量为依据，向后向客户收取广告费。

（三）移动互联网的主要商业模式

移动互联网主要有以下三种主要商业模式：内容类商业模式、服务类商业模式、广告类商业模式。

1. 内容类商业模式

内容类商业模式是指内容提供商通过对用户收取信息、音频、视频、游戏等内容费用而盈利。内容提供商可分为官方内容提供商和独立内容提供商两种。官方内容提供商通过运营商建立的网站为用户提供信息内容，并由运营商代为收费，运营商提取一定比例的利益分成，计费方式分为包月收费和按次收费两种。独立内容提供商则通过自己独立的 WAP 网站为用户提供信息内容，通过第三方进行结算，并支付一定的佣金。如

图 5-9所示。

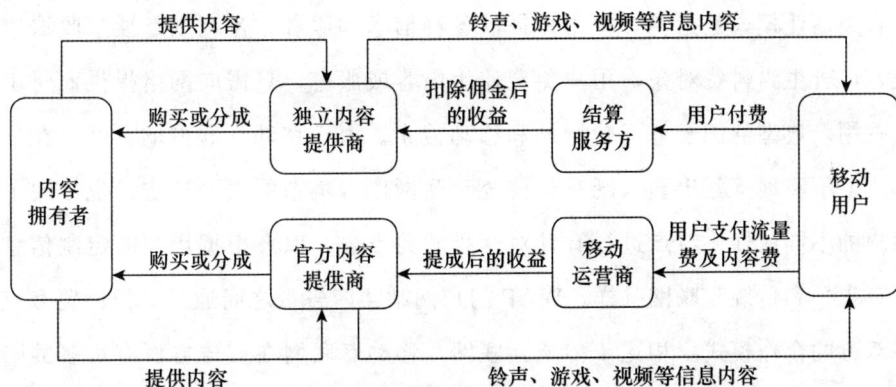

图 5-9　内容类商业模式

　　这种模式中的内容形式多种多样，在所有内容目录下的服务都可以收费。用户愿意支付费用的项目包括音乐下载、视频下载、电子杂志订阅，游戏下载等，每个收费的网站都会提供一部分免费的内容或免费的时段，这有助于用户试用后再决定是否为此服务付费。此种模式为目前移动互联网最主要的盈利模式，其中官方网站又占据着绝大部分的份额。

　　2. 服务类商业模式

　　服务类商业模式是指基本信息和内容免费，用户为相关增值服务付费的盈利方式，手机网游就是很好的例证。手机网游通过手机终端实现随时随地地游戏与娱乐，大部分的服务提供商采取免费注册的方式吸引游戏玩家，其收入主要来自增值服务，包括销售道具、合作分成、比赛赞助、周边产品销售等。以手机 QQ 为例，手机 QQ 服务免费，但对虚拟物品销售，包括 QQ 秀、宠物等进行收费，并已成为其主要收入来源，它是互联网 QQ 业务盈利模式的顺延和扩展。服务类商业模式如图 5-10 所示。

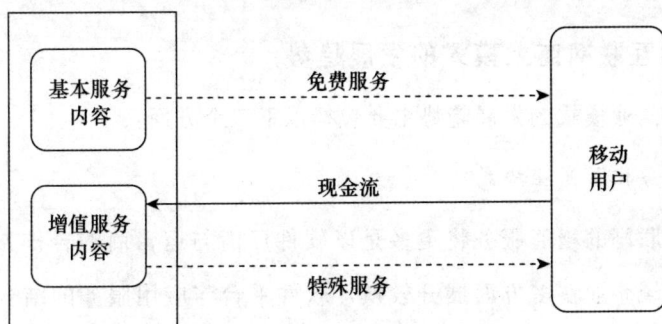

图 5-10　服务类商业模式

3. 广告类商业模式

广告类商业模式是指免费向用户提供各种信息和服务，盈利则是通过收取广告费来实现，广告主为付费对象，用户免费使用内容或服务，只需向网络提供商付出一定的流量费用，典型的例子如门户网站和移动搜索。由于移动互联网的特性，在广告的投放方式上不断地推陈出新，既有与传统互联网广告类似的页面广告，也出现了根据手机用户的不同属性、特点进行有针对性投放的点告，以及根据用户的定制信息定向投放的直告。和传统互联网一样，WAP 门户网站和广告主之间通过页面浏览和点击率来构建双方的合作模式。相比于传统互联网，移动互联网在广告方面有很多的限制因素，最大的限制来自手机的屏幕尺寸，过小的尺寸和较慢的传输速度无法向用户展示有吸引力的图片，同时用户支付流量费来阅读广告也并不符合商业常理。这就要求手机广告的内容一定要对用户有吸引力，同时通过手机用户深度参与讨论，直接促进广告产品的营销。互联网的搜索业务主要靠竞价排名和广告链接收费，网络构架的差异以及手机屏幕和带宽的限制决定了移动搜索无法完全复制互联网搜索盈利模式。目前移动搜索市场的盈利模式尚未成熟，移动搜索服务商可以利用手机的便携性、移动性向用户提供简洁而有针对性的实用信息内容，从而不断创新盈利模式。广告类商业模式图 5-11 所示。

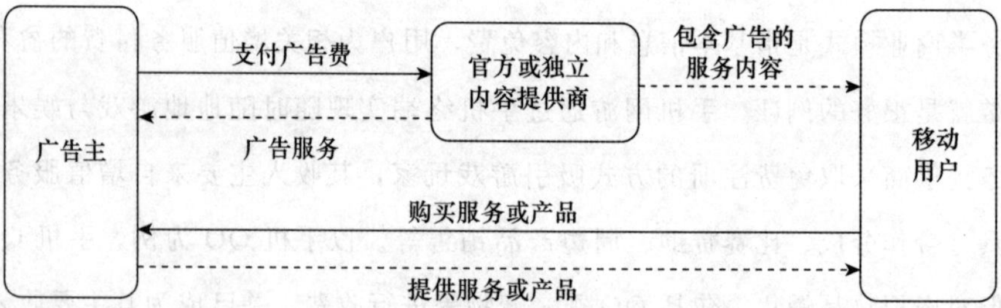

图 5-11　广告类商业模式

（四）移动互联网商业模式的发展趋势

移动互联网商业模式的发展趋势主要包括以下三个方面：

1. "软件服务化" 商业模式

未来移动互联网的增值服务将更多是以软件厂商与运营商的合作方式来实现。随着移动互联网领域企业在多方面展开较量，软件平台与应用服务的结合将成为竞争的新焦点，未来移动互联网业务的产业链中将诞生"软件＋服务"的联合模式。目前网络服务中以微软和谷歌为代表，从微软提出"S＋S"（Software ＋ Services）的战略来看，该战略发展的四大支柱是体验、交付、联盟、聚合；谷歌的 Desktop 和亚马逊的 AWS 则都是"软件＋服务"的代表产品。由此可见，移动互联网领域的产品及服务模式在发展过程中，软件服务化也将是一个趋势，以手机软件平台为核心的应用服务在产业中将会起到越来越重要的推动作用。

2. 传统移动增值商业模式

在产业价值链中，与运营商关系最为密切的利益相关者是客户、服务提供商、内容提供商、终端制造商和设备/软件提供商。其中，服务提供商、内容提供商与运营商之间的博弈关系将是移动互联网产业链中最重要的环节。在 3G 时代，应用与内容领域是移动互联网产业发展的焦点，移动运营商与服务提供商/内容提供商竞争合作策略的成败都将关系到移动互联网的繁荣与否。移动运营商应发挥产业链上的主导地位，加大对产业链的整合力度，通过与第三方合作来开发更加丰富的应用服务，让运营商从原来的监管和规划转变成引导和支持，真正做到泛行业合作和对参与合作的不同伙伴的准确价值定位，这样才能使移动互联网产业进入一个新的历史发展阶段。

3. 价值链网络化

随着终端企业进入移动互联网业务领域以及互联网服务提供商进入终端软件领域，促进了多功能终端和应用导向终端的发展，使得以移动终端为载体、不通过门户或搜索的移动互联网业务种类不断增多，这些业务简单易用、更新快捷，将获得各层次用户的青睐。业务种类的增多反映出社会专业化分工的细化，业务组成移动互联网产业价值链中的各个"结点"，每个结点都是一个功能模块，整个价值链体系将变得更加脉络清晰、有序，呈现出网络化结构。

任务实施

1. 根据任务要求明确调查的题目——移动电子商务商业模式调查。

2. 分析任务要求，列出调查提纲，确定所需材料。

3. 通过互联网进行资料收集，注意数据的发布时间，采用最新数据，并保持数据的连续性。

4. 资料的整理。

5. 资料分析。

6. 撰写调查报告。

项目总结

　　移动商务价值链是指直接或间接地通过移动平台进行产品或服务的创造、提供、传递和维持，以及从中获得利润的过程中形成的价值传递的链式结构。可以将其参与者分为用户、内容和服务相关、技术相关以及其他等。移动商务的商业模式是指在移动技术条件下，相应的经济实体为创造、实现价值并获得利润的商业机制。其内容包括客户类别、服务内容、服务流程、如何程各种服务中获取价值，以及成本的均摊、利润的分配、市场竞争策略等。根据移动运营商在移动商务价值链中的参与程度，其角色可分为移动网络提供者、移动门户、中介、可信赖的第三方等。主要商业模式有移动信息服务、移动广告、移动手机报、移动互联网等。

做一做练一练

1. 简述价值链与移动商务价值链的含义与区别。

2. 移动商务价值链对企业有哪些重要作用？

3. 简述移动商务价值链的发展趋势。

4. 目前移动商务主要有哪些商业模式？请分别叙述。

项目六 个人移动电子商务应用

任务一 手机购物

一、手机购物概述

手机购物，是指利用手机上网实现网购的过程，属于移动电子商务。其原理和电脑上网购物一样，只不过载体从电脑变成了上网手机。国内 3G 业务将有望联手网络购物、网络支付等平台，通过超高的网速实现"手机购物"。未来中国的手机购物会有一个高速增长期，用户只要开通手机上网服务，就可以通过手机查询商品信息，并在线支付购买产品。

不用去实体店铺，也不用坐在电脑前"淘货"，一部手机就能完成"逛店"、选购和支付的全过程。据透露，运营商、网购平台以及网付平台三方已对合作形成了意向，一旦"手机购物"的铁三角形成，不仅用户购物将更为便捷，电信运营商和网购行业也将从中获益匪浅。

所谓"手机购物"，其原理和电脑上网购物一样，只不过载体从电脑变成了上网手机。

二、手机购物发展

90％的日本、韩国手机用户都已经习惯在手机上消费。日本——装有智能卡的手机在自动售货机购物，甚至是购买大米、洗衣粉这样的日常生活用品。在最早开通 3G 服务的日本，移动电子商务交易额已经占电子商务总体交易额的 40％左右。移动电子商务的发展，为日本众多商业企业提供了新的销售渠道，几乎所有的网上经营者都同时经营自己的移动商铺。相比传统的互联网购物，消费者用手机购物更加便捷、私密、互动，手机购物已经成为日本、韩国等国"快时尚"的标志，深受城市年轻人的喜爱。

人民网研究院日前发布了《中国移动互联网发展报告（2023）》显示，移动互联网用户规模增长已趋向稳定。截至 2022 年底，移动电话用户总数达 16.83 亿户，移动互联网用户数达 14.53 亿户，增幅均进一步趋缓。2022 年，移动互联网接入流量达 2618 亿 GB，同比增长 18.1%。国内市场上监测到的 App 数量为 258 万款，同比增长 2.4%。

对比 2023 年 1 月和 12 月数据，00 后、60 后用户占比均提升 0.1 个百分点，一线、新一线及二线高线级城市占比整体提升了 10.5 个百分点。2023 年 12 月，美团 App 月人均使用时长同比提升 8.9%，淘宝、京东 App 观看直播用户比例进一步提升，短剧类 App 及小程序流量近 1.5 亿，移动购物行业 App 用户规模达 10.74 亿，同比增长率由 2022 年同期的 7.6%，下降至 1.5%，但用户使用时长增长依然可观，月人均使用时长达 11.4 小时，同比增长 10.1%。同期拼多多全景流量去重用户规模达 8.80 亿，逼近淘宝的 9.31 亿；京东全景流量去重规模达 6.69 亿，其中京东购物微信小程序用户规模即达 2.66 亿，成为京东全景流量的重要组成部分。国产手机品牌动作频频，"内卷" AI 大模型；新能源汽车频繁上新 5.1 国产终端品牌市场表现活跃，华为、OPPO、vivo 和小米等品牌占据 7 成以上的市场份额，智能产品开发模式、线上产品模式以及品牌营销模式发生剧烈改变，例如智能设备中，国产智能手机厂商在处理器、屏幕、摄像、续航之外，纷纷卷起了 "AI 大模型" 手机，华为的盘古大模型、OPPO 的安第斯大模型、vivo 的蓝心大模型、小米的 MiLM、荣耀的魔法大模型……

针对这种情况，京东、当当、凡客、淘宝、1 号店大型电子商务网站纷纷推出或完善了自身的手机购物门户，同时研发或升级自己的手机购物终端，努力改善用户体验。

同时，很多第三方手机购物应用软件也应运而生。这些软件通过对多家电商网站中国手机购物实物交易规模的信息整合，帮助用户实现即时比价、查看评价等功能。比如我查查比价软件。另外，这些软件具有特色的扫描条形码、二维码搜索商品功能也是吸引用户的重要因素之一。除此之外，还有一些公司另辟蹊径，通过具有特色的垂直类手机购物功能迅速占据了半壁江山。这类软件的特点就是更加专业，能提供更好的用户购买体验。比如专门针对图书行业的图书买手软件，在提供多家电商的比价之后可以直接下单，无须跳转登录，用户购物流程得到完美简化。

随着智能手机的普及和应用，手机购物已经由单一的 WAP 转换为单个的客户端模式，使手机购物实现了便捷、有效的移动营销。

手机网购和电脑网购一起，无疑可以更广阔地覆盖用户潜在的购物时间，让人们可以随时随地更便捷地利用电子商务，不浪费人们可能随时随地产生的消费冲动。但这不等于手机网购轻易便会获得成功，因为用户需求的开发和使用习惯的培养是要花费时间和精力的，但一旦用户习惯了这种方式，那么其蕴含的巨大潜力，足以成为电子商务的另一个杀手级应用。

三、手机购物应用程序介绍

(一) 手机淘宝

淘宝网是亚洲第一大综合网络购物平台，其中淘宝商城整合数千家品牌商家，提供 100%品质保证的商品、7 天无理由退货的售后服务以及购物积分返现等优质服务。淘宝客户端依托淘宝网强大的自身优势，整合旗下团购产品聚划算、淘宝商城为一体，提供给用户每日最新的购物信息；更具有搜索比价、订单查询、购买、收藏、管理、导航等功能，为用户带来方便快捷的手机购物新体验。

图 6-1　手机淘宝应用程序

功能介绍：

(1) 购物比价：您可以到家乐福、沃尔玛、国美、苏宁等任何一家超市或者连锁店，通过关键词搜索、条码搜、语音搜及二维码搜索等多种搜索方式即可实现和淘宝网商品的比价，300 万条码库条码扫描更方便，让您购物更省钱！

（2）便民充值：话费充值、游戏点卡充值、Q币充值，简单方便，支付宝支付又快有安全。

（3）淘宝团购：聚划算每日更新，商品团购每天3场，生活团购支持全国"85+"个城市的吃喝玩乐团购信息。

（4）折扣优惠：同步WEB版淘宝活动丰富，逛单品，逛店铺，活动专区优惠多多，同城生活购物更优惠。

（5）类目浏览：找准目标，快速直达；更有彩票及机票的专属购物通道。

（6）宝贝筛选：更直接，搜索宝贝后可根据人气、信用、价格及销量的排序来选择；也可根据类目、地区进行筛选，用户可以快速查询购买宝贝。

（7）宝贝浏览：支持宝贝大图小图浏览，使用小图节省流量，查看大图更清晰。

（8）宝贝详情：提供文字版及图文版宝贝描述，提供根据网络使用情况的随时切换。

（9）分享惊喜：同步新浪微博，可以直接@好友名字。通过图片、文字、二维码与好友分享优惠，支持8亿淘宝商品的二维码分享。

（10）支持Wi-Fi、CMWAP、cmnet、uninet等多种联网方式。

（11）提供默认登录及本地验证码功能，无须通过电脑或wap再次验证登录。

（12）阿里旺旺：支持与多个卖家即时联系沟通聊天的IM工具。

（二）京东商城

京东网上商城是中国最大的综合网购平台，正品行货，售后上门取件，省钱又放心，商品品类覆盖家电、数码通信、电脑、家居百货、服装服饰、母婴、图书、食品等11大类数万个品牌70余万种优质商品，是网购用户首选。

功能介绍：

（1）常用功能：下单、查询订单、搜索商品、晒单、产品评价等常用功能。

（2）比价：您可以到家乐福、沃尔玛、国美、苏宁等任何一家超市或者连锁店，只需对着商品条形码轻按按钮即可实现和京东商城比价，让购物更省钱！

（3）特色功能：拍照购，轻松购，语音购。

图 6-2　京东商城

（三）美团

美团是 2010 年 3 月 4 日成立的团购网站。美团网有着"团一次，美一次"的宣传口号。为消费者发现最值得信赖的商家，让消费者享受超低折扣的优质服务；为商家找到最合适的消费者，给商家提供最大收益的互联网推广。美团网在整个运作过程中，对于商家没有任何风险，消费者如果对合作商家的产品感兴趣，可登录美团网通过支付宝或者银联卡付钱下单，之后消费者会收到美团网发送的短信密码消费券，消费者凭短信密码可直接到商家消费，商家可凭消费者消费券和美团网结算。2014 年美团全年交易额突破 460 亿元，较去年增长 180％以上，市场份额占比超过 60％。美团网数据显示，2014 年 12 月单月交易额达到 63 亿元，单日交易额更突破 3 亿元。在市场份额占比方面，美团网市场份额超过 60％，比 2013 年的 53％增长了 7 个百分点。2015 年 1月 18 日，美团网 CEO 王兴表示，美团已经完成 7 亿美元融资，美团估值达到 70 亿美元，最近两年不考虑上市。

美团团购客户端是美团网精心打造，提供浏览、支付、消费凭借等一体化服务的移动应用程序。美团团购客户端浏览顺畅、操作简单，并且针对移动终端做了一系列专享功能和体验。

主要功能包括：美食、酒店/客栈、猫眼电影、KTV、休闲娱乐、机票、生活服务、丽人、外卖、周边游等。

图 6-3　美团

（四）大众点评

大众点评网于 2003 年 4 月成立于上海。大众点评是中国领先的本地生活信息及交易平台，也是全球最早建立的独立的第三方消费点评网站。大众点评不仅为用户提供商户信息、消费点评及消费优惠等信息服务，同时亦提供团购、餐厅预订、外卖及电子会员卡等 O2O（Online To Offline）交易服务。大众点评是国内最早开发本地生活移动应用的企业，目前已成长为一家移动互联网公司，大众点评移动客户端已成为本地生活必备工具。

图 6-4　大众点评

任务二　移动娱乐

一、移动娱乐概述

（一）移动娱乐现状

进入 21 世纪，随着数字时期的不断前行，囊括了音像、游戏、资讯、交友等在内的娱乐方法已成为移动娱乐产业非常重要的组成部分。而随着技术和内容的不断完美，这一行业将在今后两年内进入高速发展期。《2023 年中国游戏产业报告报告》数据显示，2023 年，国内游戏市场实际销售收入 3029.64 亿元，同比增长 13.95%，首次突破 3000 亿关口。用户数据方面，2023 年游戏用户规模 6.68 亿人，同比增长 0.61%，为历史新高点。

资策会 MIC 调查消费者使用移动电话取得流行及娱乐信息时的考虑因素发现，最重要的考虑因素为"信息内容丰富"，占 38% 的比例；而有 56% 的消费者认为"屏幕够大便于阅览"的考虑因素是最不重要的。在性别的信息内容偏好方面，男性较偏好电视电影播映情况（66%）；女性则较偏好美容保养信息（60%）及时尚穿搭建议（63%）。消费者整体对于流行及娱乐移动信息内容较偏好流行精品推荐（55%），其次为时尚穿搭建议（52%）与电视电影播映情报（50%）；对于流行及娱乐移动信息的呈现方式，57% 的消费者偏好直接连上网络任意查询想要的信息，其次为详细的文字说明辅以图片或照片（46%）以及简单的文字说明辅以图片或照片（44%）；对于使用移动电话取得流行及娱乐信息的考虑因素，38% 的受访者认为信息内容丰富是最重要的因素，其次为可快速查询到想要的信息（31%）。

高消费族群对于流行、娱乐信息移动服务内容较偏好"可快速查询到想要的信息"的内容，而中、低消费族群则偏好"信息内容丰富"。高消费族群的购买行为具有目标方向性，对于信息内容的深度要求较高，而中、低消费族群的购买行为具有实时扩散特性，无特定的购买目标，易在浏览信息过程中产生购买动机，对于信息内容的丰富性较为重视。

（二）移动娱乐面临的问题

1. 标准

移动娱乐产业标准化严重滞后于它自身的发展。

2. 终端

终端与业务紧密相关，业务靠终端支持，只有支持该业务终端数量比较大的时候，业务才可以得到比较好的发展；业务量增加，用户需求扩大，终端提供商也会增加这项业务的终端量。

3. 业务网的融合

广播网频率资源宽，几十 MHz 到 750MHz。利用广播网的频谱资源，把广播网和移动通信网结合起来，为移动娱乐产业服务。

（三）移动电子娱乐服务的内容和形式

1. 沟通服务：短信息、电子邮件、聊天室、移动 QQ 等。
2. 信息服务：短信、彩信、电子邮件等。
3. 纯娱乐服务：移动游戏、移动音乐、手机电视等。
4. GPS 服务：方位追踪等。

二、移动游戏

（一）移动游戏概念

移动游戏是指将移动终端产品与游戏产品相结合，为消费者提供方便、易携带（移动）的游戏服务。按照移动终端的不同类型，移动游戏的定义可分为广义与狭义两种。

1. 广义的移动游戏

凡是能在移动过程中进行游戏的服务均可称之为移动游戏。目前市场中的掌机、PDA、游戏手机等均可享受广义的移动游戏服务。

2. 狭义的移动游戏

狭义的移动游戏主要是指与移动通信终端相结合的游戏服务。目前市场上的移动终端包括：手机、PDA 和专用移动游戏终端。

移动游戏的产生是由于：

（1）市场需求：用户对电子游戏网络化和游戏终端移动化的需求催生了移动游戏。

（2）技术推动：移动通信网络的数据承载能力的提高，使移动游戏成为可能。

（3）市场运作：移动通信运营商为推动数据业务的发展，增加用户对移动网络的使用，加强了与各种内容服务提供商的合作。

（二）移动游戏的业务特点

（1）便携性。

（2）网络性。

（3）可定位性。

（4）商务价值明显。

（5）群众性。

（三）移动游戏的分类

1. 按手机平台分类

手机游戏按手机平台分类，可分为 Android、iOS、WindowsPhone 等几种手机游戏。

2. 游戏按表现形式分类

手机游戏按表现形式分类，可分为文字游戏与图形游戏。其中，文字游戏又可以分为短信游戏、彩信游戏、WAP 游戏；而图形游戏则以 Java 游戏、Brew 游戏为主。

3. 游戏按内容分类

手机游戏按内容分类，可分为文字类、动作冒险类、格斗类、射击类、体育竞技类、益智类、棋牌类、角色扮演类、策略类游戏。

（五）移动游戏运营模式

1. 一个成功的手机游戏大多具有以下特征

（1）易于学习。

（2）可中断性。

（3）基于订阅。

（4）丰富的社会交互。

（5）利用手机技术的优点。

2. 对于中国国内的现有情况，以下的三种运营模式可能成为其主要的运营模式

（1）发散式业务模式。

（2）独立式业务模式。

（3）单一式业务模式。

三、移动音乐

移动音乐是人类社会活动的产物，在起源之初，移动音乐只是分布在不同用户的媒体播放器里的一首首歌曲，这些播放器里又各自存放着用户自己喜爱的音乐，同时朋友之间也会彼此交流，这个时期的发展还比较局限。直至后来网络的发展壮大，美国一大学的学生制作了一个专门共享音乐的网站并发布在校园网络上，结果大受欢迎。后来逐渐发展成集百家之长的音乐形式。

目前，各类移动音乐 App 众多，如酷狗音乐、QQ 音乐、酷我音乐、网易云音乐、阿里音乐等。作为高频应用领域，移动音乐用户规模在 2017 年上半年呈平稳增长态势，日活跃用户数近 1.5 亿人，市场发展前景广阔。

随着这种音乐形式的迅速发展，以及人们对高品质生活的追求，移动音乐在兼具人性化的同时，也在向高品质化的方向发展，并在其中加入新的听觉效果，如杜比环绕。已有专门的音乐工作室制作这一类音乐，适合于不同时段，不同场景中欣赏，故也可将其理解为"心情音乐""环境音乐"。

我国移动音乐经历了以下三个发展阶段：

1、探索期（2003 年—2008 年）

这一时期移动彩铃业务最先兴起，以电信运营商、手机厂商为主导，形成移动音乐雏形。

2、市场启动期（2009 年—2014 年）

这一阶段免费下载和盗版横行，行业发展受挫，进入整顿阶段。同时，移动互联网的发展助力移动音乐的崛起。

3、高速发展期（2015 年—今）

随着移动互联网的发展，移动音乐应用逐渐成为人们日常使用频次最高的应用品类之一，各大网络巨头和资本争相追捧，各大厂商探索出被用户认可的服务方式与合理的盈利模式，版权监管日趋完善，商业模式更加多元化，移动音乐应用步入成熟期。

四、移动电视

移动电视是指在公共汽车等可移动物体内通过电视终端，移动地收看电视节目的一种技术或应用。手机移动电视是指以具有操作系统和视频功能的智能手机为终端设备，收看电视内容的一项技术或应用，属于流媒体服务的一种。

移动电视可以采用无线数字广播电视网（DMB），也可以采用蜂窝移动通信网，甚至 Wi-Fi、WiMax 等。在我国，多采用 DMB 和蜂窝移动通信网（GPRS 或 CDMA）。移动电视还增加了由我国自主研发的 CMMB 数字移动电视技术，在 2008 年奥运会期间已经提供了相关业务，系统采用卫星和地面网络相结合的"天地一体、星网结合、统一标准、全国漫游"方式，实现全国范围移动多媒体广播电视信号的有效覆盖。利用大功率 S 波段卫星覆盖全国 100% 面积（实际覆盖面积不全面，信号只覆盖部分地区），利用 S/U 波段增补转发器覆盖卫星信号较弱区（利用 UHF 地面发射覆盖城市楼房密集区），利用无线移动通信网络构建回传通道，实现交互，形成单向广播和双向互动相结合、中央和地方相结合的全程全网、无缝覆盖的系统。

任务三 移动阅读与学习

一、移动学习概述

（一）移动学习概念

移动学习（Mobile Learning）是一种在移动设备帮助下的能够在任何时间、任何地点发生的学习方式，移动学习所使用的移动计算设备必须能够有效地呈现学习内容并且提供教师与学习者之间的双向交流。

（二）移动学习特点

移动学习在数字化学习的基础上通过有效结合移动计算技术带给学习者随时随地学习的全新感受。移动学习被认为是一种未来的学习模式，或者说是未来学习不可缺少的一种学习模式。

正确理解移动学习的内涵应该从以下几个方面来把握：

首先，移动学习是在数字化学习的基础上发展起来的，是数字化学习的扩展，它有别于一般学习。Sun 公司的 e-learning 专家 Michael Wenger 针对移动学习提出了他独到的见解，他认为移动学习并不是什么新鲜事物，因为在传统学习中印刷课本同样能够很好地支持学习者随时随地进行学习，可以说课本在很早以前就已经成为支持移动学习的工具，而移动学习也一直就在我们的身边。

其次，移动学习除具备了数字化学习的所有特征之外，还有它独一无二的特性，即学习者不再被限制在电脑桌前，可以自由自在、随时随地进行不同目的、不同方式的学习。学习环境是移动的，教师、研究人员、技术人员和学生都是移动的。

最后，从它的实现方式来看，移动学习实现的技术基础是移动计算技术和互联网技术，即移动互联技术；实现的工具是小型化的移动计算设备，或者如 Quinn 所说的 IA 设备。Sariola 等人在对移动学习的概念进行讨论的过程中，对移动学习实现的设备从特征上做了这样的一个分析：可携带性（portability），即设备形状小、重量轻，便于随身携带；无线性（wireless），即设备无须连线；移动性（mobility），指使用者在移动中也可以很好地使用。

（三）移动学习的发展

我国在未来的 20 年中，移动学习的发展将经历三个阶段：基础环境建设阶段，知识体系化建设阶段和学习服务建设阶段，每个阶段间的过渡是迭代循环的过程。

第一阶段是基础环境建设阶段，将随着无线网络和资源的发展逐步形成适应移动学习的基础环境，逐步形成国家、地区和组织三个层次应用的网络环境和主题资源的学习环境，这个阶段将持续 4 到 8 年，主要推动力来自移动服务商和厂商。

第二个阶段是知识体系化建设阶段，将在已有完善的移动环境基础上进行大规模的知识体系的构建，完成学习内容内化关联和已有资源的共享兼容，针对不同的学习主题和需求进行分类和定制化应用构建，这个阶段将持续 5 到 10 年，主要推动力来自教育机构和企业。

第三个阶段是学习服务建设阶段，这个阶段将是我国全面教育社会化发展进程的新起点，环境的交互成为隐性的移动学习过程，国家级的移动学习服务中心成为社会基础设施，移动学习成为社会化的教育形式，相关资源进行系统化的兼并和整合，这个阶段将持续 5 到 10 年，主要推动力来自政府。

二、移动学习的内容

（一）移动学习的内容

M-learning 研究领域人数正在迅速增多，但没有形成完整的理论体系，所以没有多少经典的专著。其中比较著名的，要数爱尔兰教育技术专家"基更"（Desmond Keegan）了。他的 *From D-learning*，*to E-learning*，*TO M-learning* 一文，得到众多学者的支持，我国著名远程教育专家丁兴富翻译成中文——《从远程学习到电子学习再到移动学习》。

Keegan 根据学习的形式与手段的不同，把远程学习分为三个阶段：

（1）D-learning（distance learning，远程学习）。其特点是已经实现了教师与学生的时空分离，教与学的活动不再是同步的，为学生开发学习材料和提供学习支助服务的远程学习系统起到了举足轻重的作用。在技术上，主要是使用印刷材料、录音带、磁盘、实验箱等媒体技术。一般可以通过邮件、电话进行师生间的联系。

（2）E-learning（electronic learning，电子学习）。其特点是实现了远程的面授教学（teaching face to face at a distance），这补偿了远程学习的一些天生不足。主要使用卫星电视、视频会议系统、计算机网络等技术。E-learning 在世界上取得了令人瞩目的成就，英国的开放大学、中国的电视大学，在 20 世纪八九十年代，都采用了这些技术，并取得了很好的教学效果。

（3）M-learning（mobile learning，移动学习）。这是远程教育的新的发展阶段，其特点是可以随时、随地进行自由的学习。它采用的技术是移动通信装备和 BlueTooth，IEEE802.11 等无线通信协议。

Keegan 认为，远程教育的发展对"大学"的概念也形成了巨大冲击。从早期的住宿大学到非住宿大学、业余大学，到今天的远程教学大学、网络大学以及未来的移动大学，学生将能够在家中、甚至旅行的途中都可以接受教育、取得学位。

Keegan 的三个阶段的理论比起丹麦的 Nipper、英国的 Bytes 以及澳大利亚的 Taylor 的"远程教育的三个发展时代"的理论要更合理一些，因为它解决了 D-learning、E-learning、M-learning 在当前并存这一事实。

当然，Keegan 的观点只是一家之言，认为 Keegan 夸大了 M-learning 意义的教育专家大有人在。不过，当今学者还是比较一致认为 M-learning 是一个不错的实现终身学习的方式。

M-learning 的著名专家还有 Giorgio Da Bormida（Giunti Interactive Labs）、Elena Murelli（Università Cattolica del Sacro Cuore）、Mike Sharples（University of Birmingham）、Jill Attewell（LSDA）。他们是欧盟移动学习项目的负责人。

（二）移动学习的优势

1. 灵活多便的学习方式

无论在出差路上，还是在机场车站，无论是等候间歇，还是片断时间，随时随地，打开你的智能手机和平板电脑登录移动学习平台，都可以方便浏览最新资讯、阅读新书、学习课程。

2. 先进高效的学习理念

移动学习课程系列采用了最新的 LPM 学习过程管理，将课程划分成精心提炼的章节，分段按时推送，辅以大量学习补充资料，并在过程中增加了许多分享互动的环节，促使学员结合实际工作进行思考，加强记忆的同时更提升了学习效果。

3. 精致阅读＋专业课程

移动学习的两大内容主体是阅读＋课程，而所有的培训方式都离不开专业理论，经典图书就是专业理论的源泉，也是培训学习的源动力。

4. 学习效果完全掌握

通过对学员的学习资料下载、经验分享、登录次数等关键数据统计，可以了解学员的学习习惯及学习主动性，企业的管理层可以凭借此对学员的学习效果进行有效跟进和掌握。

5. 减少培训设备投入

移动时代人人必备手机，智能终端的普及率逐年提高。采用移动学习方式，企业无须为员工配备电脑，只要让员工下载移动学习 App 到自己的手机终端，就可以随时加入培训课堂。

6. 定制终端企业方案

根据需要移动学习可以为企业提供定制终端方案，在基础平台大模块的前提下，为企业专门制作整体 UI 设计、上传企业资讯、企业定制课程等，满足企业推广品牌、传播企业文化、专业化员工培训的需要。

三、移动阅读与学习的应用程序

（一）中国移动手机阅读

手机阅读是中国移动通过多样化的阅读形式向用户提供各类电子书内容，以在线和下载为主要阅读方式的自有增值业务。手机阅读基于用户对各类题材内容的阅读需求，整合具备内容出版或发行资质的机构提供的各类内容，提供以 G3 阅读器为主要阅读载体，以 WAP、客户端、彩信和 WWW 为辅，达到一点接入多元展现，同时共享同一个人空间信息，满足无缝阅读体验。手机阅读平台为用户提供各类电子书内容，包括图书、杂志、漫画等；用户可以在前端上选择感兴趣的内容在线阅读，也可请求下载之后离线阅读。用户可以通过按次点播、包月两种方式订购业务。

中国移动手机阅读客户端，是一款集阅读、互动、购买实体书多种功能于一体的阅读类软件，支持 Android1.6 以上运行环境。拥有图书、杂志、漫画、听书、资讯多种内容形态，专注于用户体验、分享互动、丰富内容、个性化设置等，为您呈现领先的数字阅读新体验。功能说明：

（1）多种内容形态和丰富资源：图书、杂志、漫画、听书、资讯等。

（2）支持在线阅读、下载阅读、连载更新、自动书签、收藏。

（3）快速导入本地 txt/epub/umd 格式阅读。

（4）优秀阅读体验：仿真翻页、字体缩放、亮度调节、切换背景、行间距调整、屏保设置等。

（5）可享受实体书比价购买送货一站式服务。

（二）书旗小说

书旗小说是一款以书旗网海量小说为基础的在线阅读器，集合在线阅读、自动书签、智能搜索、阅读设置等多项人性化功能（支持 Wi-Fi）。在这里你能找到任何类型的热门网络小说以及各类原创小说，用户可通过 App store、PP 助手免费下载安装。

功能说明：

（1）资源：书籍量强大，网络书籍资源随意选。

（2）排行：紧跟潮流，广大书友追捧热门书籍信手拈来，不愁书荒。

（3）分类：够专业够广泛，足够多的热门分类目不暇接，提高淘书效率。

（4）搜索：精准高效，帮您在茫茫书海中淘到自己想读的书。

（5）更新：及时丰富，无须四处寻找最新章节，书签章节更新自动提醒，保证顺畅阅读一劳永逸。

（6）书签：存储全自动，云书签让您更换手机无须担心书签丢失，为您书签的安全保驾护航。

（7）书架：仿真感十足，让您尽享阅读乐趣的同时给您赏心悦目的操控效果。

（8）书包：为您省流量，相比在线阅读可节省 30% 流量，相比单纯文本阅读器可享受更多优秀书籍。

（9）预读：省时省力，在阅读时将下一章提前预读，使翻页迅速过渡，无须再加载。

（10）设置：简约不简单，依照书友使用频率，没有掺杂过多烦琐设置，一目了然。

任务四　移动旅行

一、移动商务技术在旅游业中的应用

由于旅游活动的异地性、移动性和综合性等特点正好契合了移动商务的有关特征，移动商务技术在旅游业大有用武之地。移动商务技术在旅游业中的应用十分广泛，本文将其总结为以下七个核心方面：移动信息服务、移动预订服务、基于位置的服务、移动支付、移动互联网服务、移动客户关系管理以及移动商务整合应用等。

1. 移动信息服务

移动信息服务在旅游业的应用主要包括旅游者在旅游前和旅游活动过程中通过移动设备对相关信息的定制、查询和传递，以及旅游服务机构通过移动设备进行的信息发布等，移动信息的个性化和相关性正是旅游者在旅游活动过程中所追求的。例如，春秋国旅运用亿美软通的移动商务短信平台，改变传统的电话确认订票方式，在客户订票的同时自动生成并发送包含订票信息的短信，不仅降低了运营成本，而且收到了很好的效果。

2. 移动预订服务

旅游移动预订服务包括在旅游之前，旅游者通过移动设备对酒店、交通方式等进行的预订，也包括在旅游过程中，旅游者根据具体情况和自身需要的变化对预订的撤销、变更和重新预订等。尤其在旅游过程中，实际情况经常会发生变化，这时通过移动设备进行旅游预订就显得更加方便和快捷，一经推出便大受旅游者的欢迎。

3. 基于位置的服务（LBS）

旅游者在旅游过程中处于不断的位移之中，因此移动商务基于位置的服务在旅游业应用尤其广泛，如位置跟踪、安全救援、交通和导航、移动导游、移动广告、基于位置的信息查询服务等。一个典型的应用就是移动导游（或称电子导游），这也是近几年发展迅速的一种移动商务应用，具体技术有多种，其主要原理是根据游客位置的变化及时通过游客的手持设备提供所在景点的相关信息。如品游电子导游就是一种专为自助游旅客设计的集导游讲解、交通查询、美食购物查询等功能于一体的新型旅游产品，它让游客在享受"导游"服务的同时摆脱了传统跟团旅游的约束，使游客具有更大的灵活性。

4. 移动支付

在旅游过程中，旅游者经常会面临多笔小额支付，对于习惯采用银行卡、电子货币等进行购买的年轻旅游者而言，通过手机银行、SP（信息服务提供商）等实现移动小额支付无疑会提供极大的方便。比如中国电信基于天翼手机应用平台推出的移动支付业务，客户可以通过短信、WAP、客户端等多种形式，利用电信账户、支付卡、银行卡等多种支付账户实现付费，为国内外游客观光旅游、生活消费提供了快速、安全、便捷的支付手段。

5. 移动互联网服务

旅游移动互联网服务包括旅游者通过移动互联网进行预订、查询，以及在旅游过程中将自己拍摄、创作的图文声像等资料通过移动互联网及时上传、发布等。此外，在旅游过程中常会有一些较为枯燥的时段，比如向旅游目的地进发的路途中，有了移动互联网设备，旅游者既可以收发邮件并处理一些工作事务，也可以下载游戏、音视频，或者在线观看移动电视等，进一步丰富了旅游活动。

6. 移动客户关系管理

移动 CRM 所强调的就是在使用移动设备的基础上，达到信息传递的实时性，尽可能满足客户随时随地的需要，平衡客户需求，从而最大限度地提高客户对服务质量的主观评价，控制市场风险。旅游业非常重视对客关系，通过移动商务技术，可以方便地收集客户信息，在旅游过程中可以与游客及时沟通，还可以根据游客的生日、兴趣、偏好和购买习惯等及时地与游客沟通，以维护客户关系和进行更有针对性的营销，从而大大提高游客的满意度。2023 年我国在线旅游市场规模稳步增长，中国在线旅游市场全年交易规模突破 1 万亿元，用户规模突破 4 亿人。在线旅游竞争格局略有不同，美团点评凭借低端酒店资源的积累以 13.2％的市占率位列第二，较去年提高 1.1 个百分点，超过去哪儿的 12.9％；携程凭借高星酒店的优势，仍然占据一半的市场份额，与去哪儿合计比重则达到 59.9％。

7.移动商务整合应用

移动商务整合应用不仅包括对多项移动商务技术的整合应用，而且包括移动商务技术与其他电子商务或信息系统的整合应用。

二、移动商务技术对旅游系统的影响

（一）雷珀模型简介

雷珀模型是 Leiper 于 1979 年初次提出、1990 年加以更正和完善的旅游学系统框架。它主要包含三个基本要素：旅游者、地理区域和旅游业。其中，地理区域又被归纳为旅游客源地、旅游目的地、旅游途径地区三个方面。另外，在旅游业中还指出了旅游代理商、旅游经销商、旅游景点、食宿接待业和交通运输业等各类旅游企业和部门的活动区位。此外，模型还涉及了经济、政治、社会文化等环境和支持要素。雷珀模型为旅游学研究提供了一个较为全面和科学的思维方式，因此，本文对移动商务对旅游业的影响的分析以此为框架而展开。

（二）移动商务技术对旅游系统的影响

1.对旅游者的影响

移动商务的应用对旅游者的影响主要体现在以下方面：

（1）大大增强了旅游者的信息获取能力和旅游事务处理能力。国内外旅游学界的研究以及欧美发达国家的实践表明：在未来，大众旅游将逐渐下滑，散客旅游、个性化旅游等旅游形式将逐渐兴起，然而旅游过程中需要处理一系列的复杂事务，如计划、预订、联系等，还有许多突发事件。而散客的处理和应对能力有限，这些都对散客旅游形成极大挑战，移动商务的特性正好弥补了散客这方面的不足，可以使旅游者更加便捷地获取信息并与有关方面及时进行沟通交流，从而使旅游者的信息获取能力和事务处理能力大大增强。

（2）丰富了旅游者的旅游体验。旅游作为一种复杂社会经济现象，其核心在于旅游体验。移动商务的应用使旅游者的出游过程更加方便和灵活，并且使许多个性化的定制服务成为可能，旅游客户关系管理和客户沟通将变得更加及时和快捷，这些将大大改善旅游者的旅游体验。此外，在旅游过程中，旅游者对移动商务技术的使用本身也构成了一种新的旅游体验，尤其是移动互联网和移动多媒体技术的迅猛发展将帮助旅游者驱散旅途中的乏味，并体验随时随地的精彩。

（3）催生了新的旅游消费方式和消费群体。在传统的旅游消费方式中，旅游者购买旅行社的旅游产品，并随旅行社的旅游团进行旅游。移动商务的应用将促进旅游者自己计划自己的旅游线路，自己购买和定制在旅游过程中需要的旅游服务，甚至在旅游之前全不考虑，只在旅游过程中随机购买，还可以利用移动商务技术进行信息查询和购买比价，等等，这些都突出了旅游者的自主性和个性化，以及对新技术的应用，这一新的旅游消费方式也将造就新的旅游消费群体。

2. 对旅游地理区域的影响

移动商务对旅游地理区域的影响主要体现在对旅游目的地的影响。随着越来越多的旅游者采用移动设备，移动商务技术对旅游业的渗透也越来越深，这对旅游目的地而言，压力与机遇并存。压力主要体现在旅游目的地应该顺应移动商务技术给旅游业带来的新变化来做出调整：一方面要积极构建旅游移动商务的硬件设施；另一方面要加强培训、改进管理和服务。机遇主要体现在移动商务技术为旅游目的地的旅游企业提供了一个全新的技术平台，为旅游企业创新旅游产品和营销宣传提供了广阔的空间。例如旅游景区可以利用移动信息平台来宣传自己的良好形象。

3. 对旅游业的影响

移动商务技术对旅游业的影响和冲击是巨大的，新技术的应用将在一定程度和范围内导致旅游行业重新洗牌，并导致市场格局的改变。首先，移动商务技术的应用将为旅游业提供新的发展机遇，催生新的旅游产品和服务，并由此诞生一批新的开展旅游移动商务的企业，它们将参与市场份额的瓜分，并为旅游业的发展注入新的活力。其次，只提供传统旅游产品和服务的旅游企业的市场份额将会减少，将面临巨大的产品创新和战略转移的压力，比如，传统旅行社将面临更大的竞争压力，利润进一步减少；为了巩固自己的市场地位，大量的旅游企业将会纷纷采用移动商务技术，或将自己的原有系统与移动商务技术整合起来。最后，从整体上看，旅游行业的业务流程和行业面貌将会发生改变，旅游业的信息化水平将大大提升，旅游业与移动商务的联系将会更加紧密。

4. 对旅游环境和支持系统的影响

移动商务技术对作为旅游环境和支持系统的经济、社会、文化、法律、技术等方面都会造成一定影响，突出地表现在对相关法律法规的影响和对旅游技术基础的影响两方面：（1）对相关法律法规和行业标准的影响。一方面，移动商务技术在旅游业的应用将可能产生新的旅游安全问题和纠纷，比如旅游移动支付安全、隐私保护等，这些问题在旅游过程中出现与在普通生活中出现其处理方式不尽相同，因此需要政府和有关部门制定相应的法律法规进行规制和调整；另一方面，移动商务技术在旅游业的广泛应用将会使旅游业产生新的产品、服务和评价标准，比如旅游景区和酒店的星级评定标准等均可能需要做出新的调整，这些都需要旅游法律法规的进一步发展和完善。

（2）对旅游技术基础的影响。旅游业的技术基础可以从对从业人员的技术要求上反映出来，随着移动商务技术在旅游业的应用越来越广泛，旅游业对从业人员移动商务知识和技能的要求也会越来越高，最终使移动商务技术成为旅游业的一项重要技术基础。

三、移动旅游应用程序

（一）携程网

携程旅行网 创立于 1999 年，总部设在中国上海，员工 30 000 余人，已在北京、广州、深圳、成都、杭州、南京、厦门、重庆、青岛、沈阳、武汉、三亚、丽江、香港、南通等城市设立分支机构，在南通设立服务联络中心。2010 年，携程旅行网战略投资中国台湾易游网和中国香港永安旅游，完成了海峡两岸暨香港、澳门的布局。2014 年，投资途风旅行网，将触角延伸及北美洲。

1. 旅游度假

携程度假提供数百条度假产品线路，包括"三亚""云南""港澳""泰国""欧洲""名山""都市""自驾游"等 20 余个度假专卖店，每个"专卖店"内拥有不同产品组合线路多条。客人可选择由北京、上海、广州、深圳、杭州、成都、沈阳、南京、青岛、厦门、武汉等地出发。

2. 酒店预订服务

携程旅行网拥有中国领先的酒店预订服务中心，为会员提供即时预订服务，合作酒店超过 32 000 家，遍布全球 138 个国家和地区的 5900 余个城市，有 2000 余家酒店保留房。

3. 高铁代购服务

携程于 2011 年 7 月 5 日推出高铁频道，为消费者提供高铁和动车的预订服务。"暂只提供上海市、江苏省、浙江省、安徽省配送服务。暂提供 7 天内的高铁及动车票的代购服务。"

4. 携程信用卡

金穗携程旅行信用卡是中国农业银行股份有限公司（以下简称：中国农业银行）与携程旅行网合作发行的金穗系列品牌贷记卡，该卡集金穗贷记卡金融功能以及携程VIP会员卡功能于一体，秉承中国农业银行与携程旅行网的优质服务。

5. 携程礼品卡

携程旅行网自 2011 年推出代号为"游票"的预付卡产品，并逐步深度优化产品的用户体验及支付范围，2013 年正式定名"携程礼品卡"。已有"任我行""任我游"两类产品供选择。

6. 票价比价

携程网推出的机票、火车票同时预订功能在国内在线旅游行业中尚属首次出现。该功能来源于对用户行为习惯的深入观察，创新性地将机票和火车票放在同一页面进行价格上的对比，改变了传统火车票单一的订票页面模式，解决了因价格选择难的问题。

（二）去哪儿网

去哪儿是一个旅游搜索引擎中文在线旅行网站，创立于 2005 年 2 月，总部在北京。作为一家创新的技术公司，去哪儿网致力于为中国旅游消费者提供全面、准确的旅游信息服务，促进中国旅游行业在线化发展、移动化发展。去哪儿网为消费者提供机票、酒店、度假产品的实时搜索，并提供旅游产品团购以及其他旅游信息服务，为旅游行业合作伙伴提供在线技术、移动技术解决方案。

2011 年 6 月 24 日，去哪儿网获得百度战略投资 3.06 亿美元。2014 年 12 月 25 日，去哪儿网宣布投资全国性旅游连锁机构旅游百事通。2016 年 4 月，据国内知名大数据研究公司 QuestMobile（贵士移动）发布的在线旅游数据显示，去哪儿、携程旅行、阿里旅行移动端居行业前三，基本数分别为 4507 万人、3601 万人和 758 万人，去哪儿网移动端的用户黏性领跑。

"去哪儿"为旅游者提供国内外机票、酒店、度假和签证服务的深度搜索，帮助中国旅游者做出更好的旅行选择。凭借其便捷、人性且先进的搜索技术，"去哪儿"对互联网上的机票、酒店、度假和签证等信息进行整合，为用户提供及时的旅游产品价格查询和信息比较服务。

项目七 企业移动电子商务业务应用

任务一 移动 OA

一、移动 OA 概念

移动 OA（Office Automation）也就是移动办公自动化，是利用无线网络实现办公自动化的技术。它将原有 OA 系统上的公文、通信录、日程、文件管理、通知公告等功能迁移到手机，让您可以随时随地进行掌上办公，对于突发性事件和紧急性事件有极其高效和出色的支持，是管理者、市场人员等贴心的掌上办公产品。

二、移动 OA 业务功能

移动 OA 的功能主要包括公文处理、公告发布、集团通信录、信息查询、日程管理和邮件提醒等功能。其中公文处理为主要功能，包括新建公文、公文处理批复、公文流转、公文查阅和建立公文列表等功能。具体功能如下：

（1）协同移动办公技术创新。基于 B/S、C/S 两种手机版本的应用架构，支持 iPhone、Android 版手机操作系统，使随时随地移动办公成为可能。C/S 手机版支持消息 push 功能，即便在未登录系统的情况下，也能接收到新消息提醒。

（2）管理思想人性化改进。平台更具人性化，在打造知识性组织、文化驱动、时间管理、动态组织、实时企业、执行力、流程再造等方面更加贴近办公需要。用户可自定义手机客户端上显示的信息栏目，方便用户直接进入用户自由设置的栏目查看信息。

（3）交互界面清新便捷。交互界面采用十二宫格形式，充分展现了清新淡雅的画面、清晰的功能划分、方便的按键设置，操作起来更简单、便捷、实用。

（4）海量通信录随需而用。第一时间呈现出最新信息，查找方便，一目了然。另一大亮点是可以调用客户端资源，设置手机客户端时选择联系人同步，即可同步办公系统中的内部联系人。打电话、发短信、收发邮件、拍照上传等功能一应俱全，且附件支持 Word、Excel 等格式的上传模式。

（5）在线互动及时更有效。提供在线论坛和调查等最先进的互动交流工具，使沟通更加及时、有效，营造和谐的移动办公氛围，有助于培养和增强团队凝聚力和向心力。

（6）安全保护值得信赖。登录系统及个人设置保护，满足用户自主设置个人信息和系统登录密码的需求，通过登录限制及监控、传输协议认证和数据加密等方式，对用户的在线办公信息进行安全防护。移动办公设置了高低两种安全策略，在满足相应策略的情况下才能允许用户登录系统。

三、移动 OA 安全

由于移动 OA 要经过开放的无线公网接入政府和企业的内部网以及信息在空中无线传播，因此移动办公使用和推广的首要问题就是移动办公的安全问题。在网络安全威胁日益严重的今天，移动 OA 系统的安全更是一个不容忽视的重要问题。如何保证政府和企业网络和信息的安全，也是用户最关心的一个问题。由于移动办公要经过运营商的无线网和移动运营商的运营网络，这就有可能发生信息泄密或引入黑客攻击的问题。因此只有移动办公有了一个极为安全的解决方案，移动办公的应用才能成为可能。移动安全办公解决方案在数据完整性、信息的保密性、网络的安全性以及信息处理的每一个步骤均作了周密的设计，既保证了移动政务应用高安全性，又实现了移动应用的高效性和方便性。

（1）接入安全：与外网隔离的接入方式，支持专网接入，利于安全。

（2）传输安全：采用 128 加密的 SSL 安全套接协议，确保传输安全。

（3）认证安全：多重客户端登录认证，可与企业现有的认证方式结合，基于角色统一的访问控制和认证管理（集成证书中心、RSA 令牌中心），支持第三方用户账户管理平台（AD 域、LDAP、RADIUS）及现今最安全的 USB-KEY 认证方式，并支持多种上述认证模式的综合认证。

四、移动 OA 的优势

移动 OA 就是为人们提供一些工具，使他们可以在任何时候、任何地点开展工作。

近几年，移动电话已经从少数有钱人专享的奢侈品转变为大众的通信工具。此外，大量的计算设备也开始转为便携式，使人们能够在办公室外接收 E-mail、创建文件，甚至召开会议。移动设备和手机的出现开创了种种新的可能性。

1. 拓展空间

移动 OA 最直接的优势就是将人们从桌面办公的方式解放出来，拓展了办公空间，使员工处理公务时不再受到时间和地点的限制。既提高了办公效率，又减少了办公成本。

2. 方式多样

移动 OA 实现方式多样，但绝大多数移动 OA 系统是通过短信/彩信/WAP 方式实现的，所以对终端一般没有特殊要求，只要能正常使用相应业务即可。

3. 安全性强

移动 OA 具有很高的安全性，从发送通道（专有通道）、信息内容（内容加密）、系统后台（软硬件防火墙部署等）等多个方面保证客户网络和信息安全，同时每个企业有自己单独的信息中心，彼此独立，不会造成多个集团信息的混淆和相互影响。

任务二　移动物流管理应用

一、传统物流与移动物流

《中华人民共和国国家标准：物流术语（GB/T18354－2006）》对物流的定义如下：物品从供应地向接收地的实体流动过程，根据实际需要，将运输、储存、装卸、搬运、包装、流通加工、配送、回收、信息处理等基本功能实施有机结合。

移动物流指充分运用信息化手段和现代化方式，对物流市场做出快速反应，对物流资源进行全方位整合，实现了物流信息系统的移动化。随时随地满足物流行业车辆定位、内部沟通、客户服务等需求，增加了货物运送中的透明度，使物流公司能及时准确地掌握车辆、位置等信息，提高了运输质量和效率，增强了客户服务能力。

二、移动物流系统功能

1. 车辆管理

车辆管理，包括车辆信息、车辆认证、车辆营运登记等。

2. 运价管理

运价管理，包括基本运价、客户运价、历史运价分析等。

3. 调度管理

调度管理，包括调度计划、运单调整、拼车安排、短驳调度、发车确认等。

4. 专线管理

专线管理，包括出入库管理、库存查询、专线到站确认、到货通知、分拨配送等。

5. 系统维护

系统维护，包括操作员维护、货品维护、里程维护、公共信息维护等。

三、移动物流解决方案

（一）应用背景

物流业是融合运输业、仓储业、货代业和信息业等的复合型服务产业。近年来物流行业办公系统、运政业务管理系统、GPS 监控系统等新型信息系统建设也被广泛应用。物资调运过程中的及时性、可靠性是物流行业的命脉，也是核心竞争力的体现。提派员、调度员、库管、货检等很多角色经常处于非办公场所，物流企业需要一套能够及时进行信息查询、资源调度，具有强大的信息处理能力并且可以提高物流行业工作效率的移动办公解决方案。

（二）需求分析

实时货运查询，及时主动推送给用户企业需要移动货物查询、库存管理的能力。重要客户，需要建立移动客户服务，建立客户资料库，为客户提供定期的问候、报价、传达货物运送信息。

工作人员之间需要及时交互。物流企业的各个部门，各种工作人员需要及时地进行信息沟通、交互。通过及时传递在途信息、天气交通等众多重要信息，便于物流工作人员相互之间的工作协同，有助于提高物流效率，规避安全风险，减少资源浪费。

实时调度、信息发布。当遇到重要货运任务时需要及时调控人员；重大交通信息需要及时通知运输人员与车辆；合理安排提派任务需要有效通知周边人力。

企业内部移动办公。企业相关管理人员需要随时随地地综调度运输流程，流程审批，下发通知，查询待办事宜，信息实时跟踪处理。

（三）移动物流解决方案

在手机、PAD上实现如下功能操作：

（1）移动信息采集，任务指派，反馈及时。采集各工作点各方面信息状态，实时指派新的任务或者根据任务的优先级进行任务调整，及反馈给分布在各地工作岗位相关人员。

（2）货物出入库申请，实现在线审批流程。

（3）盘点库房中的货物当前情况，及时入库。

（4）现场查阅电子地图，查询行车路线。

（5）全程电子地图上定位目标地点，并进行路线导航。

（6）移动公文审批，电子邮件、通讯录查询等实现非固定地点随时办公。

（四）方案优势

（1）部署快：不改变物流行业现有IT结构接入移动办公平台即可；无缝接入所有现有物流业各种办公系统、流程管理系统、客户管理系统等发布应用程序到手机即可操作。

（2）大幅提高物流业工作效率，优化物流各环节管理、调度，缩短了整个物流周期。提高物流企业办公效率，相关管理人员可移动办公，扩展了办公及业务范围。

（3）终端、网络全覆盖：支持所有的iOS、Android手机、PAD操作系统，无线网络覆盖地即可使用。

（4）安全：不管在何处登录我们都有相应的安全策略，支持基于角色统一的访问控制和认证管理（集成证书中心、RSA令牌中心），支持第三方用户账户管理平台（AD域、LDAP、RADIUS）及现今最安全的USB-KEY认证方式，并支持多种上述认证模式的综合认证。

任务三 移动供应链管理应用

一、移动供应链管理概念

移动 SCM（Supply Chain Management 供应链管理）是一种利用现代移动终端技术、移动通信技术、计算机技术等现代科技实现在移动中也能完成通常要在办公室里才能完成的供应链管理任务。

二、移动供应链管理特征

1. 供应链管理是移动商务的一种，是移动商务在供应链管理中的扩展

移动供应链管理必须满足移动的本质，即 3A（Anyone，Anywhere，Anytime）化——能够对商务信息资源进行随时随地地利用，从而随时随地地进行一个人认为必要的供应链管理活动。3A 化的实现意味着供应链管理活动将超越许多既有的限制而向超空间（Hyper-Space）、实时间（Real-Time）的方向发展。

2. 移动供应链管理不是取代供应链管理平台，而是供应链管理平台某些功能的实现方式，是部分和整体的关系

供应链管理平台是移动供应链管理存在的基础，没有供应链管理平台，移动供应链管理就无从附着。移动供应链管理实际上是供应链管理平台上某些具体功能在移动商务领域的延伸。

3. 移动供应链管理要有针对性，但不需要达到全面性

在功能上，移动供应链管理不需要复制供应链管理平台的全部管理功能，但必须突出某些针对性的功能；在信息处理上，移动供应链管理要能够实现随时随地地收发、存储、处理供应链上某些环节的关键信息；在信息共享上，移动供应链管理的发展方向是能够实现跨企业的信息交互。

4. 移动供应链管理的最终目的和价值，体现在帮助实现整个渠道商业流程优化

渠道是供应链的核心，渠道能力决定供应链的成败。移动供应链的作用是要帮助实现渠道能力的优化，提升整个供应链管理的效率。

三、移动供应链管理系统功能

移动 SCM 系统可以实现对企业进、销、存各个环节的一条龙全程实时业务管理，一直到业务流程处理完毕。移动 SCM 系统适用于超市、批发商、电子产品、仪器设备、机电、汽配、油料、家电、奶业、烟酒、饮料、食品、日用百货、服装鞋帽、图书及各种消费品等在内的零售、批发业企业，以及连锁店、加盟店、专卖店、渠道的管理，另外同样能够适用于制造和物流行业的应用。

移动 SCM 系统除了实现对采购、库存以及销售环节的实时信息浏览、审批、定制查询及统计、运输管理、车辆和货物定位、库存管理、出入库管理、商品短缺报警、分店业务管理、渠道管理、价格管理、产销数据上报、结算管理、报表管理等移动 SCM 软件功能，还支持待办事宜、待阅事宜、电子邮件、移动审批、移动信息录入、SCM 信息查询、组织机构管理、日程管理、联系人管理、公文浏览、下载和转发、系统管理等常用的移动办公功能。用户可以根据自己的需要选择任何功能模块组合。移动进销存系统还可以集成手机定位技术，实现对人员考勤，货物及车辆定位等功能。

四、移动供应链管理的运行方式

移动供应链系统实现的服务功能主要包括移动数据（采集）传输服务、移动定位服务、短信调度服务、信息发布服务、语音通话服务、信息发布服务等六个方面。移动数据（采集）传输服务就是利用通信业专用通信终端、增值服务平台和客户端软件，为企业生产和管理提供相关信息的采集、生产管理信息的下达和查询等功能。移动定位服务主要是通过联通 GPSone、移动 LBS 或 GPS 移动定位功能，为客户提供基于专用或通用通信终端的位置服务。短信调度服务可以通过客户主动定位服务获取车辆或人员等资源信息，将业务调度信息以短信的方式发送到指定的通信终端，实现与终端的信息交互。信息发布服务以短信或数据传输方式主动向通信终端发布信息。语音通话服务利用专用通信终端支持为客户提供语音通话服务。信息发布服务则利用 PDA 等智能终端提供交互性的信息查询服务，并可与客户的 ERP 结合推广实施。

在 MSCM 系统中，其用户在移动终端提交信息，经由移动通信服务商传输给集成运营商，再由集成运营商对这些信息进行处理，并将处理好的信息通过 Internet 发布到移动供应链管理平台上。供应链节点企业需要将发布的信息提交到平台，再由平台传输到 Internet 上，集成运营商接收到信息后，进行存储、转化和分离，最后再把分离的信息发送到特定的移动终端上，从而实现供应链上节点企业的信息互动。

五、移动 SCM 的安全问题

由于移动 SCM 要经过开放的无线公网接入政府的内部网以及信息在空中无线传播，因此移动 SCM 使用和推广的首要问题就是移动 SCM 的安全问题。在网络安全威胁日益严重的今天，移动 SCM 系统的安全更是一个不容忽视的重要问题。如何保证政府网络和信息的安全，也是用户最关心的一个问题。由于移动 SCM 要经过运营商的无线网和移动运营商的运营网络，这就有可能发生信息泄密或引入黑客攻击的问题。因此，只有为移动 SCM 提供一个极为安全的解决方案，移动 SCM 的应用才能成为可能。

项目八　移动电子商务实战技术

任务一　手机图片与视频处理技术

一、手机图片处理软件

（一）美图秀秀软件概述

美图秀秀是一款很好用的免费图片处理软件，非常容易学习和掌握。美图秀秀独有的图片特效、美容、拼图、场景、边框、饰品等功能，加上每天更新的精选素材，即使初学者也能轻松做出影楼级照片，还能一键分享到互联网。

图8-1　美图秀秀

美图秀秀与其他图片处理软件相比有以下优点：

（1）不用学习，使用超简单。

（2）快速做出影楼级照片。

（3）海量精选素材每天更新。

（4）一键分享到各大社区。

（二）美图秀秀的使用方法

先下载并安装美图秀秀，打开软件。处理自己手机里关于商品的图片。

使用人物美化和文字工具，处理图片。处理后的图片效果如下：

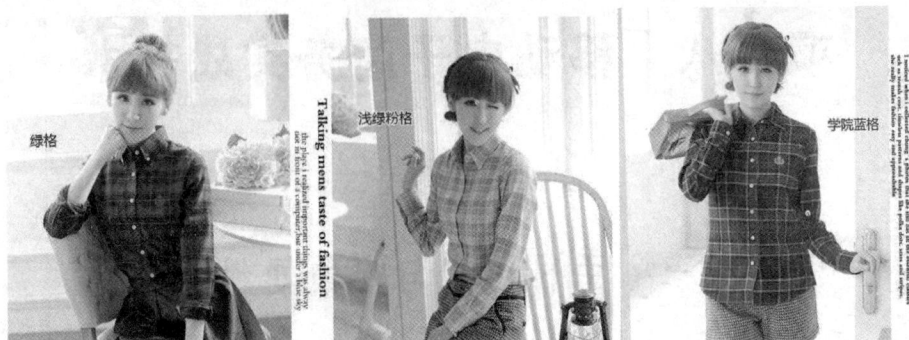

图 8-2　美图秀秀图片处理

二、手机视频处理技术

美拍是美图秀秀出品的最火的短视频社区，全球首创 MV 特效，普通视频一秒变身唯美韩剧、清新 MV、怀旧电影……

首次使用美拍的用户需要使用社交账号登录才能进行拍摄，美拍支持新浪微博及 Facebook 登录，支持断点拍摄、视频加速等功能。

视频录制完成之后，选择不同的滤镜以及应用内置的 MV 模版，不同的 MV 模版拥有不同的展示效果，相同的是这些模版会自动将视频分段，配乐并添加滤镜而打包成一个完整的短 MV。

在美拍中视频背景音乐有各种不同风格的背景音乐可选择，还能为视频自动添加时间、地理信息、个性化记录。

在添加好友菜单，除了直接关联新浪微博及 Facebook 里的好友外，你还可以绑定手机，添加通信录好友或者邀请微信好友，当然你也可直接搜索用户名来寻找好友。

在设置菜单中，你可以看到草稿箱里未发布的视频，并可对其进行重新编辑并发布。美拍贴心地为用户设置了"美拍小技巧"，使用过程中有不明白的地方都可以查看。同时"玩转美拍"账号、"玩转美拍特效"账号会时时更新美拍的最新玩法和特效。

任务二 微店设计实战

微店是帮助卖家在手机开店的软件。微店作为移动端的新型产物，任何人通过手机号码即可开通自己的店铺，并通过一键分享到 SNS 平台来宣传自己的店铺并促成成交。微店降低了开店的门槛和复杂手续，回款约为 1~2 个工作日，且不收任何费用。

一、软件介绍

微店由北京口袋时尚科技有限公司开发，是帮助卖家在手机开店的软件。

二、微店的特点

（1）0 手续费：微店完全免费，所有交易不收取任何手续费。

（2）账期极短：微店每天会自动将前一天货款全部提现至你的银行卡，让你及时回款（一般 1~2 个工作日到账）。

三、功能介绍

（1）商品管理：轻松添加、编辑商品，并能一键分享至微信好友、微信朋友圈、新浪微博、QQ 空间。

（2）微信收款：不用事先添加商品，和客户谈妥价钱后，即可快速向客户发起收款，促成交易。

（3）订单管理：新订单自动推送、免费短信通知，扫描条形码输入快递单号，管理订单事半功倍。

（4）销售管理：支持查看 30 天的销售数据，包括每日订单统计、每日成交额统计、每日访客统计。

（5）客户管理：支持查看客户的收货信息、历史购买数据等，助你分析客户喜好，有针对性地进行营销。

（6）我的收入：支持查看每一笔收入和提现记录。

（7）促销管理：设置私密优惠活动，吸引买家，让商品价格更加灵活。

（8）我要推广：多种推广方式，给店铺带来更多的流量，提高销售额。

（9）卖家市场：批发市场、转发分成、附近微店等，全面提升店铺等级。

四、开微店的步骤

手机端微店只要下载微店 App 注册就可以了。注册的时候要求输入手机号码，输入手机号码注册，注册过程很快，马上就可以登陆进去。

图 8-3　微店界面

进入主界面后打开"我的微店"，进入"我的微店"。微店的名字自己要想个比较好的，容易让人记住。刚开的微店是没有货物的，要自己添加。

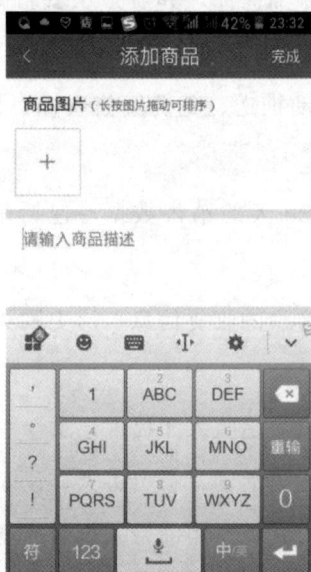

图 8-4　微店开始界面

点击添加货物，可以加入货物图片、货物详情等描述。还可以设置商品价格、库存等，设置完成后货物就可以上架了。

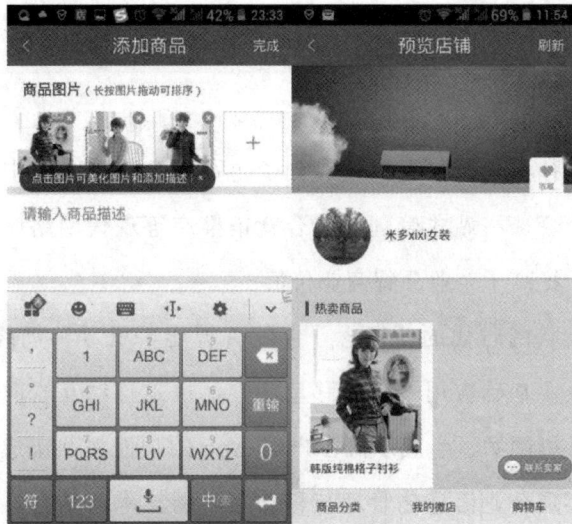

图 8-5　微店货物添加

任务三　微站设计实战

一、微站概念

微站创新性地将社会化网络平台接入到了企业信息管理系统中，使企业网站真正做到信息同步传播分享、一站式管理、整合营销推广等现代网络应用的要求，放大了企业信息传播效应，提高了企业品牌商业价值。

微站，是移动互联网时代的新概念，伴随着智能手机等移动终端的普及而产生，是移动互联网时代企业基础应用平台和移动门户，也是移动互联网统一数据入口。微站，可以快速构建手机网站、生成手机客户端 App 的功能，并集成与微信、微博、二维码的数据接口，实现企业信息化管理与移动互联网技术的结合。企业可以在微站这个平台上，集成在线客服系统、在线商城、短信系统、企业 CRM 系统等多平台，并可以扩展出多种移动应用，例如微调查、微活动、微商城、抽奖、会员管理等。微站，可以帮助企业进行信息同步分享并传播，整合企业网络营销推广的要求，提升企业营销的精准性，扩大营销的互动性，放大企业信息传播效应，从而提高企业品牌的商业价值。

微站是移动互联网时代创新型的企业移动门户和手机客户端 App 的总称，可以快速构筑更适合手机直接访问的手机网站，生成动态手机客户端 App，并融合微信、微博、二维码多种营销方式，帮助企业展示形象，打造品牌，开创营销新模式。

微站，集企业信息化建设与移动互联网建设经验之大成，以企业实务信息为基础，以"建站－同步－传播－互动"为主线，快速构建简约、精准、互动的企业移动门户。微站内容可以自动生成并实现，解决了传统互联网建站中"建站繁""维护难""互动差"等诸多弊端，能够帮助企业建立自己的"移动互联网根据地"，不再依赖于第三方信息平台。

二、微站的功能

1. 移动端展示企业品牌形象

微站，可以将企业信息（新闻、广告、图片、文字等）快速构建成一个手机网站，同时生成 App。相对于传统网站，微站具有风格简约、形式多样、内容丰富的特点，并且维护方便、更新及时，是移动互联网时代企业在移动终端展示品牌形象的良好途径。

2. 与传统网站内容同步

手机直接访问传统网站时经常出现的下载缓慢、页面与屏幕适应性差、网站部分功能手机无法操作等问题在微站这里都得到了解。微站打通了与传统网站的数据接口，可以将企业网站信息内容自动同步更新到手机网站上。通过微站，用户可以直接使用手机进行快速信息获取，参与在线预订、在线支付、在线反馈、在线报名、在线调查等操作活动。

3. 融合微博

微站打通了与微博的数据接口，实现了微站与微博的信息互享，可以融合企业已有的微博营销体系。微站可以与主流微博，例如新浪微博、腾讯微博、网易微博、搜狐微博等完成信息同步共享。用户进入微站，设置关注企业微博，即可进入到企业官方微博。用户也可以通过企业官方微博中发布的链接进入到微站。

在微站首页中，可以实时显示最新发布的微博内容。

4. 融合微信

微站打通了与微信公众平台的数据接口，实现了微站与微信两个平台之间的自由跳转。用户进入微站后，设置关注微信公众号，可以进入到微信平台。用户通过微站编辑消息内容，由微信平台自动推送，已关注以上公众号的微信用户接收消息后，点击消息内容中的链接可进入微站。

利用微站，企业可以全面整合微信营销功能，打通微站与原有微信营销体系的信息交互渠道。

5. 融合二维码

微站，融合了二维码营销功能。微站的内容信息（整个微站或者某个页面）可以生成一个二维码，企业可以将微站中的信息，例如优惠活动、抽奖活动、团购活动、调查活动等，生成二维码，印制到海报、名片、宣传册、彩页上，用户通过扫描可以直接进入微站浏览信息。通过二维码这个纽带，可以将微站与传统广告业（户外广告牌、印刷品广告、视频传媒广告等）进行连接，帮助企业打通移动互联营销通道。

三、微站的应用

1. 微商城

利用微站，可以构建手机购物商城，商家可以在微站上发布商品信息、优惠促销活动信息。购买者利用手机可以直接进入微站，完成挑选商品、下订单、支付货款以及已购商品评价等操作。

2. 微团购

利用微站，商家可以通过手机网站组织团购活动。同时，消费者可以进行手机在线报名。商家可以随时随地进行营销活动，不但利用用户的时间碎片抓住了其瞬间意愿，也加强了信息发布者与信息接收者的互动，在最佳意愿冲动时间达成了双向信息交互。

3. 微调查

利用微站，可以编辑微型问卷，向指定范围内的手机用户群体发送。接收者可以直接利用手机进行答卷，微站管理者可以对问卷及其调查结果进行管理、统计。

4. 微投票

利用微站，可以开展手机投票活动。接收者可以直接利用手机针对一项投票活动进行投票，微站管理者可以对投票结果进行管理、统计。

5. 微活动

利用微站，可以组织多种活动，用户可以直接使用手机登录微站查看活动内容、进行报名等。

6. 微抽奖

利用微站，可以开展一系列的抽奖互动活动。用户登录微站后，直接使用手机进行抽奖，抽奖方式包括刮刮乐、欢乐大转盘、水果达人系列等。

7. 微名片

利用微站，用户可以进行微名片的管理。将名片信息输入到微站中，生成二维码，手机直接扫描后可以读取到名片信息，点击可以直接添加到手机联系人。

8. 微留言

微站，提供了手机在线留言的功能。访问微站的用户，可以直接使用手机在微站上留言，进行随时随地的信息互动。

9. 会员管理

微站提供会员管理功能，用户可以直接使用手机在线注册会员、在线管理会员资料、在线领取会员礼品、在线查询消费记录等。

四、微站的优势

1. 适合手机直接访问

微站不像传统网站那样内容繁多、需要下载大图片，微站风格简约，页面载入速度快，适合手机直接访问，用户可以随时随地用手机对微站进行高速访问。同时，微站具备跨手机浏览器的兼容性以及与手机屏幕自适应的优势，可以与多数常见的手机屏幕自动适应。

2. 信息共享与互动

微站打通了与微博、微信、二维码的接口，简化了微站的访问，为微站的访问提供了多种方式。用户可以通过微博与微信上的链接直接访问微站，也可以扫描二维码进入微站进行浏览。同时，由于微站与微博、微站与微信的双向信息共享，用户可以将微站的信息发布到微博和微信上，反之依然。

3. 生成 App

微站的一个创新功能是，可以将手机网站快速生成 App，然后将 App 发布到 iOS 系统的 App Store 或者其他资源站点上。手机 App 客户端同时兼容 ios 系统与 Android 系统的手机。用户可以使用手机下载 App，安装后可随时随地直接访问微站省去了输入网址、扫描二维码或通过其他外链访问等步骤。

微站不仅仅是构建企业的手机网站。它整合企业网络营销推广的要求，将微信、微博、二维码的数据接口一一打通，把来自这些开放平台的流量汇入企业的专有门户，从而大幅提升营销的精准度。在加强企业和客户互动的同时，凸显企业品牌与商业价值。

移动互联网时代里，企业在利用社会化平台的同时，也需要有一个自己的根据地。

通过微站，企业可以与数亿微信用户和微博用户连接并互动，从而帮助企业更好地展示企业品牌形象，进行营销推广和互动，进而提升企业在移动互联网时代的竞争力。

在传统互联网领域里，企业网站就如同生活中的水电煤，属于 IT 基础服务。如今，手机成为比电脑更为贴身的设备，企业移动门户较之传统网站，有更为广泛的应用场景。

任务四　基于朋友圈的营销策略实战

随着微信的流行，以熟人社交为初衷的微信"朋友圈"让不少人喜欢上了这个私密的分享平台。虽然微博也具备"信息分组可见"的功能，但是，以即时通信为基础建立起来的微信互动平台更利于朋友之间的信息分享。"网络交情营销"属 C2C，是指基于微信等 SNS 平台的社交功能，客户群主要面向真实好友，以"信任"为销售保障，通过在线活动，如宣传、推广与销售等，达到一定营销目的的新型营销模式。在朋友圈营销现象出现之前，熟人间也存在营销现象，多是在"帮忙"名义下的代购、转让、介绍等行为；不是以有规模的盈利为目的，因此普遍交易额度小，有时交易好感度较低。比较起来，网络交情营销则是将传统熟人营销与 SNS 平台的社交功能相融合，因此推广力度更强，交易规模增大，交易自由度上升，成为一种特点鲜明并有一定规模的新型电商营销模式。

从"朋友圈"延伸至"商业圈"，悄然兴起的微信朋友圈营销模式，逐步得到了广大微友的认可。基于微信的"朋友圈"，从"交情""交互"到"交易"，商业味渐浓，微信也因此正变身为新型的交易平台。微信朋友圈营销，作为一种新型的电商模式，拥有可观的客户规模以及不错的用户口碑。同时，对其合法性的质疑以及第三方平台的缺失等硬伤，使"交情营销"的转型和完善迫在眉睫。

参考文献

[1] 黄强. 移动电子商务营销 [M]. 北京：中国财富出版社，2017.

[2] 容湘萍，肖学华. 移动电子商务 [M]. 重庆：重庆大学出版社，2016.

[3] 钟元生. 移动电子商务 [M]. 上海：复旦大学出版社，2012.

[4] 徐林海. 移动电子商务 [M]. 南京：东南大学出版社，2016.

[5] 张昶. 移动电子商务 [M]. 北京：北京邮电大学出版社，2016.

[6] 黄轩. 移动电子商务安全研究 [M]. 西安：西安电子科技大学出版社，2016.

[7] 覃征. 移动电子商务 [M]. 北京：清华大学出版社，2012.

[8] 权金娟. 移动电子商务 [M]. 北京：清华大学出版社，2016.

[9] 陈月波. 移动电子商务实务 [M]. 北京：中国人民大学出版社，2016.

[10] 林勇. 移动电子商务及应用 [M]. 西安：西安电子科技大学出版社，2016.

[11] 陈建忠，赵世明. 移动电子商务基础与实务 [M]. 北京：人民邮电出版社，2016.

[12] 张滨. 移动电子商务安全技术与应用实践 [M]. 北京：人民邮电出版社，2016.

[13] 成都职业技术学院电子商务教研室，移动电子商务 [M]. 北京：人民邮电出版社，2015.

[14] 王忠元. 移动电子商务 [M]. 北京：机械工业出版社，2015.

[15] 田小建. 移动电子商务实训教程 [M]. 南京：南京大学出版社，2014.